ZHUOYUE · KUAIJIXUE XILIE ZHUOYUE · KUAIJIXUE XILIE

上海市普通高校优秀教材奖

上海市教委重点课程

KUAIJIXUE XILI

复旦卓越 · 会计学系列

会计学原理学习指南及习题集

刘红梅 李雪莲 欧阳越秀 主编

贺俊刚 洪兰 李贞玉 副主编

复旦大學出版社

ZHUOYUE · KUAIJIXUE XILIE ZHUOYUE · KUAIJIXUE XILIE

内容提要

本书是《会计学原理》（第三版）的配套教材，主要概述了各章节的重点内容，并用较多框图的形式，归纳了各部分的知识点。各章提供了包括简答题、单项选择题、多项选择题、判断题、计算题和业务题在内的、题型全面的练习题及答案，并提供了10套模拟试卷。给广大学习者提供充分的实务练习，以检验所学内容，同时也为考取会计相关资格证书的学习者提供大量的课后练习。本书可作为会计、财务、金融、资产评估等经济管理大类各专业的会计辅导教材，也可供金融机构、企业中高级管理人员参考使用。

目　录

第一章 总论

一、学习目的

通过本章学习,应了解国内外会计产生和发展的主要阶段,了解会计的不同定义,掌握会计的特征、基本职能和派生职能,了解会计的目标、任务和作用,了解会计核算包括哪些方法,了解中外会计岗位的设置及其地位和作用。尤其应该重点掌握会计的基本职能以及会计核算方法的内容和这些方法之间的关系。

二、关键概念

会计含义　会计职能　会计目标　会计核算方法

三、本章重点难点

(一)会计的含义

会计是以货币为主要计量单位,以提高经济效益为主要目标,以客观、真实的凭证为依据,运用一系列专门的程序和方法对会计主体的经济活动进行全面、综合、连续、系统地核算和监督,并在此基础上逐步开展预测、决策、控制和分析,并向利益相关者提供会计主体的财务状况、经营成果、库存现金流量等会计信息的一种经济管理活动,是经济管理的重要组成部分。

(二)会计的特征

1. 会计以货币作为主要计量单位。
2. 会计以真实、合法的凭证为依据。
3. 会计具有专门的程序和方法。
4. 会计信息具有连续性、完整性、系统性和综合性。

(三)会计的基本职能

1. 会计的核算职能

会计核算职能是指会计以货币为主要计量单位,对特定主体的经济活动(不仅是记录已经发生的经济业务,还有面向未来)进行确认、计量、记录和报告,为各有关方面提供会计信息的功能。

2. 会计监督职能

会计监督职能也称为控制职能,是指会计人员在进行会计核算的同时,对特定主体经济活动和相关会计核算的合法性、合理性进行审查。会计具有按照一定的目的和要求,利用会计核算所提供的经济信息,对各单位的经济活动进行控制,使之达到预期目标的功能。

3. 会计核算和会计监督两项职能的关系

两者关系十分密切,相辅相成、辩证统一。会计核算是会计监督的基础,没有会计核算提供的资料和信息,会计监督就失去了依据;会计监督是会计核算质量的保证,没有监督职能,难以保证会计核算所提供信息的真实性和可靠性。

(四) 会计的目标

会计的一般目标:"决策有用观"和"受托责任观"。

会计的具体目标主要包括四个方面:

1. 为什么要提供会计信息。

2. 向谁提供会计信息。会计信息的使用者可以分为两大类:内部信息使用者(企业管理当局)和外部信息使用者(投资者、债权人、政府部门以及企业职工和其他利益相关者)。

3. 提供哪些会计信息。

4. 以何种方式提供会计信息。

(五) 会计方法

一般包括会计核算方法、会计分析方法和会计检查方法等。

(六) 会计核算方法

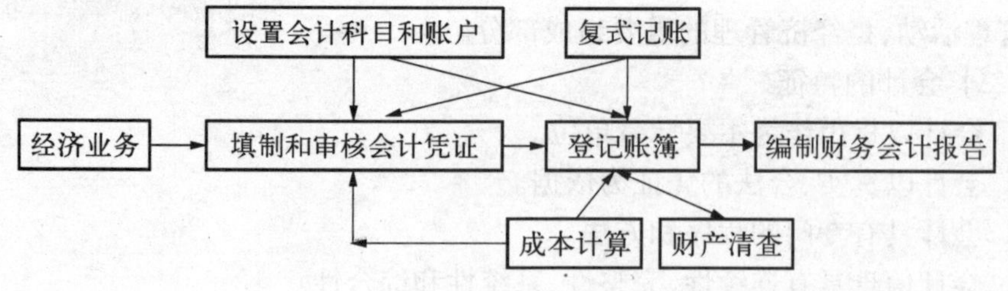

图 1-1 会计核算方法的逻辑关系图

图注:会计核算从设置会计科目和账户开始,对经济业务进行相关会计处理。通过复式记账,经填制和审核会计凭证、登记账簿、成本核算等环节,最终编制出财务会计报告。

四、本章习题

(一) 简答题

1. 简述我国会计的产生和发展的主要阶段。
2. 什么是会计？你比较倾向于哪种观点，为什么？它的基本职能是什么？
3. 会计的目标是什么，有哪两种观点？
4. 会计核算方法有哪些，并简要阐述它们之间的关系。
5. 简述我国主要会计岗位的设置及其职责。

(二) 单项选择题

1. 在我国，“会计”一词最早出现在(　　)时期。

A. 西周　　B. 春秋　　C. 唐朝　　D. 宋朝

2. 在唐宋时期，我国会计采用的是(　　)。

A. 复式记账法　　B. 单式记账法　　C. 四柱结算法　　D. 借贷记账法

3. 我国分别在(　　)对《中华人民共和国会计法》进行了修订。

A. 1985 年，1992 年　　B. 1992 年，1999 年

C. 1985 年，1999 年　　D. 1999 年，2006 年

4. 在西方会计史中，第一部较为系统、完整地对威尼斯簿记做了总结，并形成了复式簿记的基本框架和思想的学者是(　　)。

A. 英国人劳伦斯 · 罗伯特 · 迪克西

B. 英国人弗朗西斯 · 威廉 · 皮克斯利

C. 法国人乔治 · 利司尔

D. 意大利人卢卡 · 帕乔利

5. 会计是以(　　)为主要计量单位，对某一主体的经济活动进行核算和监督。

A. 实物　　B. 货币　　C. 工时　　D. 劳动耗费

6. 下列项目中，属于会计基本职能的是(　　)。

A. 计划职能、核算职能　　B. 预测职能、监督职能

C. 核算职能、监督职能　　D. 决策职能、监督职能

7. 属于会计核算方法的是(　　)。

A. 会计分析　　B. 成本计算　　C. 会计检查　　D. 会计控制

8. 在我国，制定会计准则和会计制度的机构是(　　)。

A. 国务院　　B. 国家税务局　　C. 企业　　D. 财政部

9. 担任单位会计机构负责人(会计主管人员)的，除取得会计从业资格证书外，还应当具备会计师以上专业技术职务资格或者从事会计工作(　　)年以上

经历。

A. 1　B. 2　C. 3　D. 4

10.《会计法》规定(　　)必须设置总会计师。

A. 国有的和国有资产占控股地位或者主导地位的大、中型企业

B. 国有的和国有资产占控股地位或者主导地位的中、小型企业

C. 民营大中型企业

D. 民营中小型企业

(三) 多项选择题

1. 会计核算的方法包括(　　)。

A. 复式记账　B. 填制和审核凭证

C. 成本计算　D. 财产清查

E. 登记账簿　F. 编制财务会计报告

G. 设置科目与账户

2. 会计的两项基本职能是相辅相成、辩证统一的关系,下列说法正确的是(　　)。

A. 会计监督是会计核算的基础

B. 会计监督是会计核算质量的保证

C. 没有核算提供的信息,会计监督就失去依据

D. 会计核算是会计监督的基础

3. 下列各项中,属于会计职能的有(　　)。

A. 评价经营业绩　B. 实施会计监督

C. 预测经济前景　D. 参与经济决策

4. 会计核算提供的信息应具有(　　)。

A. 完整性　B. 合理性　C. 连续性　D. 系统性

5. 会计核算的具体内容包括(　　)。

A. 款项和有价证券的收付　B. 财物的收发、增减和使用

C. 债权债务的发生和结算　D. 财务成果的计算和处理

6. 各单位应当按国家统一会计制度的要求,设置会计科目和账户、复式记账、(　　)和编制财务会计报告。

A. 填制会计凭证　B. 登记会计账簿

C. 进行成本计算　D. 财产清查

7. 以下关于我国会计的产生和发展的描述正确的是(　　)。

A. 三柱结算法最早出现在西周时期

B. 三柱结算法也称为三脚账

C. 唐代开始出现四柱结算法

D. 三脚账和龙门账是最早出现的复式记账法

8. 会计具有以下特征( )。

A. 会计以货币作为主要计量单位

B. 会计以真实、合法的凭证为依据

C. 会计具有专门的程序和方法

D. 会计信息具有连续性、完整性、系统性和综合性

9. 会计从业资格的考试科目包括( )。

A.《财经法规和会计职业道德》 B.《会计基础》

C.《初级会计电算化》 D.《会计实务》

10. 以下有关会计机构设置的说法正确的是( )。

A. 会计工作岗位,只能一人一岗

B. 不具备设置会计机构或会计人员条件的单位,应当委托经批准设立从事会计代理记账业务的中介机构代理记账

C. 会计人员的工作岗位应当有计划地进行轮换

D. 一个单位实行集中核算还是非集中核算主要取决于企业经营管理的需要

(四) 判断题

1. 经济越发展,会计越重要。 ( )

2. 现代会计核算就是对已经发生的经济业务进行记录和反映,属于事后算账。 ( )

3. 会计监督不仅体现在过去的经济业务,还体现在业务发生过程之中和尚未发生之前,包括事前、事中和事后监督。 ( )

4. 凡是特定对象能用货币表现的经济活动,都是会计核算和监督的内容。 ( )

5. 会计的职能就是会计的作用。 ( )

6. 设置会计科目和账户是复式记账、登记账簿和编制报表的基础。 ( )

7. 会计以货币作为唯一计量单位。 ( )

8. 一个单位实行集中核算还是非集中核算主要取决于企业经营管理的需要。 ( )

9. 出纳人员不得兼任稽核、会计档案保管和库存现金、收入、支出、费用、债权债务账目的登记工作。 ( )

10. 目前,会计专业职务分为总会计师、高级会计师、会计师、助理会计师、会计员。 ( )

五、参考答案

（一）简答题

略

（二）单项选择题

1. A　2. C　3. B　4. D　5. B　6. C　7. B　8. D　9. C　10. A

（三）多项选择题

1. ABCDEFG　2. BCD　3. ABCD　4. ACD　5. ABCD　6. ABCD　7. ACD　8. ABCD　9. ABC　10. BCD

（四）判断题

1. ✓　2. ×　3. ✓　4. ✓　5. ×　6. ✓　7. ×　8. ✓　9. ✓　10. ×

第二章

会计对象、会计要素和会计科目

一、学习目的

通过本章的学习，了解会计核算的对象——资金运动，了解将资金运动的动态和静态表现；了解静态资金运动的三个要素——资产、负债和所有者权益；了解动态资金运动的三个要素——收入、费用和利润。了解要素细化为哪些会计科目和账户及这些会计科目和账户的分类、结构及相互联系和区别。

二、关键概念

会计对象　资金循环　会计要素　总分类科目　明细分类科目　账户

三、本章重点难点

（一）会计对象

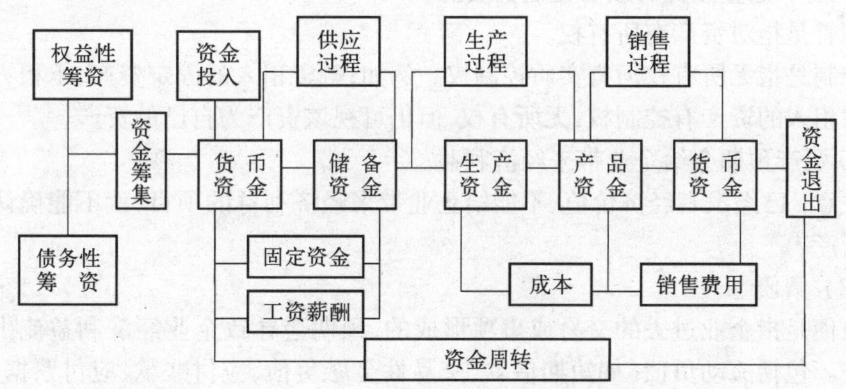

图 2－1　制造业企业资金运动图

图注：工业企业以营利为目的，经营活动是以产品生产和提供劳务为主。在日常生产和提供劳务的经营过程中，必须筹集一定数量的资金，用以购买厂房、机器设备、支付职工薪酬等。产品生产完成后还需要销售才能实现价值并完成资金的循环过程。由此，工业企业的资金循环过程涵盖了生产过程的四个环节，资金循环的具体形式就是资金筹集、投入、运用和退出。

（二）会计要素

1. 定义

会计要素是指会计对象的具体构成，按照交易或事项的经济特征所作的基本分类，也是指对会计对象按经济性质所作的基本分类，是会计核算和监督的具体对象和内容，是构成会计对象具体内容的主要因素，也是构成会计报表的基本要素。会计要素分为反映企业财务状况的会计要素和反映企业经营成果的会计要素。《企业会计准则》将会计要素界定为六个，即资产、负债、所有者权益、收入、费用和利润。

2. 会计要素的内容

(1) 资产

资产由指企业过去的交易或事项形成的（如购买、自己建造、自己生产）由企业拥有或控制的、预期会给企业带来经济利益的资源。包括流动资产（如银行存款、交易性金融资产、应收账款、应收票据、原材料、产成品、预付账款等）和非流动资产（如固定资产、无形资产、递延资产、持有至到期投资等）。

特征：

① 资产是由企业过去的交易或者事项形成的。

过去的交易或者事项是指购买、生产、自己建造、接受投资者投入、别人捐赠等。

注意：预期在未来发生的交易或者事项不形成资产，即必须是现实的资产，而不能是预期的资产。

② 资产是企业拥有或者控制的资源。

拥有是指对资产有所有权。

控制是指无所有权但有实质控制权。例如，融资租入的固定资产，承租方在租期内对租入的资产有控制权，无所有权，但仍可视该资产为自己的资产。

③ 资产预期会给企业带来经济利益。

注意：已经没有经济价值、不能给企业带来经济利益的项目，就不能确认为企业的资产。

(2) 负债

负债是指企业过去的交易或事项形成的、预期会导致企业经济利益流出的现时义务。包括流动负债（如短期借款、交易性金融负债、应付账款、应付票据、应交税费、应付职工薪酬等）和非流动负债（如应付债券、长期应付款、长期借款等）。

特征：

① 负债是现时的义务，即按期足额偿还的义务。

② 应以债权人可接受的资源偿还。

③ 偿还负债会导致经济利益流出企业。

(3) 所有者权益

所有者权益是指企业资产扣除负债后的由所有者享有的剩余权益。包括投入资本(如实收资本、资本公积)和留存收益(包括盈余公积、未分配利润)。

特征:

① 除非发生减资、清算或分派库存现金股利,企业不需要偿还所有者权益;

② 企业清算时,只有在清偿所有的负债后,才会将剩余资产返还给所有者;

③ 所有者凭借所有者权益能够参与企业利润的分配。

(4) 收入

收入是指日常活动中形成的、会导致所有者权益增加的、与所有者投入资本无关的经济利益的总流入。包括日常活动中形成的收入(主营业务收入、其他业务收入、投资收益、公允价值变动损益等)和非日常活动中形成的收入(如营业外收入)。

特征:

① 收入是企业在日常活动中形成的。日常活动是指企业为完成其经营目标所从事的经常性活动以及与之相关的活动。

② 收入会导致所有者权益的增加。

③ 收入是与所有者投入资本无关的经济利益的总流入。与所有者投入资本无关的经济利益是指投资人投入资本,该资本会导致所有者权益增加,但它不是收入。

(5) 费用

费用是指企业在日常活动中发生的、会导致所有者权益减少的、与向所有者分配利润无关的经济利益的总流出。包括日常活动中发生的费用(如主营业务成本、其他业务成本、营业税金及附加、管理费用、财务费用、销售费用、资产减值损失等)和非日常活动中发生的费用(如营业外支出)。

特征:

① 费用是企业在日常活动中发生的;

② 费用会导致所有者权益的减少;

③ 费用是与向所有者分配利润无关的经济利益的总流出(分配股利不属于费用)。

(6) 利润

利润是指企业在一定会计期间内的经营成果。包括日常经营活动产生的经营成果(日常活动的收入扣除费用后的净额)和直接计入当期利润的利得和损失等。直接计入当期损益的利得和损失,是指应当计入当期损益、最终会引起所有者权益发生增减变动的、与所有者投入资本或者向所有者分配利润无关的利得或者损失,如接受捐赠。通常情况下,如果企业实现了利润,表明企业的所有者权益将增加,业绩得到了提升;反之,如果企业发生了亏损(即利润为负数),表明企业的所有者权益将减少,业绩下降。

(三) 会计科目

1. 定义

为了连续、系统、全面地核算和监督经济活动所引起的各项会计要素的增减变化,就有必要对会计对象的具体内容按照其不同的特点和经济管理要求进行科学的分类,并事先确定分类核算的项目名称,规定其核算内容。这种对会计要素的具体内容进行分类核算的项目,称为会计科目。

2. 设置原则

系统性:要全面、系统地反映会计要素的内容。

合法性:所设置的会计科目必须符合国家统一的会计制度的规定。

相关性:所设置的会计科目应该为提供有关各方所需要的会计信息服务,满足对外报告与对内管理的要求。

实用性:设置会计科目的原则之一是要符合单位自身的特点,满足对外报告和对内管理的需求。

3. 分类

会计科目按其提供的会计信息的详细程度不同可以分为两类。

(1) 总分类科目

总分类科目是对会计对象具体内容进行的总括分类、提供总括会计信息的科目,如“原材料”“应收账款”“应付账款”等。

(2) 明细分类科目

明细分类科目是对总分类科目所含内容再作详细分类的会计科目,如“应收账款——××公司”。

(四) 会计账户

1. 定义

会计账户是根据会计科目设置的、具有一定格式和结构、用于分类反映会计要素增减变动情况及其结果的载体。

2. 分类

(1) 总分类账户

总分类账户是根据总分类科目设置的,用于对会计要素的具体内容进行总括分类核算的账户,简称总账账户或总账。根据总账账户所反映的经济内容,可以将其细分为资产类账户、负债类账户、所有者权益类账户、损益类账户、成本类账户。

(2) 明细分类账户

明细分类账户是根据明细分类科目设置的,用来对会计要素的具体内容进行明细分类核算的账户，简称明细账。

3. 设置会计账户的基本方法

会计主体设置账户的原则有两个：一是根据会计制度和会计准则的统一规定设置会计科目；二是应该根据会计主体所核算的会计要素的具体内容设置。会计要素的具体内容有差别，所设置的会计科目也不完全相同。

制造企业的会计账户设置如图 2－2 所示。

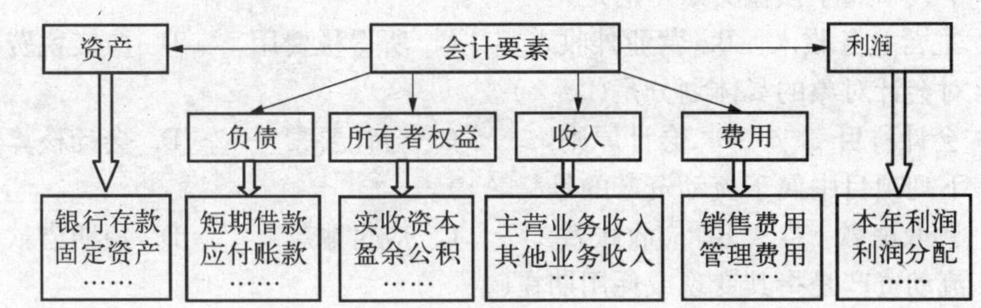

图 2－2　制造业企业会计要素的细化

（五）会计科目和会计账户间的联系与区别

1. 相互联系

① 会计账户根据会计科目设置，会计科目就是会计账户的名称。

② 反映的经济（会计要素）内容相同。

2. 相互区别

① 外表形式不同：会计账户必须具有一定的格式，会计科目则没有。

② 发挥作用不同：会计账户是用来具体记录经济业务的工具（手段），会计科目是对会计要素具体内容分类形成的项目（标志）。

四、本章习题

（一）简答题

1. 简述制造业资金运动图。
2. 简述行政事业单位资金运动图。
3. 会计核算的对象、要素和科目间是什么关系？
4. 会计科目与会计账户间有什么区别和联系？
5. 所有者权益与负债两个要素的区别是什么？

（二）单项选择题

1. 从筹集资金的对象的角度看，企业的资产一部分属于投资者，一部分属于（　　）。

A. 债权人 B. 债务人 C. 企业领导人 D. 全体职工

2. 企业收入发生会引起(　　)。

A. 资产减少 B. 负债增加

C. 所有者权益增加 D. 所有者权益减少

3. 一个企业的资产总额必定等于负债和(　　)相加的结果。

A. 成本 B. 费用 C. 利润 D. 所有者权益

4. 下列不属于损益类账户的是(　　)。

A. 主营业务收入 B. 营业外收入 C. 所得税费用 D. 应交税费

5. 对会计对象的具体划分是(　　)。

A. 会计科目 B. 会计原则 C. 会计要素 D. 会计核算方法

6. 下列项目中属于流动资产的是(　　)。

A. 预收账款 B. 应收账款 C. 应付账款 D. 短期借款

7. 流动资产是指其变现或耗用期在(　　)。

A. 一年以内

B. 一个营业周期以内

C. 一年内或超过一年的一个营业周期以内

D. 超过一年的一个营业周期以上

8. 关于收入下列说法中错误的是(　　)。

A. 收入是指企业在日常生产活动形成,会导致所有者权益增加、与所有者投入资本无关的经济利益的总流入

B. 收入应在经济利益很可能流入企业,而且流入额能够可靠计量的情况下才予以确认

C. 符合收入定义和确认条件的要列入利润表

D. 收入是指企业在日常生产活动形成,会导致所有者权益增加和负债增加的、与所有者投入资本无关的经济利益的总流入

9. 下列项目中属于流动负债的是(　　)。

A. 预付账款 B. 短期借款 C. 应付债券 D. 盈余公积

10. 利润是指企业在一定会计期间内的(　　)。

A. 经营成果 B. 经营毛利 C. 经营收入 D. 经济效益

(三) 多项选择题

1. 明细分类科目(　　)。

A. 又称一级会计科目 B. 是进行明细分类核算的依据

C. 是进行总分类核算的依据 D. 提供更加详细具体的会计信息

E. 是对总分类科目核算内容的详细分类

2. 所有者权益类项目主要有(　　)。

A. 资本公积　　B. 实收资本

C. 未分配利润　　D. 盈余公积

E. 营业外收入

3. 下列项目中,属于资产要素特征的有(　　)。

A. 由过去交易或事项形成　　B. 由企业拥有或控制

C. 本质是一种经济资源　　D. 必须是有形的经济资源

4. 所有者权益与负债有本质的不同,即(　　)。

A. 两者性质不同

B. 两者享受的权利不同

C. 两者风险程度不同

D. 两者对企业资产要求权的顺序不同

E. 两者偿还期不同

5. 下列项目中,可作为负债要素特征的有(　　)。

A. 由过去的交易或事项引起的偿还义务

B. 由将来的交易或事项引起的偿还义务

C. 清偿负债会导致经济利益流出企业

D. 负债的清偿会导致经济利益流入企业

6. 企业的收入具体表现为(　　)。

A. 库存现金的流入　　B. 银行存款的流入

C. 企业其他资产的增加　　D. 企业负债的增加

E. 企业负债的减少

7. 下列企业资产中属于长期资产的有(　　)。

A. 长期待摊费用　　B. 固定资产

C. 流动资产　　D. 长期股权投资

E. 无形资产

8. 以下属于债权人权利的是(　　)。

A. 参与企业生产经营　　B. 管理企业

C. 参与投资决策　　D. 定期取得利息

E. 对企业的负债限额作出一定的限制

9. 以下经济业务影响所有者权益的是(　　)。

A. 盈余公积增加 100 000 元

B. 资本公积减少 40 000 元

C. 对外投资增加 60 000 元

D. 收到外单位所欠的商品货款 20 000 元

E. 购入原材料 5 000 元

10. 企业的费用具体表现在(　　)。

A. 库存现金的流出　　B. 企业其他资产的减少

C. 企业负债的增加　　D. 银行存款的流出

E. 企业负债的减少

(四) 判断题

1. 资金运动的静态是表明资金运动增减变动的结果,而资金运动的动态则是表明资金运动增减变动的原因。(　　)

2. 由于行政事业单位不产生收入,因此没有货币资金运动。(　　)

3. 会计对象就是货币资金的运动,货币资金的运动通过会计要素反映。(　　)

4. 企业在生产活动中发生的经济活动多种多样,因此要对所有的经济活动进行会计核算和监督。(　　)

5. 某一财产物资要成为企业资产,其所有权必须属于企业。(　　)

6. 企业取得收入,就一定能够取得利润。(　　)

7. 收入可能会表现为资产的增加,但并非所有资产的增加都是收入。(　　)

8. 从本质上说费用就是资产的转化形式,是企业总资产的耗费。(　　)

9. 资产、负债和所有者权益是用来反映企业资金运动的三个静态要素,如果考虑收入、费用等动态要素,则资产与权益总额的平衡关系可能不能够维持。(　　)

10. 所有者能够参与企业的生产经营、管理和收益分配,而债权人不能参与企业的生产经营,管理和收益分配。(　　)

五、参考答案

(一) 简答题

略

(二) 单项选择题

1. A　2. C　3. D　4. D　5. C　6. B　7. C　8. D　9. B　10. A

(三) 多项选择题

1. BDE　2. ABCD　3. ABC　4. ABCDE　5. AC　6. ABCD　7. ABDE　8. DE　9. AB　10. ABCD

(四) 判断题

1. ✓　2. ×　3. ✓　4. ×　5. ×　6. ×　7. ✓　8. ✓　9. ×　10. ✓

第三章

会计核算的基础

一、学习目的

了解会计基本假设和提供会计信息的质量要求。理解会计要素的分类，以及会计要素的确认计量要求。会计要素的分类是第四章会计账户设置的基础，掌握会计要素的分类是理解会计账户的前提。

二、关键概念

会计假设　会计主体　持续经营　会计分期　货币计量　客观性原则　相关性原则　可比性原则　明晰性原则　实质重于形式原则　重要性原则　谨慎性原则　及时性原则

三、本章重点难点

(一) 会计基本假设

会计的基本假设是指一般在会计实践中长期奉行，不需要证明便为人们所接受的前提条件；是企业会计确认、计量、记录和报告会计信息的前提；是对会计核算所处时间、空间等做出的合理确定。

(二) 四个基本假设

1. 会计主体

规范了会计工作的范围，即明确了企业确认、计量和报告的空间范围；只有本企业发生的经济活动才是会计核算的范围；法律主体一定是会计主体，但是会计主体不一定是法律主体；该假设是持续经营假设、会计分期假设和全部会计原则的基础。

2. 持续经营

指在可以预见的将来，企业将会按照当前的规模和状态继续经营下去，不会停业，也不会大规模的削减业务。企业会计确认、计量和报告应当以持续、正常的生产经营活动为前提；是对会计核算时间范围的划分；该假设是会计分期假设和货币计量假设的基础。

3. 会计分期

指将一个企业持续经营的生产经营活动划分为一个个连续的、长短相同的期间。会计应当划分会计期间，分期结算账目和编制财务会计报告；分期后将持续经营的生产经营活动划分成连续、相等的期间，便于结算各期间盈亏，按期编报财务报告，从而及时向财务报告使用者提供有关企业财务状况、经营成果和库存现金流量的信息。

会计分期产生了当期、前期和后期这样的时间概念，由此产生收付实现制和权责发生制，划分收益性支出和资本性支出，产生了配比原则等。

4. 货币计量

指会计主体在会计核算过程中采用货币作为计量单位，计量、记录和报告会计主体的生产经营活动。通过货币计量，使得企业可以用统一的计量尺度记录并且比较生产经营活动的状况。

（三）会计基础

1. 权责发生制

按照权利和义务来确定本期收入和费用，而不是按照款项的实际收支来确定。当期已经实现的收入和已经发生或者负担的费用，无论款项是否收付，都应该作为当期的收入和费用。凡不属于当期的收入和费用，即使款项已在当期收付，也不应该作为当期的收入和费用。营利性组织会计主要采用权责发生制核算。

2. 收付实现制

以款项是否收到和付出作为确定本期收入和费用的标准，以款项的实际收付期间作为确认的标准。哪个期间收到款项则在哪个期间计入收入，哪个期间付出款项则在哪个期间计费用。我国行政单位和部分事业单位会计采用收付实现制核算。

（四）会计信息质量要求

1. 客观性（可靠性）

企业应当以实际发生的交易或者事项为依据进行会计确认、计量和报告，如实反映符合确认和计量要求的各项会计要素及其他相关信息，保证会计信息真实可靠、内容完整。

2. 相关性

企业提供的会计信息应当与财务会计报告使用者的经济决策需要相关，有助于财务会计报告使用者对企业过去、现在或者未来的情况作出评价或者预测。

3. 明晰性

企业提供的会计信息应当清晰明了，便于财务会计报告使用者理解和使用。

4. 可比性

企业提供的会计信息应当具有可比性。同一企业不同时期发生的相同或者相似的交易或者事项,应当采用一致的会计政策,不得随意变更。确需变更的,应当在附注中说明。不同企业发生的相同或者相似的交易或者事项,应当采用规定的会计政策,确保会计信息口径一致,相互可比。

5. 实质重于形式

企业应当按照交易或者事项的经济实质进行会计确认、计量和报告,不应仅以交易或者事项的法律形式为依据。

6. 重要性

企业提供的会计信息应当反映于企业财务状况、经营成果和库存现金流量等有关的所有重要交易或者事项。

7. 谨慎性

企业对交易或者事项进行会计确认、计量和报告应当保持应有的谨慎,不应高估资产或者收益、低估负债或者费用。

8. 及时性

企业对于已经发生的交易或者事项,应当及时进行会计确认、计量和报告,不得提前或延后。

(五) 会计要素的计量属性及确认条件

1. 定义

会计计量是根据一定的计量标准和计量方法,将符合确认条件的会计要素登记入账并列报于财务报表而确定其金额的过程。计量属性是指所予计量的某一要素的特性方面,如桌子的长度、铁矿的重量、楼房的高度等。从会计角度,计量属性反映的是会计要素金额的确定基础,根据2006年版《企业会计准则》的描述,会计计量属性主要包括:历史成本、重置成本、可变现净值、现值和公允价值。

2. 会计要素的确认条件

(1) 资产

资产的确认条件是:相关经济利益很可能流入企业;相关经济利益能够可靠地计量。

(2) 负债

负债的确认条件是:相关经济利益很可能流出企业;未来流出的经济利益能够可靠地计量。

(3) 所有者权益

所有者权益的确认条件主要取决于资产、负债、收入、费用等要素的确认条件。

（4）收入

收入的确认条件是：经济利益很可能流入企业，经济利益流入企业的结果会导致资产的增加或者负债的减少；经济利益能够可靠地计量。

（5）费用

费用的确认条件是：与费用相关的经济利益应当很可能流出企业、经济利益流出企业的结果会导致资产的减少或者负债的增加、经济利益的流出额能够可靠计量。

（6）利润

利润反映收入减去费用的差额及直接计入当期利润的利得减去损失后的差额。

利润＝日常活动＋非日常活动 ＝ 营业利润＋非营业利润

利润的确认主要依赖于收入和费用，以及直接计入当期利润的利得和损失的确认，其金额的确定也主要取决于收入、费用、利得、损失金额的计量。

四、本章习题

（一）简答题

1. 为什么在进行会计核算前，要事先制定会计假设？

2. 会计假设包含哪些内容？每个会计假设的意义何在？如何理解这些假设的关系？

3. 如何理解会计假设与会计信息质量要求之间的关系？

4. 权责发生制与收付实现制的区别是什么？

5. 会计要素的计量属性有哪些？

（二）单项选择题

1. 确定会计核算工作空间范围的前提条件是（　　）。

A. 会计主体　B. 持续经营　C. 会计分期　D. 货币计量

2. 企业按照收入的权利和支出的义务是否归属于本期来确定收入、费用，而不是按款项的实际收支是否在本期发生来确认收入、费用。这种会计核算的基础是（　　）。

A. 收付实现制　B. 权责发生制　C. 永续盘存制　D. 实地盘存制

3. 某企业对于存货进行跌价准备的提取，这一做法体现的原则是（　　）。

A. 及时性原则　B. 重要性原则　C. 谨慎性原则　D. 可靠性原则

4. 建立货币计量假设的是（　　）。

A. 币值变动　B. 人民币　C. 记账本位币　D. 币值不变

5. 2015 年 3 月 5 日采用赊销方式销售产品 50 000 元,5 月 1 日收到货款存入银行,按收付实现制核算时,该项收入应属于(　　)。

A. 2015 年 3 月　B. 2015 年 5 月　C. 2015 年 12 月　D. 2015 年 4 月

6. 2015 年 6 月某企业支付了管理人员工资 10 000 元,预支了管理部门下半年的修理费 2 400 元,按权责发生制核算时,该企业 2015 年 6 月管理费用发生额为(　　)。

A. 10 000 元　B. 12 400 元　C. 10 400 元　D. 400 元

7. 在编制资产负债表时,将公司经理个人财产与企业财产放在一起核算,违背了(　　)。

A. 重要性原则　B. 可靠性原则　C. 相关性原则　D. 会计主体假设

8. 会计核算的主要计量单位是(　　)。

A. 实物计量单位　B. 货币计量单位　C. 工时计量单位　D. 劳动计量单位

9. 进行会计核算提供的信息应当以实际发生的经济业务为依据,如实反映财务状况与经营成果,这符合(　　)。

A. 及时性原则　B. 重要性原则　C. 可靠性原则　D. 谨慎性原则

10. 各企业处理会计业务的方法与程序在不同会计期间要保持前后一致,不得随意变更,这符合(　　)。

A. 谨慎性原则　B. 可比性原则

C. 实质重于形式原则　D. 及时性原则

(三) 多项选择题

1. 会计核算的基本假设是(　　)。

A. 会计主体　B. 持续经营

C. 会计分期　D. 权责发生制

E. 货币计量

2. 会计主体这个前提条件解决并确定了(　　)。

A. 会计核算的空间范围　B. 会计核算的时间范围

C. 会计核算的计量问题　D. 会计为谁记账的问题

E. 会计核算的标准质量问题

3. 下列属于会计信息质量要求的原则有(　　)。

A. 可靠性原则　B. 可比性原则

C. 谨慎性原则　D. 及时性原则

E. 权责发生制原则

4. 按照权责发生制的要求,下列收入和费用应当归属本期的是(　　)。

A. 明年的保险费,今年已付　B. 本月收回上月销售产品的货款

C. 尚未支付的本月借款利息　　D. 摊销以前期间已付的财务费用

E. 明年的销售收入,今年预收

5. 可比性强调的是(　　)。

A. 会计时期上纵向一致　　B. 会计时期上横向一致

C. 会计指标计算口径一致　　D. 收入和费用一致

E. 会计处理方法一致

6. 以下哪一种情况不属于持续经营(　　)。

A. 大规模的削减业务　　B. 停业

C. 破产清算　　D. 整顿

E. 按照当前规模继续经营

7. 在选择记账本位币时,应该考虑以下因素(　　)。

A. 企业一般以该货币进行商品和劳务的结算,该货币能影响商品和劳务的价格

B. 企业通常以该货币进行劳务所需的人工、材料和其他费用的结算

C. 企业用该货币从经营活动中收取款项

D. 企业管理层的喜好

E. 货币在世界货币市场的流通程度

8. 会计信息的及时性原则的含义是(　　)。

A. 及时收集会计信息　　B. 及时处理会计信息

C. 及时传递会计信息　　D. 及时反馈会计信息

E. 及时记录会计信息

9. 按权责发生制要求,下列收入及费用应当归属本期的是(　　)。

A. 对方暂欠的本期销售产品的收入

B. 预付明年的保险费

C. 本月收回的上月销售产品的货款

D. 尚未付款的本月借款利息

E. 摊销前期已付款的本期报刊杂志费

10. 费用的确认条件表现在(　　)。

A. 经济利益很可能流出企业　　B. 在日常生产经营活动中发生

C. 由过去的交易事项产生　　D. 经济利益流出额能够可靠计量

E. 会导致所有者权益的减少

(四) 判断题

1. 会计的基本前提之一是会计主体。(　　)

2. 会计货币计量单位只有一种。(　　)

3. 谨慎性原则就是要求会计核算工作中不夸大企业的资产。（　）

4. 实务中,企业会计信息的重要性主要依赖于职业判断。（　）

5. 实质重于形式原则要求企业应当以交易或者事项的法律形式为依据确认、计量和报告,而不是按照交易或者事项的经济实质进行会计确认、计量和报告。（　）

6. 重要性原则就是指反映企业的财务信息非常重要。（　）

7. 我国所有企业的会计核算都必须以人民币作为记账本位币。（　）

8. 可比性原则是指会计处理方法在不同企业应当一致,不得随意变更。（　）

9. 按照权责发生制的要求,本期收到的库存现金,不论是否因本期销售商品而获得都要确认为本期收入。（　）

10. 无论是有关的经济利益流出额还是流入额,企业都需要对履行相关权利和义务所需要支付的价款进行估计,得出最佳的估计数,综合考虑货币时间价值,风险因素等影响。（　）

五、参考答案

(一) 简答题

略

(二) 单项选择题

1. A　2. B　3. C　4. D　5. B　6. A　7. D　8. B　9. C　10. B

(三) 多项选择题

1. ABCE　2. AD　3. ABCD　4. CD　5. ABCE　6. ABCD　7. ABC　8. ABC　9. ADE　10. AD

(四) 判断题

1. ×　2. ×　3. ×　4. ✓　5. ×　6. ×　7. ×　8. ×　9. ×　10. ✓

第四章

会计等式与复式记账

一、学习目的

本章是基础会计中的重要章节,目的在于介绍会计核算的核心,即会计账户以及记录这些账户的方法——复式记账。会计账户的设置是会计核算方法中的基本方法,通过本章的学习应该重点掌握会计等式是如何构成的及其意义所在,并了解复式记账与单式记账的区别,掌握复式计账的基本含义、复式计账的依据和具体方法,借贷记账法的记账符号、记账结构、记账规则及试算平衡方法等。

二、关键概念

静态会计等式　动态会计等式　综合会计等式　单式记账　复式记账　试算平衡

三、本章重点难点

(一) 会计等式

1. 静态会计等式

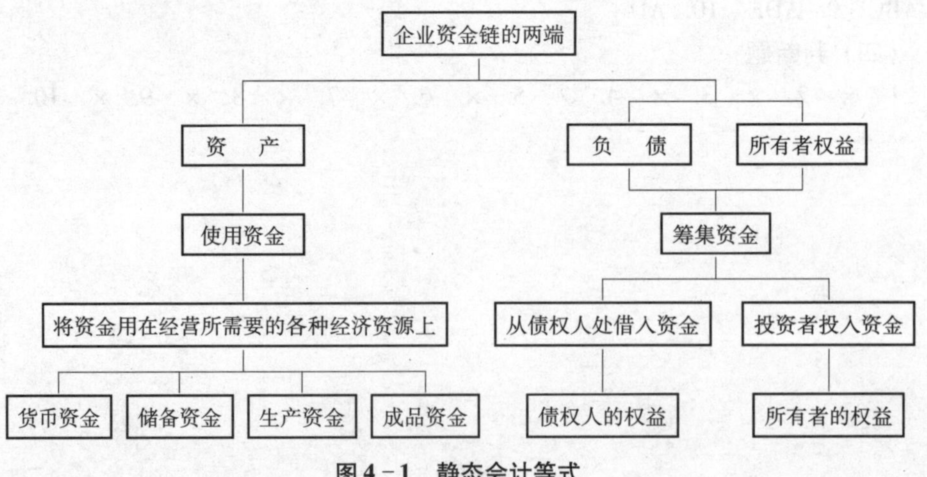

图4-1　静态会计等式

图注：静态会计等式由资产、负债、所有者权益三个要素组成，负债及所有者权益是指资金的来源，资产是资金运用的状态；提供资金的是债权人和投资者，两者在提供资金的同时将从企业获得一定的权利和收益，如债权人有按时足额收取贷款本金和利息的权利，而投资者对企业有生产经营决策权、收益分配权等，也可从企业获得股息等收益；筹集来的资金可用于购置各种资产，这些资产是能够被用于创造收益的经济资源，这些经济资源存在各种资金形态，包括货币资金、储备资金、生产资金、成品资金等形态。

2. 动态会计等式

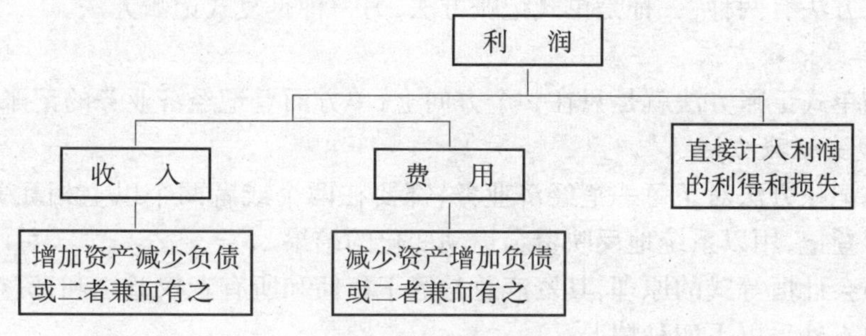

图 4－2　动态会计等式

图注：动态会计等式反映的是一个会计主体在一定时期内的经营成果形成的动态过程。利润是一个企业核算经营成果的指标，其来源于两部分，一部分是日常企业经营中取得收入与发生的费用相抵减后的结果，另一部分是非日常活动中取得的可计入利润的利得或损失。取得收入会增加资产或减少负债，或二者兼而有之；发生费用时会减少资产或增加负债，或二者兼而有之。因此，动态等式是表征资金动态运动变化过程的等式；静态等式是表征资金运动结果的等式。

3. 综合会计等式

资产＝负债＋所有者权益＋(收入－费用)

资产＋费用＝负债＋所有者权益＋收入

(二) 经济业务对会计等式的影响

经济业务的类型可以划分为以下九种：

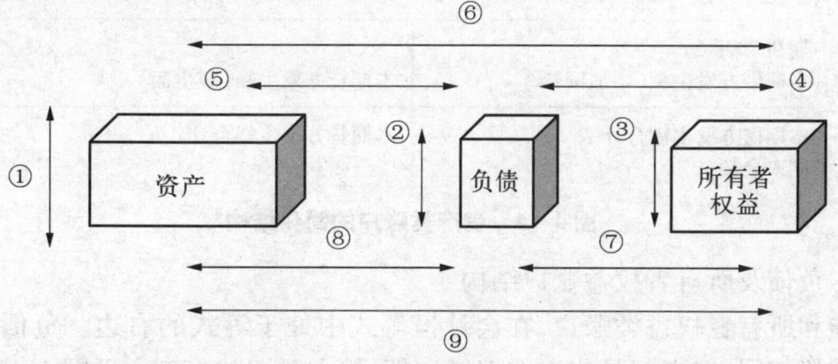

图 4－3　会计恒等式的九种平衡类型

图注：① 资产项目内部相互增减，且增减金额相等。② 负债项目内部相互增减，且增减金额相等。③ 所有者权益项目内部相互增减，且增减金额相等。④ 负债项目增加，所有者权益项目减少，且增减金额相等。⑤ 资产项目增加，负债项目也增加，且增加的金额相等。⑥ 资产项目增加，所有者权益项目增加，且增加的金额相等。⑦ 所有者权益项目增加，负债项目减少，且增减金额相等。⑧ 资产项目减少，负债项目也减少，且减少的金额相等。⑨ 资产项目减少，所有者权益项目减少，且减少的金额相等。

(三) 复式记账的含义和原理

记账方法有两种，一种是单式记账方法，另一种是复式记账方法。

1. 单式记账方法

所谓单式记账方法就是只在一个方向上，单方面登记经济业务的记账方法。

2. 复式记账方法

复式记账方法对于每一笔经济业务，都要在两个或者两个以上相互关联的账户中进行登记，用以系统地反映资金运动变化的结果。

按照会计恒等式的原理，其资产总是等于负债和所有者权益之和，资金的增加和减少也不外乎以下四种情况：

第一，资产增加额等于负债与权益增加额。

第二，资产减少额等于负债与权益减少额。

第三，资产中，一部分项目增加，一部分项目减少。

第四，负债和权益中，一部分项目增加，一部分项目减少。

(四) 借贷记账法

1. 账户结构

(1) 资产类账户结构

资产类账户的结构特点是借方登记增加额，贷方登记减少额。此类账户的期末余额一般在借方，表示资产的期初、期末实有，如图 4－4 所示数额。

资产类账户的期末借方余额＝期初借方余额＋本期借方发生额合计－本期贷方发生额合计

借方	贷方
期初余额 本期借方发生额(增加额)	本期贷方发生额(减少额)
本期借方发生额合计 期末余额	本期贷方发生额合计

图 4－4 资产类账户的简化结构

(2) 负债及所有者权益账户结构

负债和所有者权益类账户，在会计恒等式中处于等式的右边。负债和所有者权益的结构相同，二者都是贷方登记增加额，借方登记减少额。见图 4－5。账户如果有期末余额必定登记在贷方，表示负债或所有者权益的期末实有数额。且存在：

负债和所有者权益账户的贷方期末余额 = 贷方期初余额 + 贷方本期发生额合计 − 借方本期发生额合计

借方	贷方
本期借方发生额(减少额)	期初余额 本期贷方发生额(增加额)
本期借方发生额合计	本期贷方发生额合计 期末余额

图 4－5　负债及所有者权益类(含利润分配账户)账户结构

(3) 损益类账户结构

损益类账户包括收入类账户和费用类账户。在收入类账户中,贷方登记增加额,借方登记减少额,期末,收入应该转入"本年利润"账户与有关费用配比,所以收入账户期末无余额。如图 4－6 所示。

借方	贷方
本期借方发生额(减少额)	本期贷方发生额(增加额)
本期借方发生额合计	本期贷方发生额合计

图 4－6　收入类(含本年利润)账户结构

费用是指企业在生产经营过程中发生的各项耗费。费用类账户中,借方登记增加额,贷方登记减少额,费用转入"本年利润"账户后,费用类账户期末没有余额。如图 4－7 所示。

借方	贷方
本期借方发生额(增加额)	本期贷方发生额(减少额)
本期借方发生额合计	本期贷方发生额合计

图 4－7　费用类账户结构

2. 借贷记账法的记账规律

借贷记账法以"有借必有贷,借贷必相等"作为记账规则。

3. 试算平衡

平衡关系可以用下面三个公式表示:

全部账户借方本期发生额合计＝全部账户的贷方本期发生额合计

全部账户的借方期初余额合计＝全部账户的贷方期初余额合计

全部账户的借方期末余额合计＝全部账户的贷方期末余额合计

在登记完各个账户的本期发生额，结出本期的期末余额之后，可以通过编制试算平衡表来检验账户记录的正确与否。

值得注意的是，试算平衡表只是通过借贷金额是否平衡来检查账户是否正确，但不能保证记入正确的账户，有些错误不能通过试算平衡表发现。

（五）编制会计分录的方法

第一，分析经济业务所涉及的会计要素。

第二，确定登记的账户是属于会计要素分类下哪个会计账户。

第三，分析金额的增减变化。

第四，确定记账的方向。

第五，确定登记的金额。

四、本章习题

（一）简答题

1. 会计科目和会计账户的联系及区别是什么？
2. 会计账户的基本结构是什么？
3. 简述会计分录的编制步骤。
4. 借贷记账法的试算平衡表的三个勾稽关系是什么？

（二）单项选择题

1. 企业收到投资者投入的固定资产，应该按照（　　）入账。

A. 实际收到的投资净值　　B. 资产的市场价值

C. 资产的账面价值　　D. 投资合同或者协议约定的价值

2. 以银行存款购入需要安装的设备一台，支付设备买价 9 000 元，增值税为 1 530 元，设备安装费用是 1 000 元，在实行消费型增值税制度下，对该项业务应该记入“固定资产”账户借方的金额为（　　）。

A. 10 530 元　　B. 11 530 元　　C. 10 000 元　　D. 9 000 元

3. 某企业成立时，资产总额为 100 万元，用银行存款来偿还欠银行款 10 万元，则现在企业的资产总额为（　　）。

A. 100 万元　　B. 90 万元　　C. 110 万元　　D. 80 万元

4. 复式记账不同于单式记账，每笔经济业务登记的账户数量都是（　　）。

A. 仅一个　　B. 仅两个

C. 两个或者两个以上　　D. 三个或者三个以上

5. 借贷记账法的余额试算平衡公式是(　　)。

A. 每个账户的借方发生额 = 每个账户的贷方发生额

B. 部分账户本期借方发生额合计 = 全部账户本期贷方发生额合计

C. 全部账户期末借方余额合计 = 全部账户期末贷方余额合计

D. 全部账户期末借方余额合计 = 部分账户期末贷方余额合计

6. 账户到底是借方记录增加还是贷方记录增加,是要按照账户的(　　)决定。

A. 性质　　B. 分类

C. 名称　　D. 以前存在的余额是借方还是贷方

7. 在借贷记账法下,资产类账户的期末余额一般在(　　)。

A. 借方　　B. 贷方　　C. 没有余额　　D. 二者皆可

8. 某企业资产余额现为 100 万元,如果发生以下经济业务,第一,收到外单位投资 10 万元,存入银行。第二,用银行存款支付企业的应付账款 3 万元。第三,收到到期兑现的应收票据 2 万元。则该企业资产的期末总额为(　　)万元。

A. 107　　B. 100　　C. 110　　D. 112

9. 借贷记账法试算平衡的原理是(　　)。

A. 账户的基本结构　　B. 资金运动变化规律

C. 会计等式平衡原理　　D. 平行登记基本原理

10. 以下账户中在年度会计期末要结转本期发生额到“本年利润”账户的是(　　)。

A. 固定资产　　B. 主营业务收入　　C. 应付账款　　D. 盈余公积

(三) 多项选择题

1. 下列经济业务中,只会引起会计等式右边会计要素发生增减变动的是(　　)。

A. 以银行存款偿还前欠货款

B. 将欠某企业的货款转作其对本企业的投入资本

C. 将资本公积转增资本

D. 向银行借款后转存银行

E. 投资者以货币追加对本企业的投资

2. 引起会计等式左右两边会计要素变动的经济业务有(　　)。

A. 收到外单位以前欠本企业货款 20 000 元存入银行

B. 用银行存款偿还银行款项

C. 收到某单位以机器进行的投资

D. 以银行存款偿还本企业以前欠的货款 100 000 元

E. 购买材料 8 000 元,以银行存款支付

3. 下列等式中,属于正确的会计等式有(　　)。

A. 资产 = 权益

B. 资产 = 负债 + 所有者权益

C. 收入 - 费用 = 利润

D. 资产 = 负债 + 所有者权益 + (收入 - 费用)

E. 资产 + 负债 - 费用 = 负债 + 所有者权益 + 收入

4. 资产类账户可以提供的金额指标有(　　)。

A. 期初余额　　B. 本期增加发生额

C. 期中余额　　D. 本期减少发生额

E. 期末余额

5. 借贷记账方法下,对于(　　)账户而言,借方反映增加。

A. 固定资产　　B. 应付职工薪酬

C. 应交税费　　D. 本年利润

E. 主营业务成本

6. 借贷记账方法下,对于下列哪些账户而言,贷表示增加(　　)。

A. 主营业务收入　　B. 营业外支出

C. 本年利润　　D. 利润分配

E. 应付账款

7. 下列账户中,在会计期末结账后一般没有余额的是(　　)。

A. 资产类账户　　B. 负债类账户

C. 所有者权益类账户　　D. 收入类账户

E. 费用类账户

8. 复合会计分录一般是指(　　)。

A. 有借有贷的会计分录　　B. 一借多贷的会计分录

C. 多借一贷的会计分录　　D. 多贷多借的会计分录

E. 有明细科目的会计分录

9. 属于只引起会计等式左边会计要素变动的业务有(　　)。

A. 购买原材料 1 000 元,货款未付

B. 接受国家货币投资 20 000 000 元

C. 从银行提出 1 000 元库存现金备用

D. 收到外商捐赠的机器设备一批

E. 购买机器设备,用银行存款支付货款 1 000 000 元

10. 采用借贷记账法时,账户的借方一般用来登记(　　)。

A. 资产的增加　　　　B. 收入的减少
C. 费用的增加　　　　D. 负债的减少
E. 所有者权益的减少

(四) 判断题

1. 一项经济业务的发生引起负债增加和所有者权益减少，会计基本等式的平衡没有被破坏。（　）

2. 从数量上看，所有者权益等于全部资产减去全部负债后的余额。（　）

3. 从银行提取库存现金 1 000 元后，企业的资产总额不会发生变化。（　）

4. 企业编制各种财务报表的理论依据是会计基本等式体现的平衡原理。（　）

5. 企业从银行借入短期借款会使资产和负债同时发生变化，会计等式也因此不再平衡。（　）

6. 借贷记账法中的"借"和"贷"分别表示债权与债务。（　）

7. 会计分录是根据经济业务确定涉及的科目名称，记入科目的某个方向和金额的一种记录。（　）

8. 所谓借贷记账方法的试算平衡，是根据资金的来龙去脉，按照记账规律的要求，汇总计算和比较，检查账户的正确性和完整性。（　）

9. 借贷记账法下的账户的借方记录资产的增加或权益的减少，贷方记录资产的减少或权益的增加。（　）

10. 只要实现了期初余额、本期发生额和期末余额平衡关系，就说明账户记录正确。（　）

11. 一般来说，资产类账户期末余额 = 期初借方余额 + 本期贷方发生额 - 本期借方发生额。（　）

12. 无论是一贷多借、一借多贷，还是多借多贷，记入借方金额合计数一定等于贷方金额的合计数。（　）

(五) 计算题

A 公司 2015 年 12 月 31 日有关账户的部分资料见表 4 - 1。

表 4 - 1　A 公司 12 月 31 日有关账户的部分资料表　单位：元

账户名称	期初余额		本期发生额		期末余额	
	借　方	贷　方	借　方	贷　方	借　方	贷　方
固定资产	400 000		60 000	20 000	（　）	
原 材 料	50 000		20 000	30 000	（　）	
应收账款	300 000		400 000		（　）	

续表

账户名称	期初余额		本期发生额		期末余额	
	借 方	贷 方	借 方	贷 方	借 方	贷 方
库存现金	250 000			40 000	（ ）	
短期借款		60 000	20 000	100 000		（ ）
应付账款		500 000	400 000	100 000		（ ）
实收资本		80 000		600 000		（ ）
资本公积		40 000	20 000			（ ）

要求：根据账户结构及账户金额之间的关系计算并填列括号中的数字。

（六）业务题

1. B 企业 2015 年 12 月 1 日有关总分类账户和明细类账户余额如表 4－2 所示。

表 4－2 B 企业 2015 年 12 月 1 日有关账户余额 单位：元

账 户 名 称	期 初 余 额	
	借 方	贷 方
库存现金	500 000	
银行存款	2 000 000	
原材料	100 000	
固定资产	6 000 000	
应收账款		
——C 企业	20 000	
——F 企业	80 000	
短期借款		5 000 000
应付账款		
——D 企业		200 000
——F 企业		100 000
实收资本		3 000 000
主营业务收入		4 000 000
合计	8 700 000	8 700 000

2. 该企业 12 月份发生以下业务：

（1）收到投资者投入的固定资产一台，双方协议价为 400 000 元，收到后即投入使用。

（2）收到投资者投入的库存现金 1 000 000 元，当即存入银行。

（3）收到C企业欠本企业的购货欠款100 000元,存入银行。

（4）从D企业购入材料一批,买价和运费合计10 000元,货款尚未支付。材料已验收入库,成本已结转(不考虑税金)。

（5）以银行存款归还本企业以前欠E企业的购货欠款10 000元。

（6）赊销一批商品给F企业,货款30 000元,商品已运抵F企业(不考虑税金)。

（7）从银行提取库存现金1 000 000元。

（8）从银行借入短期借款60 000元,当即存入银行。

（9）用银行存款1 000 000元偿还借银行的短期借款。

要求:

1. 根据所给经济业务编制会计分录(涉及明细科目的,请将科目名称写完整)。

2. 根据已给期初余额、本期发生额资料登记有关总分类账和明细分类账的T形账户,并结出期末余额。

3. 根据账户的登记结果编制“总分类账户发生额及余额试算表”。

五、参考答案

(一) 简答题

略

(二) 单项选择题

1. D　2. C　3. B　4. C　5. C　6. A　7. A　8. A　9. C　10. B

(三) 多项选择题

1. BC　2. BCD　3. ABCD　4. ABDE　5. AE　6. ACDE　7. DE　8. BCD　9. CE　10. ABCDE

(四) 判断题

1. ✓　2. ✓　3. ✓　4. ✓　5. ×　6. ×　7. ✓　8. ✓　9. ✓　10. ×　11. ×　12. ✓

(五) 计算题

表4-1　总分类账户试算平衡表　　单位:元

账户名称	期初余额		本期发生额		期末余额	
	借　方	贷　方	借　方	贷　方	借　方	贷　方
固定资产	400 000		60 000	20 000	(440 000)	
存　　货	50 000		20 000	30 000	(40 000)	
应收账款	300 000		400 000		(700 000)	
库存现金	250 000			40 000	(210 000)	

续表

账户名称	期初余额		本期发生额		期末余额	
	借　方	贷　方	借　方	贷　方	借　方	贷　方
短期借款		60 000	20 000	100 000		(140 000)
应付账款		500 000	400 000	100 000		(200 000)
实收资本		80 000		600 000		(680 000)
资本公积		40 000	20 000			(20 000)

(六) 业务题

1. 会计分录

(1) 借：固定资产　400 000
　　贷：实收资本　400 000

(2) 借：银行存款　1 000 000
　　贷：实收资本　1 000 000

(3) 借：银行存款　10 000
　　贷：应收账款——C 企业　10 000

(4) 借：原材料　10 000
　　贷：应付账款——D 企业　10 000

(5) 借：应付账款——E 企业　10 000
　　贷：银行存款　10 000

(6) 借：应收账款——F 企业　30 000
　　贷：主营业务收入　30 000

(7) 借：库存现金　100 000
　　贷：银行存款　100 000

(8) 借：银行存款　60 000
　　贷：短期借款　60 000

(9) 借：短期借款　1 000 000
　　贷：银行存款　1 000 000

2. T形账户

库存现金

借方		贷方
期初余额	500 000	
(7)	100 000	
本期借方发生额	100 000	
期末余额	600 000	

银行存款

期初余额	2 000 000		
(2)	1 000 000	(5)	10 000
(3)	10 000	(7)	100 000
(8)	60 000	(9)	1 000 000
本期借方发生额合计	1 070 000	本期贷方发生额	1 110 000
期末余额	1 960 000		

固定资产

期初余额	6 000 000		
(1)	400 000		
本期借方发生额合计	400 000		
期末余额	6 400 000		

原材料

期初余额	100 000		
(4)	10 000		
本期借方发生额合计	10 000		
期末余额	110 000		

应收账款——C 企业

期初余额	20 000	(3)	10 000
本期借方发生额合计	0	本期贷方发生余额合计	10 000
期末余额	10 000		

应收账款——F 企业

期初余额	80 000		
(6)	30 000		
本期借方发生额合计	30 000		
期末余额	110 000		

短期借款

(9)	1 000 000	期初余额	5 000 000
		(8)	60 000
本期借方发生	1 000 000	本期贷方发生额合计	60 000
		期末余额	4 060 000

应付账款——D企业

		期初余额	200 000
		（4）	10 000
		本期借方发生额合计	10 000
		期末余额	210 000

应付账款——F企业

（5）	10 000	期初余额	100 000
本期借方发生额合计	10 000	本期贷方发生额合计	0
		期末余额	90 000

实收资本

		期初余额	3 000 000
		（1）	400 000
		（2）	1 000 000
		本期贷方发生额合计	1 400 000
		期末余额	4 900 000

主营业务收入

		期初余额	400 000
		（6）	30 000
		本期发生额合计	30 000
		本期末余额	430 000

3. 总分类账户试算平衡表

表4－3 总分类账户试算平衡表 单位：元

账户名称	期初余额		本期发生额		期末余额	
	借 方	贷 方	借 方	贷 方	借 方	贷 方
库存现金	500 000		100 000		600 000	
银行存款	2 000 000		1 070 000	1 110 000	1 960 000	
原材料	100 000		10 000		110 000	
固定资产	6 000 000		400 000		6 400 000	
应收账款	100 000		30 000	10 000	120 000	
短期借款		5 000 000	1 000 000	60 000		4 060 000
应付账款		300 000	10 000	10 000		300 000
实收资本		3 000 000		1 400 000		4 400 000
主营业务收入		400 000		30 000		430 000
合 计	8 700 000	8 700 000	2 620 000	2 620 000	9 190 000	9 190 000

第五章 制造业企业主要经济业务的核算

一、学习目的

在前面四章的基础上，以制造业企业为例，掌握企业资金运动的流程，详细了解企业的主要经济业务，包括资金筹集业务、材料和固定资产的采购业务、生产过程、销售过程业务及财务成果的形成与分配业务的会计核算过程。五大过程内各有核算的重点，通过本章的学习，应掌握这些重点环节的核算方法，从而完整地了解企业核算的整个流程。

二、关键概念

资金筹集　实收资本(股本)　借款　固定资产　在途物资　材料采购　材料成本差异　累计折旧　在建工程　生产费用　收入的确认原则　营业利润　利润总额　净利润　利润分配　盈余公积

三、本章重点难点

(一) 制造业企业主要经济业务概述

制造业企业经营资金一般可以分为货币资金、储备资金、生产资金、成品资金各种形态，最后又回到货币资金形态。

制造业企业的经济业务主要包括资金筹集业务、供应过程业务、生产过程业务、销售过程业务和财务成果形成及分配业务。对于制造业企业而言，业务主要有主营业务、其他业务、非营业业务、利润、税后利润、弥补亏损、利润分配、公积金。这些业务内容综合在一起，形成制造业企业的全部会计核算的内容。归纳如图5-1所示。

(二) 资金筹集业务的核算

企业资产的资金来源主要有两条渠道：一是投资人的投资及其增值，形成投资人的权益，该部分业务可以称为所有者权益资金筹集业务；二是向债权人借入的资金，形成债权人的权益，该部分业务可以称为负债资金筹集业务。

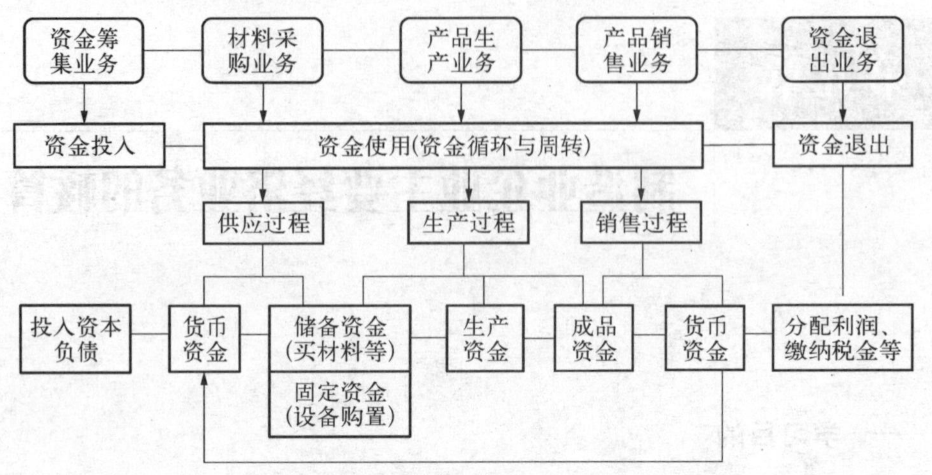

图 5-1　制造业企业资金循环流程

1. 所有者权益资金筹集业务的核算

企业的所有者权益的来源包括所有者投入的资本、直接计入所有者权益的利得和损失、留存收益等。

(1) 所有者投入的资本

所有者投入的资本包括实收资本(股本)和资本公积。

实收资本入账价值的确定：对于收到的货币资金投资,应以实际收到的货币资金额入账;对于收到的实物等其他形式投资,应以投资各方确认的价值入账;对于实际收到的货币资金额或投资各方确认的资产价值超过其在注册资本中所占的份额的部分,计入资本公积金。

实收资本属于所有者权益类账户,用来核算所有者投入企业的资本金变化过程及其结果,因此其结构是借减贷增。

资本公积属于所有者权益类账户,用来核算资本公积的增减变动及其结余情况,其结构也是借减贷增。

(2) 直接计入所有者权益的利得和损失

直接计入所有者权益的利得和损失,是指不应计入当期损益的、会导致所有者权益发生增减变动的、与所有者投入资本或者与向所有者分配利润无关的利得或者损失。

企业从投资者处筹集资金的过程可归纳为图 5-2。

2. 负债资金筹集业务的核算

(1) 短期借款业务的核算

① 短期借款利息的确认与计量。

短期借款必须按期还本付息,对利息的支付可以有多种方式,例如,分期付息

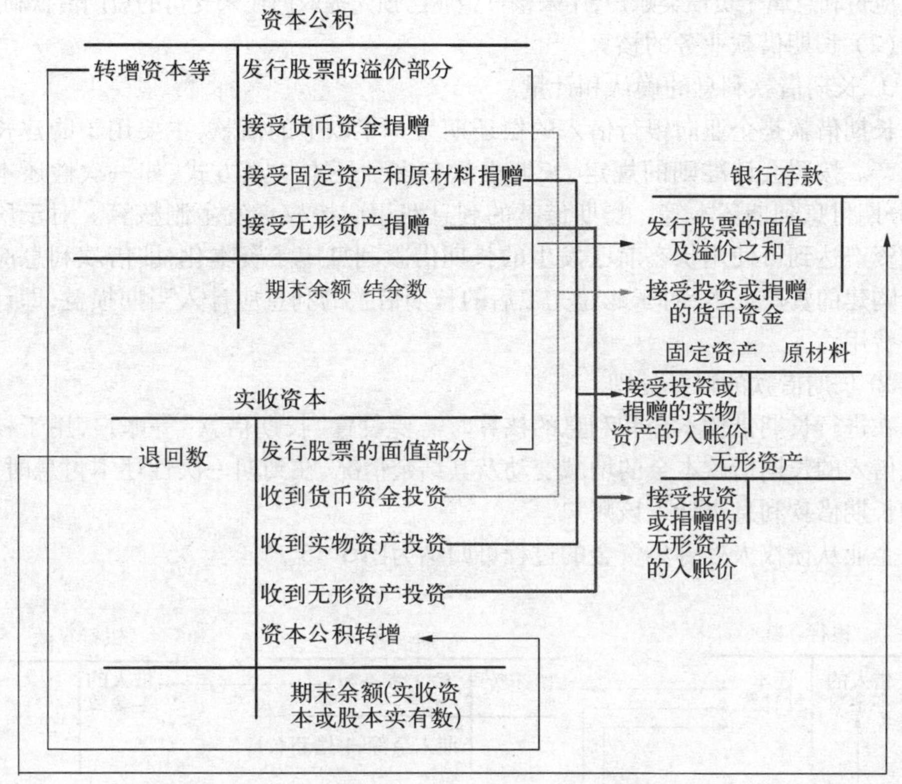

图 5－2　企业从投资者处筹集资金的账务处理

图注：企业从投资者处筹集资金的账务处理包括发行股票(分面值及溢价部分)、接受货币资金(分投资及捐赠)、接受固定资产和原材料等实物(分投资及捐赠)、收到无形资产(分投资及捐赠)等方面。其中,股本溢价和捐赠部分形成资本公积,股本面值和投资部分形成实收资本。

到期还本或到期一次性还本付息。通常按照权责发生制的原则,无论哪种支付方式,都应该分月计提利息,记入财务费用。但是在利息总额不大时,也可选择在一次性还本付息时将全部利息计入还款当期的财务费用中。

② 短期借款的账务处理。

在进行短期借款本金和利息的核算时需要设置“短期借款”“财务费用”“应付利息”三个账户。

短期借款是负债类账户,核算企业向银行或其他金融机构借入的期限在 1 年以内(含 1 年)的各种临时性借款的本金增减变动及其结余情况。

财务费用属于损益类账户,核算企业为筹集生产经营所需资金而发生的各种筹资费用,包括利息支出(减利息收入)、佣金、汇兑损失(减汇兑收益)以及相关的手续费、企业发生的现金折扣或收到的现金折扣等。

应付利息属于负债类账户，用来核算企业已预先提取但还未支付的短期借款利息。

（2）长期借款业务的核算

① 长期借款利息的确认和计量。

长期借款是企业向银行借入的偿还期为一年以上的借款，主要用于购建长期性资产。按照会计准则的规定，长期借款有多种还本付息方式，如一次性还本付息、分期付息到期还本等。长期借款的利息费用应按权责发生制核算。对于所购建的资产达到可使用状态前已发生的长期借款利息应予资本化，即借款利息应计入所购建的资产成本；对于购建完工后的长期借款的利息应计入当期损益，即计入财务费用。

② 长期借款的账务处理。

在进行长期借款本金和利息的核算时需要设置"长期借款"等账户，用于核算企业借入的长期借款本金的增减变动及其结余情况，在到期一次性还本付息时，未付的长期借款利息也计入该账户。

企业从债权人处筹集资金的过程可归纳为图5-3。

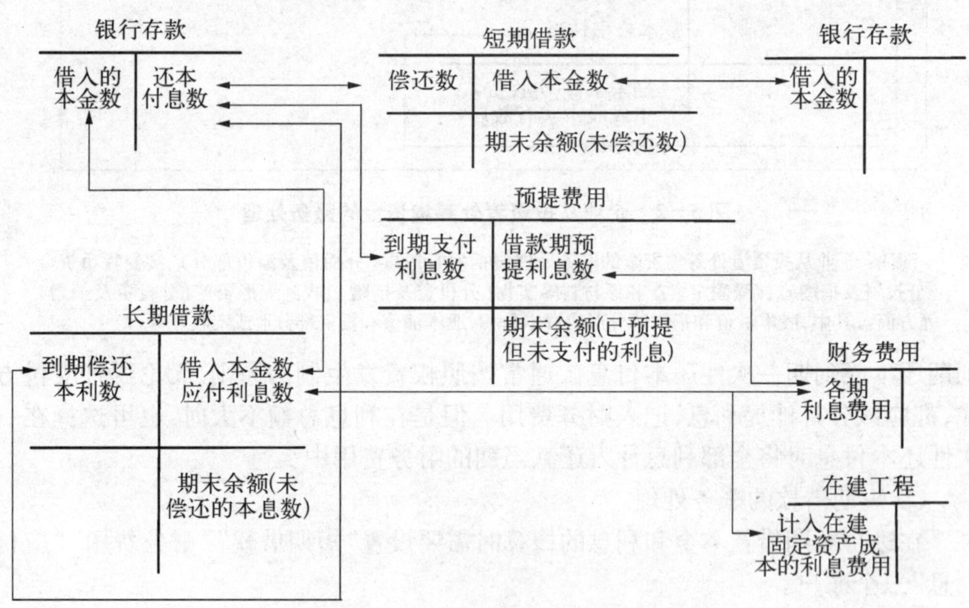

图5-3　企业从债权人处筹集资金的账务处理

图注：企业从债权人处筹集资金的账务处理包括短期借款与长期借款两个渠道，长期借款多用于长期资产建设，如用于购建固定资产。短期借款多用于弥补流动资金短缺。借入资金如用于固定资产建设且尚未完工时，利息应资本化，即应借记"在建工程"科目进行核算，贷记"长期借款"或"银行存款"，完工后将固定资产建造成本由"在建工程"账户结转入"固定资产"账户。

（三）供应过程业务的核算

1. 固定资产购置业务的核算

（1）固定资产的来源及其入账价值

实务中企业取得固定资产的方式是多种多样的，取得的方式不同，其成本的具体构成内容及确定方法也不同。主要有以下几种：

外购固定资产，又分为两种情况，购入不需要安装的固定资产：

成本＝购买价款＋相关税费＋运输费＋装卸费＋安装费＋保险费＋包装费＋专业人员服务费

购入需要安装的固定资产时：

成本＝上述不需要安装的固定资产的购置成本＋安装费用；

自行建造固定资产：

成本＝工程物资成本＋人工成本＋交纳的相关税费＋
应予资本化的借款费用＋应分摊的间接费用；

投资者投入固定资产：成本为按投资合同或协议约定的价值确定，如果合同或协议价不公允，则以公允价值入账；

通过非货币性资产交换、债务重组、企业合并等取得固定资产：分别按相关会计准则的规定确定。

（2）账户设置

① 固定资产。属于资产类账户，用来核算企业持有固定资产原价的增减变动及其结余情况。

② 在建工程。属于资产类账户，用来核算企业为进行固定资产基建、安装、技术改造以及大修理等工程而发生的全部支出（包括安装设备的支出），并据以计算确定各该工程成本的账户。

③ 累计折旧。属于固定资产账户的备抵账户。固定资产折旧指固定资产由于磨损、损耗而转移到产品成本或商品流通费中的那部分价值。

④ 固定资产清理

固定资产清理账户属于资产账户。核算企业因出售、报废、毁损、对外投资、非货币性资产交换、债务重组等原因而转出的固定资产余值以及在清理过程中发生的费用等。

2. 材料采购业务的核算

（1）存货和原材料的定义

存货是指企业在日常活动中拥有的价值较低、周转比较快的实物资产，包括：以备出售的产成品或商品；处在生产过程中的在产品；生产过程或提供劳务过程中耗用的材料和物料等。

原材料是指在生产过程中经加工改变其形态或性质并构成产品主要实体的各种原料及主要材料、辅助材料、外购半成品、修理用备件、包装材料、燃料等。

(2) 原材料成本的确定

存货应当按照成本进行初始计量,存货的成本包括采购成本、加工成本和其他成本。

外购的原材料其实际采购成本由以下几项内容组成:购买价款;采购过程中发生的运杂费(包括运输费、包装费、装卸费、保险费、仓储费等,不包括按规定根据运输费的一定比例计算的可抵扣的增值税税额);材料在运输途中发生的合理损耗;材料入库之前发生的整理挑选费用;按规定应计入材料采购成本中的各种税金;其他费用。

(3) 原材料按实际成本计价核算时的账户

① 在途物资。该账户属于资产类账户,用来核算企业外购材料的买价和各种采购费用,据以计算、确定购入材料的实际采购成本。公式如下:

材料采购费用分配率=共同性采购费用额÷分配标准的合计数

某材料应负担的采购费用额=该材料的分配标准×材料采购费用分配率

② 原材料。该账户属于资产类账户,用来核算企业库存材料实际成本的增减变动及其结存情况。

③ 应付账款。该账户属于负债类账户,用来核算企业因购买原材料、商品和接受劳务供应等经营活动应支付的款项。

④ 预付账款。该账户属于资产类账户,用来核算企业按照合同规定向供应单位预付购料款而与供应单位发生的结算债权的增减变动及其结余情况。

⑤ 应付票据。该账户属于负债类账户,用来核算企业采用商业汇票结算方式购买材料物资等而开出、承兑商业汇票的增减变动及其结余情况。

⑥ 应交税费。该账户属于负债类账户,用来核算企业按税法规定应缴纳的各种税费(印花税等不需要预计税额的税种除外)的计算与实际缴纳情况。

材料采购业务主要涉及的税种是增值税。

企业当期应交纳的增值税=当期销项税额—当期进项税额

按实际成本计价的购入材料的总分类核算过程如图5-4所示。

(4) 原材料按计划成本计价核算时的账户设置

① 原材料。借方反映取得材料的计划成本;贷方反映发出材料的计划成本。

② 材料采购。该账户是资产类账户,用来核算企业购入材料的实际成本和结转入库材料的计划成本,并据以计算、确定购入材料成本差异额。

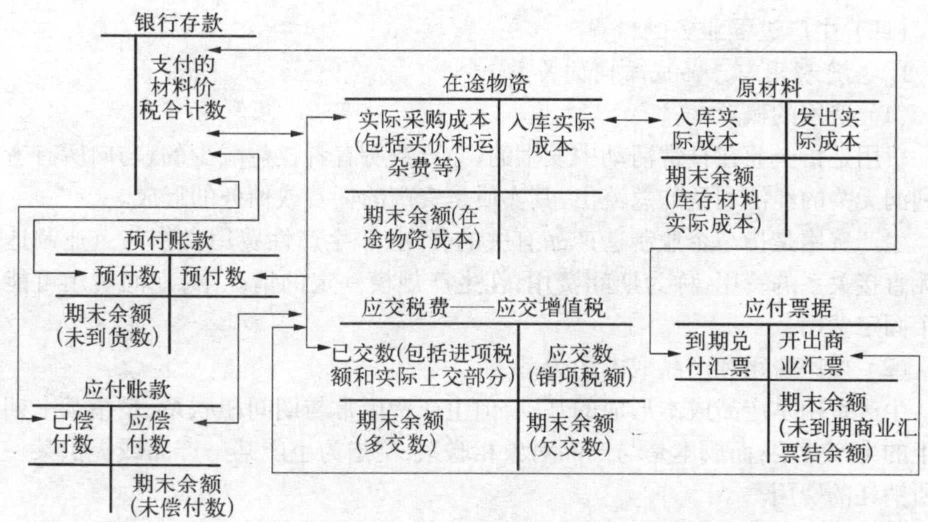

图 5－4　材料采购业务相关账务处理(实际成本法)

③ 材料成本差异。该账户是资产类账户,用来核算企业库存材料实际成本与计划成本之间的超支或节约差异额的增减变动及其结余情况。见图 5－5。

结转入库材料的超支差异额 结转发出材料应负担的节约差异额	结转入库材料的节约差异额 结转发出材料负担的超支差异额
期末余额：库存材料的超支差异额	期末余额：库存材料的节约差异额

图 5－5　材料成本差异账户的结构

除上述三个账户外,其他需要设置的账户同上述按实际成本计价时的账户。按计划成本计价的购入材料的总分类核算过程如图 5－6 所示。

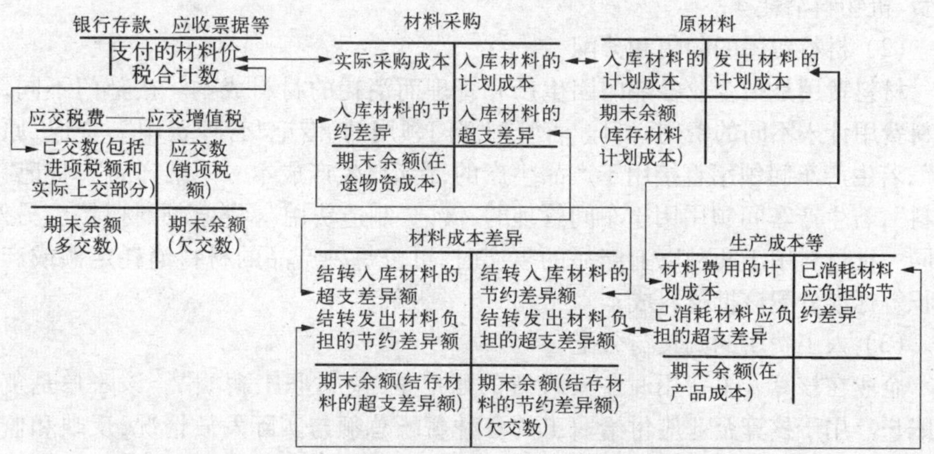

图 5－6　材料采购业务相关账务处理(计划成本法)

(四) 生产过程业务的核算

1. 生产费用与产品成本间的关系

(1) 费用的概念

费用是指企业在日常活动中发生的、会导致所有者权益减少的、与向所有者分配利润无关的经济利益的总流出,其实质是资产的耗费或债务的形成。

生产费用是指与企业制造产品有关的费用;非生产性费用是指与企业制造产品无直接关系的费用,称为期间费用,在生产规模一定的情况下,期间费用可能是一个固定费用。

(2) 生产费用和产品成本的关系

生产费用是产品成本形成的基础,但生产费用常与期间相联系,是指某一期间发生的生产费用;而成本是与产品对象相联系,是指为生产某一产品或提供某一劳务所消耗的费用。

生产费用按其计入产品成本的方式不同,可以分为直接费用和间接费用。直接费用指企业生产产品的过程中实际消耗的直接材料和直接人工。间接费用是指企业为生产产品和提供劳务而发生的各项间接支出,即制造费用。

2. 生产费用的归集与分配

(1) 设置账户

① 生产成本。该账户是成本类账户,用来归集和分配企业进行生产所发生的各项生产费用,以正确计算产品生产成本。

② 制造费用。该账户属于成本类账户。用来归集和分配企业生产车间(基本生产车间和辅助生产车间)范围内为组织和管理产品的生产活动而发生的各项间接生产费用,包括车间范围内发生的管理人员的薪酬、折旧费、修理费、办公费、水电费、机物料消耗等。

(2) 材料费用的归集和分配

材料费用是指企业各部门因生产和管理而消耗的材料成本。按部门不同,将材料费用计入不同的费用科目。若管理部门领用的,借记“管理费用”,贷记“原材料”;若生产车间领用直接用于产品生产的,借记“生产成本——某产品”,贷记“原材料”,若生产车间领用用于车间管理的,借记“制造费用”,贷记“原材料”。另外,若同一批材料用于两种以上产品的生产时,可按每种产品的材料消耗定额或产品体积等标准分配该批材料成本。

(3) 人工费用的归集与分配

企业在核算人工费用时主要设置的账户是“应付职工薪酬”。该账户是负债类账户。用于核算企业应付给职工的各种薪酬总额与实际发放情况,反映和监督企业与职工的薪酬结算情况。

在对企业职工薪酬进行核算时步骤为：根据职工所属部门、职工岗位及级别、出勤等情况按月编制工资结算汇总表；根据工资结算汇总表编制工资费用分配表；根据工资结算汇总表和职工薪酬分配表登记有关的总分类账户和明细分类账户，进行相关的账务处理。

（4）制造费用的归集和分配

制造费用是企业的生产部门为组织和管理生产活动以及为生产活动服务而发生的费用。包括：间接用于产品生产的费用；用于产品生产，但管理上不要求或不便于独立核算，因而没有单独设置成本项目进行核算的某些费用，如生产工具的摊销费、设计制图费、试验费以及生产工艺的动力费等；车间管理人员的工资及福利费、车间管理用的固定资产折旧费、修理费，车间管理用具的摊销费，车间管理用的水电费、办公费、差旅费等。

为了归集制造费用，需要设置的相关账户有其他应收款、其他应付款、累计折旧等。

对于生产经营用的固定资产修理时可能存在大修理和小修理两种情况。大修理时会产生较大的花费，而小修理时的花费不多，因此对小修理的开支可在发生当期直接计入当期损益；而对大修理的支出可以两种方式处理，一种是先支付后在受益期限内摊销；也可以先计提后摊销，这种设置的前提是为了遵循权责发生制的核算原则。其他应收款是资产类账户，用来核算企业预先付款、应由本期和以后各期分别负担的各种费用，主要指分摊期在1年以内（包括1年）的各项费用，如已预付的全年固定资产修理费。其他应付款是负债类账户，可用来核算先计提后支付的各种费用，如固定资产先修理，并在各月计提修理费用，但在期末或某一时期再支付。

（5）完工产品生产成本的计算与结转

完工产成品是指已完成全部生产过程并已验收入库的、符合标准规格和技术条件，可以对外销售的产品。产品制造成本的计算方面有两个步骤。

将生产过程中与产品成本计算有关的费用（包括直接材料、直接人工和分摊的制造费用）全部计入生产成本明细账；将已计入生产成本的生产费用在在产品和完工产品之间进行分摊。月末在产品成本反映已投产（本月投产或以前月份投产或以前年度投产）到本月底还未完工的产品，企业为其已累计投入的生产费用。计入产品成本的这些生产费用可能只是本月投入的，也可能是以前月份开始投入并一直累计到本期的。

如果要计算完工的产品的制造成本，需要考虑下表所示的四种情况（见表5-1）：

生产过程中直接费用（直接材料和直接人工）和间接费用（制造费用）的归集和分配计入“生产成本”账户及生产完工后完工产品成本由“生产成本”账户转入“产成品”账户的过程见图5-7。

表 5-1 完工产品制造成本计算的四种情况

投产与完工时间	完工产品生产成本的构成
本月投产本月全部完工	本月发生的全部生产费用
本月份投产本月部分完工	本月发生的全部生产费用 - 月末在产品成本
以前月份投产本月全部完工	月初在产品成本 + 本月发生的生产费用
以前月份投产本月部分完工	月初在产品成本 + 本月发生的生产费用 - 月末在产品成本

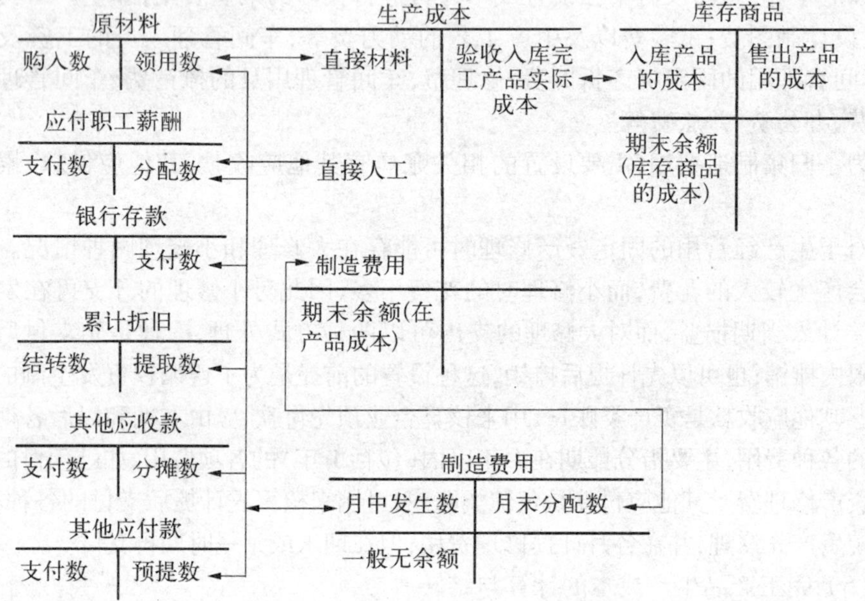

图 5-7 产品生产过程核算示意图

(五) 销售过程业务的核算

销售过程主要核算企业主营业务收支、其他业务收支及销售过程所缴纳的各种税费。

1. 主营业务收支及税费的核算

(1) 商品销售收入的确认和计量

① 商品销售收入的确认。

企业销售商品收入的确认,必须同时符合以下条件:企业已将商品所有权上的主要风险和报酬转移给购买方;企业既没有保留通常与所有权相联系的继续管理权,也没有对已售出的商品实施有效控制;收入的金额能可靠地计量;相关的经济利益很可能流入企业;相关的已发生或将发生的成本能够可靠地计量。

② 商品销售收入的计量。

应当按照从购货方已收或应收的合同或协议价款确定销售商品收入金额，这种合同或协议价款不公允的除外。如果公允价与合同或协议价间相差较大，则以公允价入账，两者间的差额应当在合同或协议期间内采用实际利率法进行摊销，计入当期损益。

另外需要注意的是，若销售过程中发生的销售退回、销售折让、商品折扣、库存现金折扣，则：

商品销售收入＝不含税单价×销售数量－销售退回－销售折让－商业折扣

若发生现金折扣，则在总价法核算时，收入不扣现金折扣，而是将现金折扣计入财务费用；在净价法核算时，扣除现金折扣后的净额计入收入，若将来收回的金额多于该已计收入，则差额作为利息收入，贷记“财务费用”。

（2）商品销售成本的确认和计量

企业销售商品意味着减少了库存的存货，而存货的获得无论是外部购入、自产还是抵债所得，都表明企业发生了一定的费用，将这种费用称为主营业务成本或商品销售成本。

主营业务成本的计算公式如下：

本期应结转的主营业务成本＝本期销售商品的数量×单位商品的生产成本

（3）营业税金及附加的确认和计量

企业在销售商品的过程中在实现销售收入的同时应向国家税务机关缴纳各种销售税金及附加，包括消费税、营业税、城市维护建设税、资源税以及教育费附加等相关税费。

营业税金和附加的计算公式如下：

应交消费税＝应税消费品的销售额×消费税税率

应交城建税＝（当期应交的营业税＋消费税＋增值税）×城建税税率

教育费附加＝（当期应交的营业税＋消费税＋增值税）×教育费附加率

（4）设置账户

① 主营业务收入。该账户是损益类账户。用来核算企业销售商品和提供劳务所实现的收入。

② 主营业务成本。该账户是损益类账户，用来核算企业经营主营业务而发生的实际成本及其结转情况。

③ 营业税金及附加。该账户是损益类账户，用来反映企业主营和附营业务负担的各种税金及附加的计算及其结转情况。

④ 应收账款。该账户是资产类账户，用来核算因销售商品和提供劳务等应向购货单位或接受劳务单位收取货款的结算情况（结算债权），代购买单位垫付的各种款项也在该账户中核算。

⑤ 预收账款。该账户是负债类账户，用来核算企业按照合同的规定预收购货单位订货款的增减变动及其结余情况。

⑥ 应收票据。该账户是资产类账户，用来核算企业销售商品而收到购货单位开出并承兑商业承兑汇票或银行承兑汇票的增减变动及其结余情况。

销售过程中主营业务收支的核算过程如图 5－8、图 5－9、图 5－10 所示。

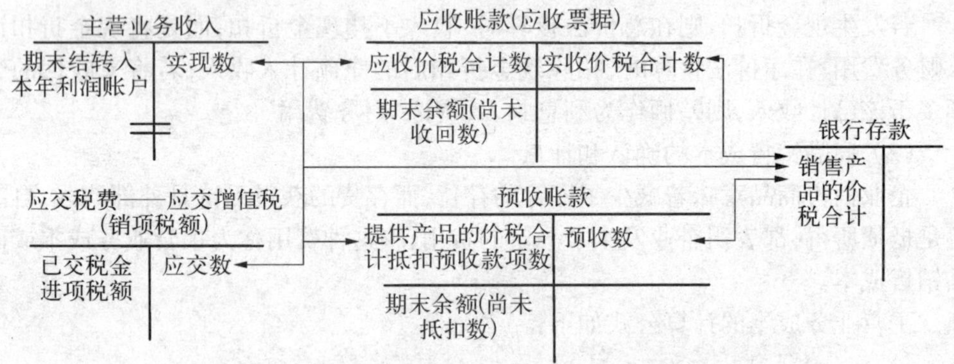

图 5－8　销售过程中主营业务收入的总分类核算过程

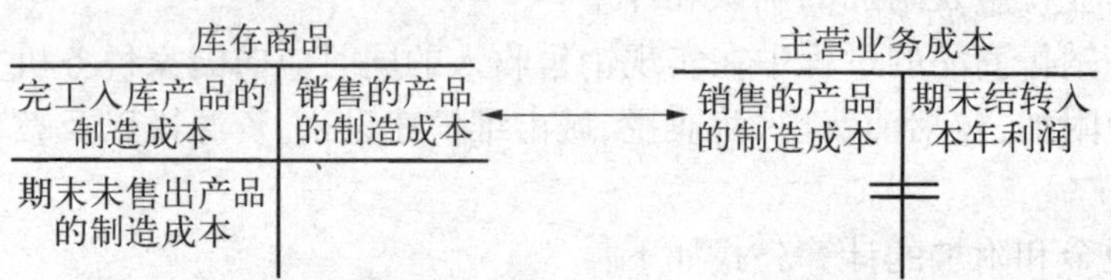

图 5－9　销售过程中主营业务支出的总分类核算过程

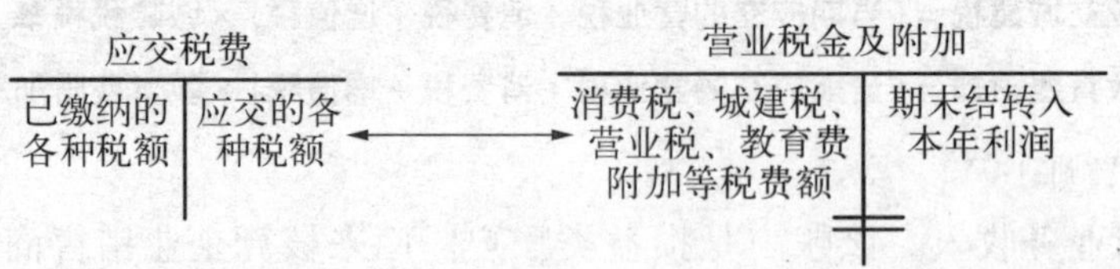

图 5－10　销售过程中营业税金及附加的总分类核算过程

2. 其他业务收支的核算

其他业务包括销售材料、出租包装物、出租固定资产、出租无形资产、出租商品、用原材料、库存商品等进行非货币性交换或债务重组等活动。所涉及的账户有：

其他业务收入。该账户属于损益类账户,用来核算企业除主营业务以外的其他业务收入的实现及其结转情况。

其他业务成本。该账户属于损益类账户。用来核算企业在实现其他业务收入的同时发生的与其他业务有关的成本和费用,包括销售材料的成本、出租固定资产的折旧额、出租无形资产的摊销额、出租包装物的成本或摊销额等。关于其他业务收支的核算见图 5 - 11。

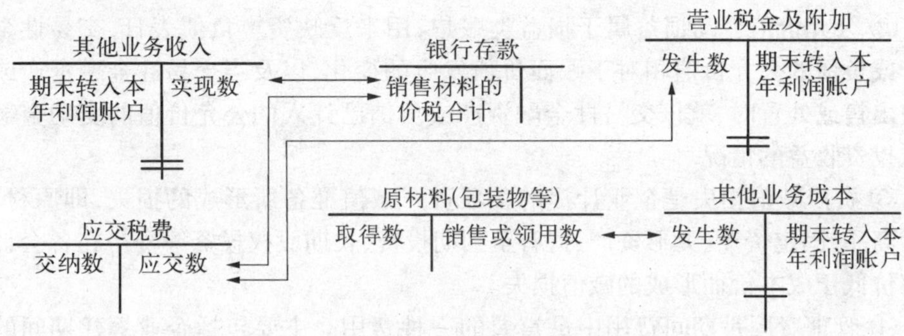

图 5 - 11　其他业务收支的核算过程

(六) 财务成果形成与分配业务的核算

1. 利润的层次及计算

利润是企业在一定期间的经营成果,包括一定时期内存在因果关系的收入减去费用后的净额、直接计入当期利润的利得和损失等。企业利润的实质是物质生产部门为社会创造的一部分价值,以及企业职工从事生产性劳动为社会所创造的那部分价值的货币表现。

(1) 营业利润

营业利润是企业利润的主要来源,能够反映企业管理者的经营业绩。

营业利润 = 营业收入 - 营业成本 - 营业税金及附加 - 销售费用 - 管理费用 - 财务费用 - 资产减值损失 + 公允价值变动损益(或 - 公允价值变动损失) + 投资收益(或 - 投资损失)

其中：　**营业收入 = 主营业务收入 + 其他业务收入**

营业成本 = 主营业务成本 + 其他业务成本

(2) 利润总额

利润总额是企业获取的营业利润加上与生产经营活动无直接关系的营业外收支净额,就是企业在该会计期间取得的总经营成果。

利润总额 = 营业利润 + 营业外收入 - 营业外支出

(3) 净利润

净利润指利润总额扣除向国家上交的企业所得税后的余额。

净利润 = 利润总额 - 所得税费用

2. 净利润形成中涉及的其他方面的收入和费用

① 投资收益(或投资损失)。为了核算企业对外投资所获得收益的实现或损失的发生及其结转情况,需要设置"投资收益"账户,该账户是损益类账户。

② 公允价值变动损益属于损益类账户,用来反映资产负债表日,交易性金融资产或负债的公允价值相对于账面价值发生的变化,以及当交易性金融资产或负债被出售或处置时,就该交易性金融资产或负债已计入的公允价值的变动金额结转入投资收益的情况。

③ 资产减值损失是企业计提的各项资产减值准备所形成的损失,即原材料、库存商品、固定资产、无形资产、持有至到期投资、长期股权投资等资产在各会计期末市价低于成本价而形成的减值损失。

④ 管理费用是期间费用中最重要的一种费用。主要包括企业筹建期间的开办费、董事会和行政管理部门在企业经营管理中发生的或应由企业统一负担的公司经费(如办公费、差旅费、工资、福利费等)、工会费用、董事会会费、咨询费、诉讼费、相关税金、技术转让费、排污费、业务招待费等。

⑤ 销售费用也是期间费用中的一种费用,指企业在销售商品的过程中发生的各项费用以及为销售本企业商品而专设的销售机构(含销售网点、售后服务网点等)的经营费用。

⑥ 营业外收入是指企业取得的与生产经营活动没有直接关系的各种收入,如罚没收入等。

⑦ 营业外支出是指企业发生的与生产经营活动没有直接关系的各种支出,如罚款支出、非常损失等。

⑧ 所得税费用是指根据企业会计准则的要求确认的、应从当期利润总额中扣除的所得税费用。当期所得税是指企业根据所得税税法的要求,按一定期间的应纳税所得额和适用税率计算的当期应交的所得税。

3. 利润的结转与分配

(1) 利润的结转

关于利润的结转有两种方法,即账结法和表结法。账结法是指每个月末将本月收入和费用等损益类账户的发生额总额分别结转入"本年利润"账户的贷方和借方,则该账户借贷方相抵后的贷方余额则是当月盈余,借方余额则是当月亏损。表结法是指每个月不作结账分录,只编制利润表,将当月及年初到当月累计的收入和费用过入表中，通过编制利润表的形式结出当月和年初累计到本月的利润总额，而在年底时才将全年的损益账户的发生额结转入“本年利润”，结出全年的盈余或亏损。

企业应设置“本年利润”科目，该账户属于所有者权益类账户。用于核算企业当年实现的净利润或发生的净亏损。关于利润结转见图 5－12。

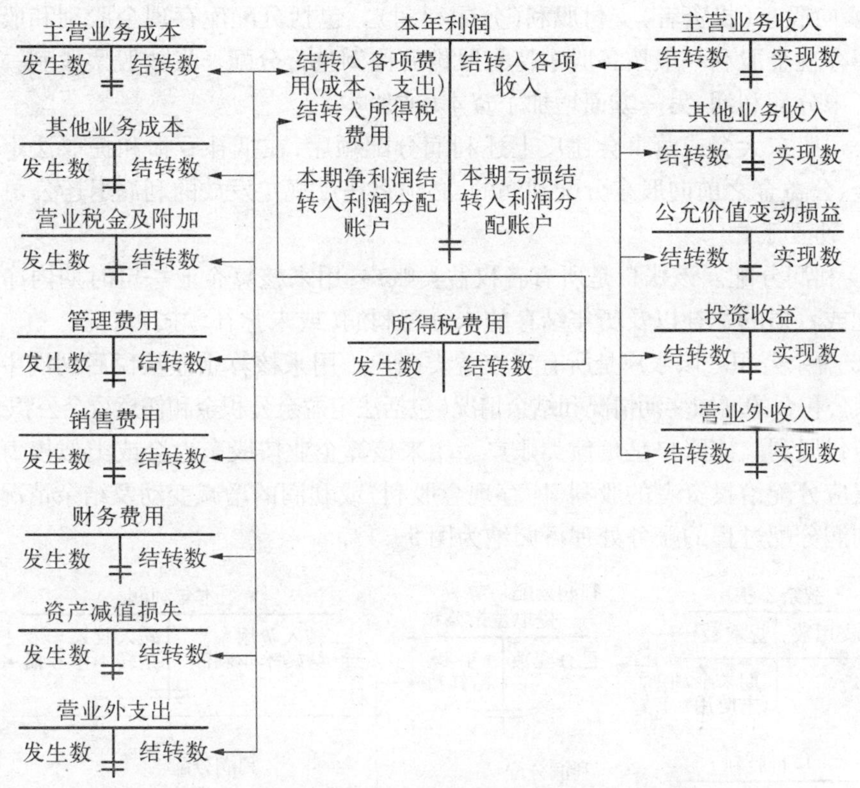

图 5－12　期末收入与费用结转本年利润的账务处理

（2）利润的分配

利润分配就是企业根据股东大会或类似权力机构批准的、对企业可供分配利润指定其特定用途和分配给投资者的行为。按照我国公司法的有关规定，利润分配应按下列顺序进行：

① 计算可供分配的利润。将本年净利润（或亏损）与年初未分配利润（或亏损）合并，计算出可供分配的利润。如果可供分配的利润为负数（即亏损），则不能进行后续分配；如果可供分配的利润为正数（即本年累计盈利），则进行后续分配。

② 计提法定盈余公积金。提取盈余公积金的基数，不是可供分配的利润，也不一定是本年的税后利润，而是抵减年初累计亏损后的本年净利润。《公司法》规定公司制计提法定盈余公积金的比例为 10%；其他企业可以根据需要确定提取比

例,但不得低于10%。企业提取的法定盈余公积金累计额超过注册资本50%以上的,可以不再提取。

③ 计提任意盈余公积金。计提基数与法定盈余公积金相同,计提比例一般按照股东大会决议确定。

④ 向股东(投资者)支付股利(分配利润)。包括分配库存现金股利和股票股利。库存现金股利一般按各股东持有股份的比例进行分配。发放股票股利一方面减少了未分配利润,另一方面增加了资本(或股本)。

公司股东大会或董事会违反上述利润分配顺序,在抵补亏损和提取法定盈余公积金、公益金之前向股东分配利润的,必须将违反规定发放的利润退还公司。

4. 设置账户

① 利润分配。该账户是所有者权益类账户,用来核算企业一定时期内净利润的分配或亏损的弥补以及历年结存的未分配利润(或未弥补亏损)情况。

② 盈余公积。该账户是所有者权益类账户。用来核算企业从税后利润中提取的盈余公积金的增减变动情况和结余情况(包括法定盈余公积金和任意盈余公积金)。

应付股利。该账户是负债类账户。用来核算企业按股东大会或类似权力机构的决议应分配给投资者的股利(库存现金股利)或利润的增减变动及结余情况。

利润分配过程的账务处理可归纳为图5-13。

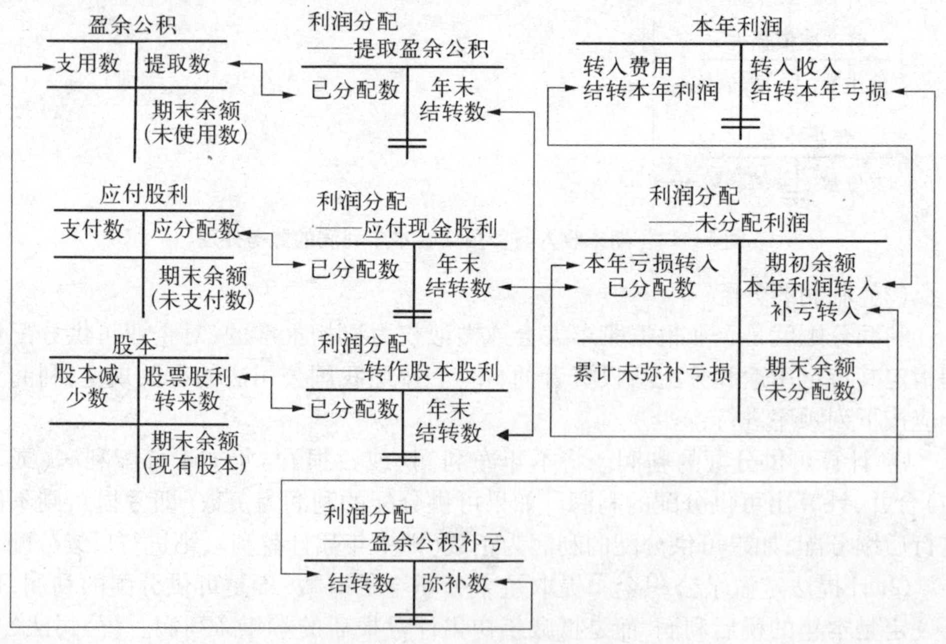

图5-13 利润分配过程

四、本章习题

(一) 简答题

1. 简要说明制造业企业资金运动的内容以及由此而形成的主要经济业务内容。

2. 实收资本和资本公积有何区别?

3. 长期借款、短期借款在利息的核算上有何区别?

4. 材料成本差异账户属于什么类型的账户?其作用是什么?

5. 生产费用和产品成本的含义和相互关系是什么?

6. 利润分哪几个层次?各自如何计算?

7. 按照国家规定利润分配的顺序是什么?

8. 确认商品销售收入实现的原则是什么?

(二) 单项选择题

1. 一般将企业所有者权益中的盈余公积和未分配利润合称( )。

A. 实收资本 B. 资本公积 C. 留存收益 D. 所有者权益

2. 下列账户中与企业接受投资业务无关的账户是( )。

A. 银行存款 B. 长期借款 C. 实收资本 D. 资本公积

3. 供应过程业务应借记的账户不包括( )。

A. 在建工程 B. 所得税费用 C. 在途材料 D. 材料成本差异

4. 下列哪一项说法不正确的是( )。

A. 用利润弥补亏损和提取盈余公积均不会减少企业的所有者权益

B. "本年利润"账户用来核算企业实现的净利润或净亏损,属于损益类账户

C. 营业外收支是与企业生产经营无关的收入和支出,不影响企业财务成果

D. "利润分配"账户的余额可能在借方,也可能在贷方

5. 企业为维持正常生产经营所需资金而向银行等金融机构临时借入的款项称为( )。

A. 长期借款 B. 短期借款 C. 长期负债 D. 流动负债

6. 企业计提短期借款的利息支出应借记( )。

A. 财务费用 B. 预提费用 C. 待摊费用 D. 应付利息

7. 因构建固定资产而从银行借入的长期借款在固定资产已竣工并投入使用后还未到期而产生的利息应借记( )。

A. 在建工程 B. 固定资产 C. 财务费用 D. 长期借款

8. 企业设置固定资产账户是用来反映固定资产的( )。

A. 磨损价值 B. 累计折旧 C. 原始价值 D. 净值

9. 下列账户中与“制造费用”账户不可能发生对应关系的账户是(   )。

A. 其他应付款 B. 其他应收款 C. 应付职工薪酬 D. 库存商品

10. 下列费用中不构成产品成本,而应直接计入当期损益的是(   )。

A. 直接材料费 B. 直接人工费 C. 管理费用 D. 制造费用

11. 下列属于其他业务收入的是(   )。

A. 罚款收入 B. 出售材料收入

C. 政府补助收入 D. 清理固定资产净收益

12. 年末结账时,利润分配账户的贷方余额表示(   )。

A. 本年实现的利润总额 B. 本年实现的净利润额

C. 本年可分配的利润总额 D. 年末未分配利润额

13. 下列不属于企业营业外支出的是(   )。

A. 非常损失 B. 坏账损失

C. 处置固定资产净损失 D. 固定资产盘亏损失

14. 企业资产的提供者因给企业提供资产而享有的经济利益,会计上称为(   )。

A. 所有者权益 B. 债权人权益

C. 权利相关者权益 D. 权益

15. 某企业3月份发生下列业务:① 以银行存款预付了下季度的报刊订阅费100元;② 赊购了文具用品200元,当即投入使用;③ 以银行存款支付了本月利息费用300元;④ 以银行存款支付了上月所欠的水电费400元。按权责发生制和收付实现制确认的3月份费用分别是(   )。

A. 700元和600元 B. 600元和700元

C. 500元和800元 D. 800元和500元

(三) 多项选择题

1. 投资者投入资本的形式主要有(   )。

A. 货币 B. 实物 C. 劳务 D. 无形资产

2. 企业销售产品的收入,应当在下列条件均能满足时予以确认(   )。

A. 企业已将商品所有权上的风险和报酬转移给购货方

B. 企业既没有保留通常与所有权相联系的继续管理权,也没有对已售出商品实施控制

C. 与交易相关的经济利益能够流入企业

D. 相关的已发生或将发生的成本能够可靠地计量

E. 收入的金额能可靠地计量

3. 制造业企业的主要经济业务包括(   )。

A. 资金筹集业务　　B. 供应过程业务
C. 产品生产业务　　D. 产品销售业务
E. 财务成果形成和分配业务

4. 企业购入材料的采购成本包括(　　)。
A. 材料买价　　B. 增值税进项税额
C. 运杂费(扣除运输费中允许确认的增值税进项税额)
D. 入库前挑选整理费　　E. 运输中的合理损耗

5. 在“营业税金及附加”账户借方登记的内容有(　　)。
A. 增值税　　B. 消费税
C. 城建税　　D. 营业税
E. 所得税

6. 企业对可供分配利润应进行下列分配(　　)。
A. 给优先股股东支付股利　　B. 支付银行借款利息
C. 提取法定盈余公积金　　D. 提取任意盈余公积金
E. 向普通股股东支付股利

7. “利润分配”账户设置的明细账户有(　　)。
A. 提取盈余公积金　　B. 应付库存现金股利
C. 转作股本股利　　D. 盈余公积补亏
E. 未分配利润

8. 关于“本年利润”账户,下列说法中正确的是(　　)。
A. 借方登记期末转入的各项支出
B. 贷方登记期末转入的各项收入
C. 年末转入“本年利润——未分配利润”前贷方余额为发生的亏损额
D. 年末转入“本年利润——未分配利润”前借方余额为发生的亏损额
E. 年末转入“本年利润——未分配利润”后该账户没有余额

9. 下列账户中月末结转后应该没有余额的有(　　)。
A. 生产成本　　B. 制造费用　　C. 管理费用　　D. 应付职工薪酬
E. 财务费用

10. 决定营业利润的成本和费用包括(　　)。
A. 主营业务成本　　B. 营业外收入
C. 其他业务支出　　D. 营业税金及附加
E. 主营业务收入　　F. 投资收益

11. 在材料采购业务中,与原材料账户相对应的账户有(　　)。
A. 应付账款　　B. 应付票据　　C. 银行存款　　D. 预付账款

E. 应交税费

12. 在下列业务所产生的收入中属于"其他业务收入"的有(　　)。

A. 出租固定资产收入　　B. 出售材料收入

C. 出租无形资产收入　　D. 销售库存商品的收入

E. 罚款收入

13. 产品生产过程中发生的各项生产费用构成产品生产成本的成本项目,包括(　　)。

A. 生产产品耗用的材料费　　B. 生产工人的人工费用

C. 管理费用　　D. 财务费用

E. 制造费用

14. 确定本月完工产品成本时,影响其生产成本计算的因素主要有(　　)。

A. 月初在产品成本　　B. 本月发生的生产费用

C. 本月已销产品成本　　D. 月末在产品生产成本

E. 月末库存产品成本

15. 材料成本差异账户贷方登记的内容有(　　)。

A. 入库材料成本的节约差异额　　B. 入库材料成本的超支差异额

C. 发出材料的计划成本　　D. 结转发出材料应负担的节约差异

E. 结转发出材料应负担的超支差异

(四) 判断题

1. 固定资产账户登记企业所有的固定资产的原价及固定资产增减变动和结余情况,不仅包括企业购入、自建的固定资产,同时也包括融资租入的固定资产。(　　)

2. 企业的原材料无论是按实际成本计价还是按计划成本计价,其计入生产成本的原材料成本最终应为所耗用材料的实际成本。(　　)

3. 借入银行长期借款以购建的固定资产,发生的借款利息应全部计入当期损益。(　　)

4. 企业以当年实现的利润弥补以前年度结转的未弥补亏损时,不需要进行专门的账务处理。(　　)

5. 如果成本不能可靠地计量,即使其他条件均已满足,相关的收入也不能确认。(　　)

6. 按照权责发生制的要求,企业收到货币资金必定意味着本月收入的增加。(　　)

7. 按库存现金企业会计制度的规定,企业在销售商品时产生的库存现金折扣在实际发生时应冲减企业的销售收入。(　　)

8. 费用和成本是既有联系又有区别的两个概念,费用与特定的计算对象相联系,而成本则与特定的会计期间相联系。（　）

9. 企业向投资者支付股票股利不需要进行账务处理。（　）

10. 企业计算的所得税费用是根据企业会计准则的规定计算出来的。（　）

（五）计算题

1. B 公司 2015 年 6 月 1 日库存原材料的计划成本为 100 000 元,实际成本为 109 000 元,本月购入材料的计划成本为 50 000 元,实际成本为 44 000 元,本月发出材料的计划成本为 120 000 元。

要求:

（1）计算本月材料成本差异率。

（2）计算发出材料应负担的材料成本差异额。

（3）计算发出材料的实际成本。

（4）计算月末结存材料的计划成本。

（5）计算月末结存材料的实际成本。

2. B 公司生产 A、B 两种产品,2015 年 7 月有关两种产品的资料如下:

（1）生产数量如表 5－2 所示:

表 5－2　产品产量情况　　单位:件

产品名称	月初在产品数量	本月新投产数量	本月完工产品数量	月末在产品数量
A 产品 B 产品	100 30	200 60	250 50	50 40

（2）生产费用如表 5－3 所示:

表 5－3　生产费用情况　　单位:元

	在产品名称	直接材料	直接人工	制造费用	合 计
月初在产品成本	A 产品 B 产品	10 000 9 000	8 000 6 000	5 000 3 000	23 000 18 000
本月生产费用	A 产品 B 产品	20 000 18 000	16 000 12 000		
月末在产品单位成本定额	A 产品 B 产品	50 150	40 100	25 50	115 300

（3）本月为生产 A、B 两种产品共发生 16 000 元制造费用。

要求:

(1) 按本月直接人工费用对制造费用进行分配。

(2) 计算 A、B 两种产品本月总的生产费用。

(3) 计算 A、B 两种产品月末在产品成本。

(4) 计算 A、B 两种完工产品总成本。

(5) 计算 A、B 两种完工产品的单位成本。

3. B 公司年初所有者权益总额为 2 000 000 元,年内接受 A 投资者的实物投资 500 000 元,接受 C 投资者的库存现金投资 1 000 000 元。当年产生净利润 600 000 元,其中按 10% 的比例计提盈余公积金,并给投资者分发股利 100 000 元,其余留存企业。用盈余公积弥补了以前年度累积的、已不能用税前和税后利润弥补的亏损 10 000 元。

要求:计算 B 公司该年度末的所有者权益总额。

(六) 业务题

1. B 公司 2015 年 8 月发生下列经济业务:

(1) 接受 A 公司 50 000 元货币资金投资,存入银行。

(2) 接受 C 公司以一台固定资产投资,双方协议价 30 000 元。

(3) 接受 D 公司以一批材料的投资,双方协议价 20 000 元,已验收入库。

(4) 当月 1 日从银行借入期限为 3 个月的、到期一次性还本付息的短期借款 12 000 元,年利率 10%,款项已存入银行。分月预提借款利息。

(5) 从银行借入期限为 3 年的、分期付息到期还本的长期借款 1 200 000 元,年利率 10%,款项已存入银行,该款项用于当月开始的厂房建造。利息分月以银行存款支付。

(6) 经有关部门批准,将资本公积金转增股本 20 000 元。

要求:根据上述资料编制该公司 8 月份的会计分录。

2. B 公司 2015 年 8 月发生下列固定资产购置业务:

(1) 购入不需要安装的设备一台,买价为 100 000 元,增值税为 17 000 元,运杂费 2 000元,保险费 1 000 元,全部款项已用银行存款支付,当即由管理部门投入使用。

(2) 购入需要安装的设备一台,买价为 200 000 元,增值税 34 000 元,运杂费 3 000 元,保险费 1 000 元,上述款项已用银行存款支付。运回后,企业又发生安装费用,包括:耗用材料 2 000 元,应付安装人员工资 5 000 元。安装完毕后已交付生产车间用于生产产品。

(3) 企业于 2015 年 1 月初开始自行建造一座厂房,到 7 月底“在建工程”账户已累积余额 1 000 000 元,8 月份为建造该厂房新投入的费用有:材料费 5 000 元,应付人工费 3 000 元,应分担的制造费用 4 000 元,应负担的长期借款利息 1 200 元。到 8 月 31 日该厂房建造完工,投入生产部门使用。

要求：根据上述材料编制会计分录。

3. B 公司对材料成本的核算采用实际成本法，2015 年 8 月发生材料采购业务如下：

（1）购入甲材料 1 000 千克，单价 20 元，增值税 3 400 元，款项尚未支付。

（2）购入乙材料 2 000 千克，单价 15 元，增值税 5 100 元，款项已用银行存款支付。

（3）购入丙材料 3 000 千克，单价 25 元，增值税 12 750 元，开出一张商业汇票给供货方。

（4）购入丁材料 4 000 千克，单价 25 元，增值税 17 000 元，B 公司为购买该批材料已在 2015 年 7 月预付给供货方 80 000 元，余款部分用银行存款支付。

（5）上述四种材料共发生运杂费 5 000 元，按材料重量进行分配。

（6）四种材料购买完毕，已验收入库，结转其实际成本。

要求：根据上述资料编制会计分录，并作必要的计算。

4. B 公司 2015 年 8 月发生下列产品生产业务：

（1）开出库存现金支票 60 000 元，提取库存现金直接发放工资。

（2）2015 年 7 月份曾用银行存款 3 000 元支付了第三季度的厂房房租，现摊销应由本月负担的部分。

（3）仓库发出材料，用途如下：生产甲产品耗用 8 000 元，生产乙产品耗用 2 000 元，车间一般耗用 4 000 元，厂部耗用 2 000 元。

（4）开出库存现金支票 800 元购买厂部办公用品。

（5）摊销应由本月负担的保险费 400 元。

（6）用库存现金 500 元支付车间设备修理费。

（7）计提本月固定资产折旧，其中车间生产用固定资产折旧额 1 000 元，厂部管理用固定资产折旧额 600 元。

（8）月末分配工资费用，其中：生产甲产品工人工资 20 000 元，生产乙产品工人工资 20 000 元，车间管理人员工资 5 000 元，厂部管理人员工资 15 000 元。

（9）用银行存款 5 000 元支付本月车间的水电费。

（10）将本月发生的制造费用转入“生产成本”账户，按生产工人工资分配制造费用。

（11）本月初投产的甲产品 30 件及乙产品 20 件现已全部完工，验收入库，结转成本（假设无期初在产品）。

要求：根据上述资料编制会计分录。

5. B 公司 2015 年 8 月发生下列销售业务：

（1）销售甲产品 100 件，每件 100 元，增值税 1 700 元，用库存现金支付代垫运杂费 100 元,全部款项已收到存入银行。甲产品的单位制造成本为 70 元。

(2) 销售乙产品 200 件,每件 200 元,增值税 6 800 元,全部款项未收到。乙产品的单位制造成本 100 元。

(3) 销售丙产品 300 件,每件 300 元,增值税 15 300 元,收到购货方开具的商业承兑汇票一张,票面金额为 105 300 元。丙产品单位制造成本 200 元。

(4) 销售丁产品 400 件,每件 400 元,增值税 27 200 元,上月曾预收该购货方的货款 200 000 元,多余款项当即退回给购货方。丁产品的单位制造成本 250 元。

(5) 该公司的四种产品都是应税消费品,消费税率为 10%,城建税率为 7%,教育费附加率为 3%。应交的增值税的进项税额以第 3 题资料计算。

要求:根据上述资料作销售业务的会计分录。

6. B 公司 2015 年 8 月发生下列收入和费用:

(1) 以银行存款支付广告费 10 000 元。

(2) 以库存现金支付董事会经费 50 000 元。

(3) 预提当月短期银行借款利息 1 000 元。

(4) 提取本月长期银行借款利息 3 000 元(借入该借款用以建造的工程项目已完工)。

(5) 用库存现金购买印花税票 2 000 元。

(6) 因火灾造成一台固定资产毁损,原价 100 000 元,已计提折旧 80 000 元,无残料变价收入,无清理费用,经批准转作营业外支出。

(7) 收到罚款收入 100 000 元,存入银行。

(8) 本月将一笔账面价值为 200 000 元的交易性金融资产转让给他人,获款 300 000 元存入银行。

要求:根据上述资料作会计分录。

7. B 公司 2015 年度的损益类账户发生额如表 5-4:

表 5-4 B 公司 2015 年度有关损益类账户发生额 单位:元

科 目 名 称	借方发生额	贷方发生额
主营业务收入		2 600 000
其他业务收入		400 000
主营业务成本	700 000	
其他业务成本	300 000	
营业税金及附加	100 000	
销售费用	100 000	
管理费用	200 000	

续表

科　目　名　称	借方发生额	贷方发生额
财务费用	100 000	
投资收益		500 000
营业外收入		40 000
营业外支出	20 000	

另有下列资料：

(1) 该公司所得税税率为25%，以所得税费用确定应交所得税，即不考虑税法和会计准则规定的差异。

(2) 该公司无期初未分配利润，无累计未弥补亏损。

(3) 按本年度净利润的10%计提盈余公积金。

(4) 给投资者分配库存现金股利100 000元，拟于下年度6月30日前支付。

要求：

(1) 结转本年度收入和费用到"本年利润"账户。

(2) 计算本年所得税费用，并结转入"本年利润"账户，同时用银行存款支付。

(3) 结转"本年利润"账户的余额到"利润分配——未分配利润"账户。

(4) 作提取盈余公积金的会计分录。

(5) 作分配现金股利的会计分录。

(6) 结转利润分配各明细账户到"利润分配——未分配利润"账户。

(7) 计算本年末未分配利润的金额。

五、参考答案

(一) 简答题

略。

(二) 单项选择题

1. C　2. B　3. B　4. C　5. B　6. A　7. C　8. C　9. D　10. C　11. B　12. D　13. B　14. D　15. C

(三) 多项选择题

1. ABCD　2. ABCDE　3. ABCDE　4. ACDE　5. BCD　6. ADE　7. ABCDE　8. ABDE　9. BCE　10. ACDEF　11. ABCD　12. ABC　13. ABE　14. ABD　15. AE

(四) 判断题

1. ✓　2. ✓　3. ×　4. ×　5. ✓　6. ×　7. ×　8. ×　9. ×　10. ✓

（五）计算题

1.（1）月初结存材料实际成本相对于计划成本是超支差：109 000 - 100 000 = 9 000（元）

本月购入材料的实际成本相对于计划成本是节约差：50 000 - 44 000 = 6 000（元）

因此本月材料成本差异率 =（9 000 - 6 000）÷（100 000 + 50 000）= 0.02

（2）发出材料应负担的材料成本差异额 = 120 000 × 0.02 = 2 400（元）

（3）发出材料的实际成本 = 120 000 + 2 400 = 122 400（元）

（4）月末结存材料的计划成本 = 100 000 + 50 000 - 120 000 = 30 000（元）

（5）材料成本差异的余额 = 9 000 - 6 000 - 2 400 = 600（元）

月末结存材料的实际成本 = 30 000 + 600 = 30 600（元）

2.（1）制造费用分配率 = 16 000 ÷（16 000 + 12 000）= 0.57

A 产品应负担制造费用 = 16 000 × 0.57 = 9 142.86（元）

B 产品应负担制造费用 = 12 000 × 0.57 = 6 857.14（元）

（2）A 产品本月生产费用 = 20 000 + 16 000 + 9 142.86 = 45 142.86（元）

B 产品本月生产费用 = 18 000 + 12 000 + 6 857.14 = 36 857.14（元）

（3）A 产品月末在产品成本 = 115 × 50 = 5 750（元）

B 产品月末在产品成本 = 300 × 40 = 12 000（元）

（4）A 产品完工产品成本 = 期初在产品成本 + 本月生产费用 - 月末在产品成本 = 23 000 + 45 142.86 - 5 750 = 62 392.86（元）

B 产品完工产品成本 = 18 000 + 36 857.14 - 12 000 = 42 857.14（元）

（5）A 完工产品单位成本 = 62 392.86 ÷ 250 = 249.571 4（元）

B 完工产品单位成本 = 42 857.14 ÷ 50 = 857.142 8（元）

3. 使所有者权益增加的有：（1）年内实物投资 500 000 元，（2）年内库存现金投资 1 000 000 元，（3）年内新计提的盈余公积 600 000 × 10% = 60 000（元）；（4）年末留存在企业的未分配利润：净利润 - 提取的盈余公积 - 发放的股利 = 600 000 - 60 000 - 100 000 = 440 000（元），（5）被弥补的亏损 10 000 元。

使所有者权益减少的有：用盈余公积补亏使盈余公积减少 10 000 元。

所有者权益年内变动额 = 500 000 + 1 000 000 + 60 000 + 440 000 + 10 000 - 10 000 = 2 000 000（元）

所有者权益年末总额 = 2 000 000 + 2 000 000 = 4 000 000（元）

（六）业务题

1.（1）借：银行存款 50 000

　　贷：实收资本 50 000

（2）借：固定资产　30 000
　　贷：实收资本　30 000
（3）借：原材料　20 000
　　贷：实收资本　20 000
（4）借：银行存款　12 000
　　贷：短期借款　12 000
预提当月利息 = 12 000 × 10% / 12 = 100
借：财务费用　100
　贷：预提费用　100
（5）借：银行存款　1 200 000
　　贷：长期借款　1 200 000
计算并支付当月借款利息 1 200 000 × 10% ÷ 12 = 10 000
借：在建工程　10 000
　贷：银行存款　10 000
（6）借：资本公积　20 000
　　贷：实收资本　20 000
2.（1）借：固定资产　103 000
　　　　应交税费 – 应交增值税（进项税）　17 000
　　　贷：银行存款　1 200 000
（2）借：在建工程　204 000
　　　应交税费 – 应交增值税（进项税）　34 000
　　贷：银行存款　238 000
借：在建工程　7 000
　贷：原材料　2 000
　　应付职工薪酬　5 000
借：固定资产　211 000
　贷：在建工程　211 000
（3）借：在建工程　13 200
　　贷：原材料　5 000
　　　应付职工薪酬　3 000
　　　制造费用　4 000
　　　长期借款　1 200
借：固定资产　1 013 200
　贷：在建工程　1 013 200

3.（1）借：在途物资——甲材料 20 000
应交税费——应交增值税（进项税额） 3 400
贷：应付账款 23 400
（2）借：在途物资——乙材料 30 000
应交税费——应交增值税（进项税额） 5 100
贷：银行存款 35 100
（3）借：在途物资——丙材料 75 000
应交税费——应交增值税（进项税额） 12 750
贷：应付票据 87 750
（4）借：在途物资——丁材料 100 000
应交税费——应交增值税（进项税额） 17 000
贷：预付账款 80 000
银行存款 37 000
（5）运杂费分摊率 = 5 000 ÷（1 000 + 2 000 + 3 000 + 4 000）= 0.5
甲材料分摊运杂费 = 0.5 × 1 000 = 500（元）
乙材料分摊运杂费 = 0.5 × 2 000 = 1 000（元）
丙材料分摊运杂费 = 0.5 × 3 000 = 1 500（元）
丁材料分摊运杂费 = 0.5 × 4 000 = 2 000（元）
（6）四种材料的实际成本为：
甲材料成本 = 运杂费 + 买价 = 500 + 20 000 = 20 500（元）
乙材料成本 = 1 000 + 30 000 = 31 000（元）
丙材料成本 = 1 500 + 75 000 = 76 500（元）
丁材料成本 = 2 000 + 100 000 = 102 000（元）
借：原材料——甲材料 20 500
——乙材料 31 000
——丙材料 76 500
——丁材料 102 000
贷：在途物资——甲材料 20 500
——乙材料 31 000
——丙材料 76 500
——丁材料 102 000
4.（1）借：应付职工薪酬 60 000
贷：库存现金 60 000
（2）借：制造费用 1 000
贷：其他应收款 1 000

(3) 借：生产成本——甲产品　8 000
　　　　　　　——乙产品　2 000
　　　制造费用　4 000
　　　管理费用　2 000
　　贷：原材料　16 000
(4) 借：管理费用　800
　　贷：银行存款　800
(5) 借：管理费用　400
　　贷：其他应收款　400
(6) 借：制造费用　500
　　贷：库存现金　500
(7) 借：制造费用　1 000
　　　管理费用　600
　　贷：累计折旧　1 600
(8) 借：生产成本——甲产品　20 000
　　　　　　　——乙产品　20 000
　　　制造费用　5 000
　　　管理费用　15 000
　　贷：应付职工薪酬　60 000
(9) 借：制造费用　5 000
　　贷：银行存款　5 000
(10) 制造费用总额：1 000 + 4 000 + 500 + 1 000 + 5 000 + 5 000 = 16 500(元)
　　制造费用分配率 = 16 500 ÷ (20 000 + 20 000) = 0. 412 5
　　甲产品分摊制造费用 = 20 000 × 0. 412 5 = 8 250(元)
　　乙产品分摊制造费用 = 20 000 × 0. 412 5 = 8 250(元)
借：生产成本——甲产品　8 250
　　　　　——乙产品　8 250
　贷：制造费用　16 500
(11) 甲产品生产成本 = 8 000 + 20 000 + 8 250 = 36 250(元)
　　乙产品生产成本 = 2 000 + 20 000 + 8 250 = 30 250(元)
借：库存商品——甲产品　36 250
　　　　　——乙产品　30 250
　贷：生产成本——甲产品　36 250
　　　　　　——乙产品　30 250

5.（1）借：银行存款 11 800

贷：主营业务收入——甲产品 10 000

应交税费——应交增值税（销项税额） 1 700

库存现金 100

借：主营业务成本——甲产品 7 000

贷：库存商品 7 000

（2）借：应收账款 46 800

贷：主营业务收入——乙产品 40 000

应交税费——应交增值税（销项税额） 6 800

借：主营业务成本——乙产品 20 000

贷：库存商品 20 000

（3）借：应收票据 105 300

贷：主营业务收入——丙产品 90 000

应交税费——应交增值税（销项税额） 15 300

借：主营业务成本——丙产品 60 000

贷：库存商品 60 000

（4）借：预收账款 200 000

贷：主营业务收入——丁产品 160 000

应交税费——应交增值税（销项税额） 27 200

银行存款 12 800

借：主营业务成本——丁产品 100 000

贷：库存商品 100 000

（5）B 公司该月销售总收入 = 10 000 + 40 000 + 90 000 + 160 000 = 300 000（元）

应交消费税 = 300 000 × 10% = 30 000（元）

根据第 3 题，当月增值税进项税额 = 3 400 + 5 100 + 12 750 + 17 000 = 38 250（元）

当月增值税销项税额为 = 1 700 + 6 800 + 15 300 + 27 200 = 51 000（元）

当月应交增值税 = 51 000 − 38 250 = 12 750（元）

城建税 =（应交的消费税 + 应交的增值税 + 应交的营业税）× 城建税税率

=（30 000 + 12 750）× 7% = 2 992.5（元）

教育费附加 =（应交的消费税 + 应交的增值税 + 应交的营业税）× 教育费附加率

=（30 000 + 12 750）× 3% = 1 282.5（元）

借：营业税金及附加 34 275

贷：应交税费——应交消费税 30 000

——应交城建税 2 992.5

——应交教育费附加 1 282.5

6.（1）借：销售费用　10 000
　　贷：银行存款　10 000
（2）借：管理费用　50 000
　　贷：库存现金　50 000
（3）借：财务费用　1 000
　　贷：应付利息　1 000
（4）借：财务费用　3 000
　　贷：长期借款　3 000
（5）借：管理费用　2 000
　　贷：库存现金　2 000
（6）借：固定资产清理　20 000
　　累计折旧　80 000
　　贷：固定资产　100 000
借：营业外支出　20 000
　贷：固定资产清理　20 000
（7）借：银行存款　100 000
　　贷：营业外收入　100 000
（8）借：银行存款　300 000
　　贷：交易性金融资产　200 000
　　　　投资收益　100 000
7.（1）借：主营业务收入　2 600 000
　　　其他业务收入　400 000
　　　投资收益　500 000
　　　营业外收入　40 000
　　贷：本年利润　3 540 000
借：本年利润　1 520 000
　贷：主营业务成本　700 000
　　其他业务成本　300 000
　　营业税金及附加　100 000
　　管理费用　200 000
　　财务费用　100 000
　　销售费用　100 000
　　营业外支出　20 000
（2）利润总额 = 3 540 000 − 1 520 000 = 2 020 000（元）

所得税费用 = 应交所得税 = 2 020 000 × 25% = 505 000(元)

借: 所得税费用 505 000

贷: 应交税费——应交所得税 505 000

借: 本年利润 505 000

贷: 所得税费用 505 000

借: 应交税费——应交所得税 505 000

贷: 银行存款 505 000

(3) "本年利润"账户此时余额 = 2 020 000 - 505 000 = 1 515 000(元)(即本年净利润)

借: 本年利润 1 515 000

贷: 利润分配——未分配利润 1 515 000

(4) 提取盈余公积金 = 净利润 × 10% = 1 515 000 × 10% = 151 500(元)

借: 利润分配——提取盈余公积 151 500

贷: 盈余公积 151 500

(5) 借: 利润分配——应付库存现金股利 100 000

贷: 应付股利 100 000

(6) 借: 利润分配——未分配利润 251 500

贷: 利润分配——提取盈余公积 151 500

利润分配——应付库存现金股利 100 000

(7) 年末未分配利润金额 = 1 515 000 - 251 500 = 1 236 500(元),即"利润分配——未分配利润"账户的余额。

第六章

账户的分类

一、学习目的

了解和掌握各种账户分类情况,是熟练而灵活地进行账务处理的必要前提。本章主要介绍了账户的两种主要分类。通过本章学习,应该了解账户分类的意义,在理解其经济内容分类的基础上重点掌握账户按其用途和结构的分类,理解各类账户之间的区别和联系,掌握各类账户在提供核算指标方面的规律性。

二、关键概念

账户　账户的分类

三、本章重点难点

(一) 账户按经济内容分类

账户的经济内容就是账户所反映的会计对象的具体内容,账户按经济内容分类,也分为资产类账户、负债类账户、所有者权益类账户、收入类账户、费用类账户和成本类账户六大类。

1. 资产类账户

(1) 流动资产账户

流动资产账户反映可以在一年或者超过一年的一个营业周期内变现或者耗用的资产,按照其在生产经营活动中存在的不同形态和作用,反映流动资产的账户又可以进一步划分为:反映货币资金的账户、反映结算债权的账户、反映存货的账户。

(2) 非流动资产账户

非流动资产账户是反映企业的长期投资、固定资产、无形资产和其他资产的账户。

2. 负债类账户

(1) 流动负债类账户

流动负债类账户反映企业将在1年或者超过1年的一个营业周期内偿还的债务。

(2) 长期负债类账户

长期负债类账户反映偿还期限在1年或超过1年的一个营业周期以上的负债。

3. 所有者权益类账户

(1) 投入资本类账户

投入资本是指投资人对企业原始投入的资本，以及投资本身引起的增值。

(2) 留存收益类账户

留存收益类账户反映企业在经营过程中形成盈利而增加的公积金和未分配利润或因发生亏损而减少的所有者权益。

4. 成本类账户

(1) 反映供应成本的账户

此类账户是用来归集材料购入时的价款及采购费用，核算外购物资的采购成本。

(2) 反映生产成本的账户

此类账户用来归集产品生产过程中的各种费用，并据以计算产品的生产成本。

5. 损益类账户

损益类账户核算与损益的计算确定直接相关的账户。损益类账户按其与损益组成内容之关系，可以分为以下几种：反映收入、支出、利得和损失的账户。

6. 共同类账户

共同类账户主要有“清算资金往来”“外汇买卖”“衍生工具”“套期工具”“被套期项目”等账户。

本节内容汇总如图6-1所示。

(二) 账户按用途和结构分类

账户按用途和结构可以分为九大类：盘存账户、资本账户、结算账户、调整账户、集合分配账户、成本计算账户、财务成果账户、跨期摊提账户、损益类账户。

1. 盘存账户

盘存账户是用以核算和监督各项财产物资和货币资金增减变动情况及其实有数额的账户。

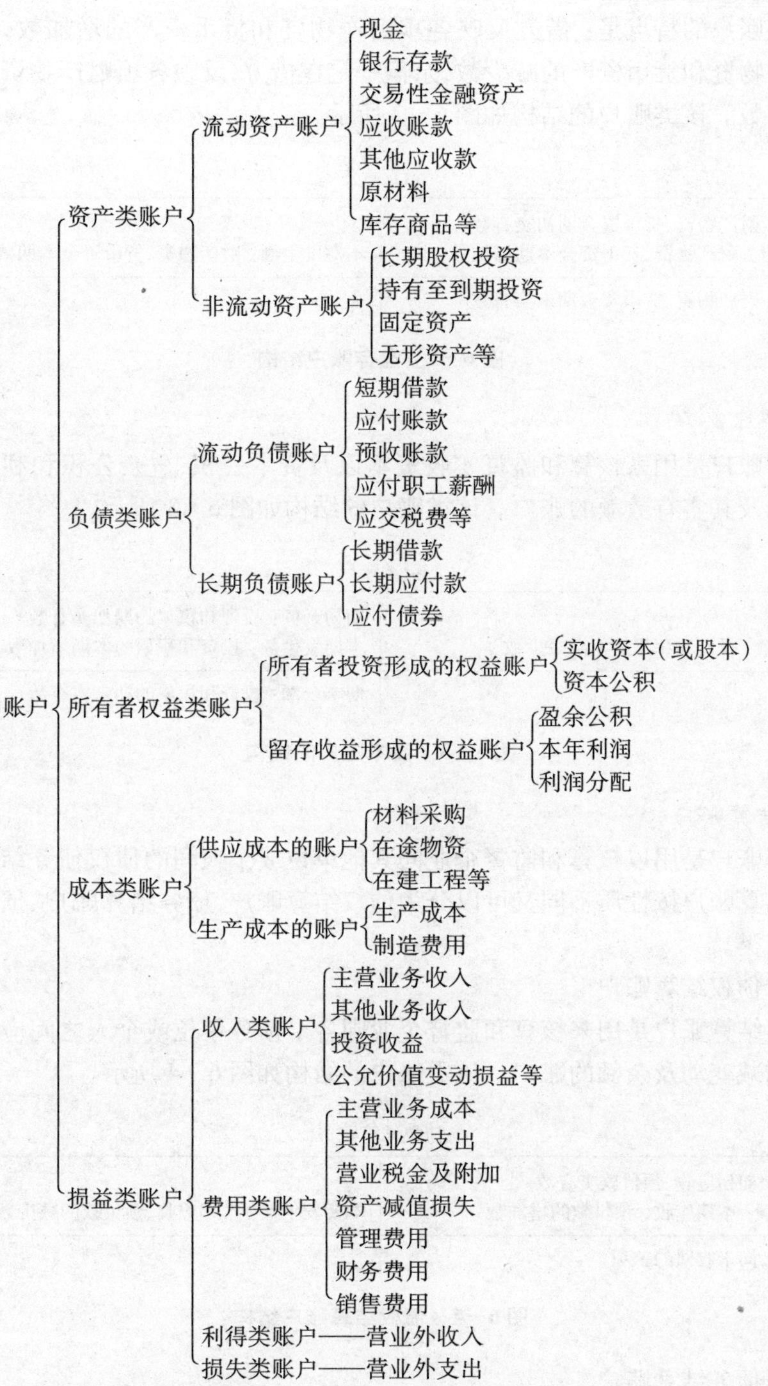

图 6-1 账户按经济内容分类

盘存账户的特点是：借方反映各项财产物资和货币资产的增加数，贷方登记各项财产物资和货币资产的减少数，余额一定在借方，反映各项财产物资和货币资产的结存数。该类账户的结构如图 6－2 所示

借方	盘存账户 贷方
期初余额：财产物资、货币资金期初实有数 本期发生额：财产物资、货币资金本期增加数	本期发生额：财产物资、货币资金本期减少数
期末余额：财产物资、货币资金期末实有数	

图 6－2　盘存账户结构

2. 资本账户

资本账户是用来核算和监督实收资本以及资本公积、盈余公积和利润分配的增减变动及其实有数额的账户。该类账户的结构如图 6－3 所示。

借方	资本账户 贷方
本期发生额：投资和积累的本期减少数	期初余额：投资和积累的期初实有数 本期发生额：投资和积累的本期增加数
	期末余额：投资和积累的期末实有数

图 6－3　资本账户的结构

3. 结算账户

结算账户是用以核算和监督企业同其他单位或个人间的债权债务结算情况的账户。结算账户按性质不同又可以分为债权结算账户、债务结算账户、债权债务结算账户三类。

(1) 债权结算账户

债权结算账户是用来核算和监督企业同各个债务单位或个人之间应收及预付款项的增减变动及余额的账户。该类账户的结构如图 6－4 所示。

借方	债权结算账户 贷方
期初余额：期初应收、预付款实有数 本期发生额：本期应收、预付款的增加数	本期发生额：本期应收、预付款的减少数
期末余额：尚未收回的款项	

图 6－4　债权结算账户结构

(2) 债务结算账户

债务结算账户是用来核算和监督企业同各个债权单位或个人之间各项应付、

预收账款,各项借款的增减变动和结余情况的账户。该类账户的结构如图6－5所示。

借方	债务结算账户 贷方
本期发生额：本期各种借款、应付款、预收款的偿还数	期初余额：期初各种借款、应付款、预收款实有数 本期发生额：本期各种借款、应付款、预收款的增加数
	期末余额：各种借款、应付款、预收款的期末尚未偿还数

图6－5 债务结算账户

(3) 债权债务结算账户

债权债务结算账户是用来核算和监督企业同其他单位或个人之间及同企业内部各部门之间债权债务往来结算的账户。债权债务结算账户的结构如图6－6所示。

借方	债权债务结算账户 贷方
期初余额：债权大于债务的期初结存数 本期发生额：本期债权增加或债务减少	期初余额：债务大于债权的期初结存数 本期发生额：本期债务增加或债权减少
期末余额：债权大于债务的结存数	期末余额：债务大于债权的结存数

图6－6 债权债务结算账户结构

4. 调整账户

调整账户是为了调整主体账户(即被调整账户)的余额,以表明调整账户的实际余额而设置的账户。

调整账户按其对被调整账户调整的方式不同,可以分为备抵调整账户、附加调整账户、备抵附加调整账户三种。

(1) 备抵调整账户

备抵调整账户是用来抵减被调整账户的余额,以求得被调整账户实际余额的账户。其调整方式可用公式表示为：被调整账户实际余额＝被调整账户余额－备抵调整账户余额。

① 资产类备抵账户。

此类账户是用来抵减某一资产账户的账面余额,以求得该资产账户实际余额的账户。

其调整方式见图6－7所示。

固定资产(被调整账户)		累计折旧(抵减账户)	
借 方	贷 方	借 方	贷 方
余额：固定资产原始价值			余额：固定资产的累计折旧数额
固定资产净值 = 固定资产原始价值 - 累计折旧数额			

图 6-7 调整账户和被调整账户

② 所有者权益类备抵账户。

此类账户是用来抵减利润账户的期末余额，以求得该账户实际余额的账户。其调整方式如图 6-8 所示。

本年利润(被调整账户)		所得税费用(备抵账户)		利润分配(备抵账户)	
借方	贷 方	借 方	贷方	借 方	贷 方
(2) 转来	余额：本年利润总额(1)	余额：已计提的所得税费用(2)		余额：已分配的利润数(4)	年初可供分配利润(3)转来
	余额：本年净利润(3) = (1) - (2)				余额：本年年末未分配的利润(5) = (3) - (4)

图 6-8 所有者权益类备抵账户调整

(2) 附加调整账户

附加调整账户是用来增加被调整账户的余额，以求得所需要的被调整账户的实际余额的账户。其调整方式可用公式表示为：

被调整账户实际余额 = 被调整账户余额 + 附加调整账户余额

(3) 备抵附加调整账户

备抵附加调整账户既是备抵调整账户，又是附加调整账户。当其余额所在的方向与被调整账户余额的方向不一致时，它就是备抵调整账户；当其余额与被调整账户余额方向一致时，它就是附加调整账户。

调整账户具有以下特点：

第一，调整账户与被调整账户反映的经济内容是相同的，被调整账户反映原始数据，调整账户反映对原始数额的调整数额。

第二，调整账户不能离开被调整账户而独立存在，有调整账户就有被调整账户。

第三，调整账户对被调整账户的调整方式取决于双方余额的方向：被调整账户与调整账户的余额在相同方向时相加，余额在不同方向时相减。

5. 集合分配账户

集合分配账户是用来汇集和分配经营过程中某一阶段所发生的某种费用，借以反映和考核有关费用计划执行情况以及费用分配情况的账户。

集合分配账户的结构如图 6－9 所示。

借方 集合分配账户	贷方
本期发生额：归集生产经营过程中某种费用的本期发生额	本期发生额：本期分配到有关成本计算对象上的费用数
期末：一般无余额	

图 6－9 集合分配账户结构

6. 成本计算账户

成本计算账户是用来核算和监督经营过程中某一阶段的全部费用并直接确定各成本计算对象实际成本的账户。结构如图 6－10 所示。

借方 成本计算账户	贷方
期初余额：期初在产品和半成品的成本 本期发生额：汇集本期经营过程中的全部费用	本期发生额：转出的本期完工产品的实际成本
期末余额：期末在产品和半成品的成本	

图 6－10 成本计算账户结构

7. 跨期摊提账户

跨期摊提账户是用来核算和监督那些应由若干个相连接的会计期间共同分摊的收益或费用,从而正确计算各会计期间成本和盈亏的账户。跨期摊提账户按其性质不同又分为：递延性质的跨期摊提账户、应计性质的跨期摊提账户两种。

（1）递延性质的跨期摊提账户

递延性质的跨期摊提账户是用来核算和监督某些已经发生或支付,但应由本期和以后各期分摊的费用的账户。其结构如图 6－11 所示。

借方 递延性质的跨期摊提账户	贷方
期初余额：期初未分摊数额	
发生额：本期发生费用数额 期末余额：期末未分摊数额	发生额：本期分摊数额

图 6－11 递延性质的跨期摊提账户结构

（2）应计性质的跨期摊提账户

应计性质的跨期摊提账户是用来核算和监督已从成本或有关损益中提取,但尚未实际支付或发生的费用的账户。其结构如图 6－12 所示。

借方 应计性质的跨期摊提账户	贷方
发生额：本期实际支付数额	期初余额：本期已提取而尚未支付数额 发生额：本期提取数额
	期末余额：本期已提取但尚未支付费用

图6－12 应计性质的跨期摊提账户结构

8. 财务成果账户

财务成果账户，又称计价对比账户，它是用来对某项经济业务在账户左右两方，按照两种不同的计价进行对比核算，借以确定其业务成果的账户。该类账户的结构如图6－13所示。

借方 计价对比账户（财务成果账户）	贷方
本期发生额：本期转入的主营业务成本、营业外支出、管理费用等	本期发生额：本期转入的主营业务收入、营业外收入、投资净收益等
期末余额在借方：亏损数	期末余额在贷方：盈利数

图6－13 计价对比账户结构

9. 损益类账户

损益类账户是用来核算和监督各项收益或损失，并借以确定一定期间经营成果的账户。该账户按其性质和经济内容不同又具体划分为收入及利得账户和费用及损失账户两类。

（1）收入及利得账户

属于收入及利得账户的主要有“主营业务收入”“其他业务收入”“营业外收入”“投资收益”“公允价值变动损益”等账户。这类账户的结构如图6－14所示。

借方 收入账户	贷方
发生额：本期收入的减少数或期末转入“本年利润”账户的收入数	发生额：本期取得的收入数
	期末无余额

图6－14 收入及利得类账户结构

（2）费用及损失账户

属于费用及损失的账户主要有“主营业务成本”“营业税金及附加”“其他业务成本”“销售费用”“管理费用”“财务费用”“营业外支出”“所得税费用”“资产减值损失”等。这类账户的结构如图6－15所示。

借方	费用账户 贷方
发生额：本期发生的费用数	发生额：期末转入“本年利润”账户的费用数
期末无余额	

图 6－15　费用及损失类账户结构

账户按用途和结构进行的分类如图 6－16 所示。

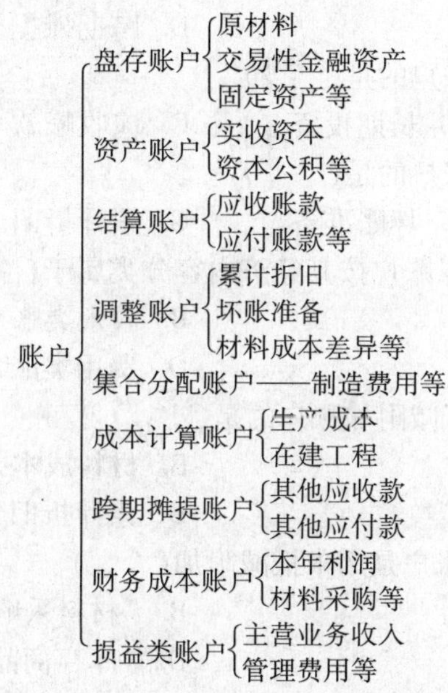

图 6－16　账户按用途和结构的分类

四、本章习题

（一）简答题

1. 账户分类的意义是什么？
2. 账户的分类标志有哪些？
3. 账户按经济内容分类可以分为哪几类？
4. 账户按用途和结构分类可以分为哪几类？
5. 为什么说账户按经济内容分类是账户分类的基础？
6. 什么叫结算账户？结算账户又分为哪几类？
7. 为什么要设置调整账户？调整账户又分为哪几类？
8. 什么叫跨期摊提账户？举例说明跨期摊提账户的用途和结构。
9. 收入账户、费用账户、财务成果账户之间存在什么关系？

10. 什么是资产负债表账户和利润表账户?

(二) 单项选择题

1. 在下列所有者权益账户中,反映所有者原始投资的账户是(　　)。
A. 实收资本　B. 盈余公积　C. 本年利润　D. 利润分配

2. “生产成本”账户如有借方余额时,按其用途结构分类属于(　　)。
A. 计价对比类账户　B. 成本计算类账户
C. 集合分配类账户　D. 跨期摊提类账户

3. 下列不属于盘存账户的是(　　)。
A. 固定资产　B. 长期投资　C. 应收账款　D. 库存商品

4. 下列不属于抵减账户的是(　　)。
A. 存货跌价准备　B. 坏账准备　C. 累计折旧　D. 其他应付款

5. “营业税金及附加”账户按其经济内容分类属于(　　)。
A. 负债类账户　B. 收入类账户
C. 成本计算类账户　D. 费用类账户

6. 下列账户中属于抵减附加账户的是(　　)。
A. 坏账准备　B. 材料成本差异
C. 利润分配　D. 累计折旧

7. “材料成本差异”账户是用来抵减附加(　　)。
A. “原材料”账户　B. “材料采购”账户
C. “生产成本”账户　D. “库存商品”账户

8. 下列账户按用途结构分类不属于损益类账户的是(　　)。
A. 管理费用　B. 财务费用　C. 制造费用　D. 销售费用

9. 结算账户的期末余额(　　)。
A. 在借方　B. 在贷方
C. 可能在借方,也可能在贷方　D. 以上都不对

10. 按用途和结构分类,下列账户中属于跨期摊提账户的有(　　)。
A. “应交税费”账户　B. “财务费用”账户
C. “管理费用”账户　D. “其他应收款”账户

11. 在企业不单设“预付账款”账户时,对于预付款业务,可在(　　)。
A. “应收账款”账户反映　B. “预收账款”账户反映
C. “应付账款”账户反映　D. “其他往来”账户反映

12. “累计折旧”账户按其经济内容分类属于(　　)。
A. 费用类账户　B. 抵减账户　C. 负债类账户　D. 资产类账户

13. 下列账户中,既属于结算账户,又属于负债类账户的是(　　)。

A. “应收账款”账户　　B. “预收账款”账户

C. “应收票据”账户　　D. “预付账款”账户

14. 债权债务结算账户的贷方登记(　　)。

A. 债权的增加　　B. 债务的增加,债权的减少

C. 债务的增加　　D. 债务的减少,债权的增加

15. 下列说法错误的是(　　)。

A. 备抵账户与被备抵账户反映的经济内容相同

B. 备抵账户与被备抵账户反映的经济内容不一定相同

C. 备抵账户不能离开被备抵账户而独立存在

D. 有备抵账户就有被备抵账户

(三) 多项选择题

1. 账户可以按(　　)等不同的标志进行分类,以便从不同的角度分析账户的体系结构。

A. 资产与权益　　B. 会计要素

C. 用途和结构　　D. 统驭与被统驭关系

2. 归入盘存账户的有原材料、库存商品、(　　)等账户。

A. 银行存款　　B. 交易性金融资产

C. 固定资产　　D. 库存现金

3. 下列账户属于调整账户的是(　　)。

A. 固定资产　　B. 累计折旧

C. 坏账准备　　D. 应收账款

E. 材料成本差异

4. 下列可能属于盘存账户的有(　　)。

A. “材料采购”账户　　B. “长期股权投资”账户

C. “银行存款”账户　　D. “固定资产”账户

E. “本年利润”账户

5. 所谓账户的结构,是指账户如何提供核算指标,即(　　)。

A. 账户期末余额的方向　　B. 账户余额表示的内容

C. 账户借方核算的内容　　D. 账户贷方核算的内容

E. 运用账户的目的

6. 反映流动资产的账户有(　　)。

A. 应收账款　　B. 其他应付款

C. 其他应收款　　D. 应收票据

E. 库存商品

7. 下列用于债权结算账户的有(　　)。

A. 预付账款　B. 应付账款　C. 应收账款　D. 应收票据

E. 预收账款

8. 账户分类的主要标志有(　　)。

A. 账户的经济内容　B. 账户的名称

C. 账户的用途和结构　D. 账户与会计报表的关系

E. 账户的统驭关系

9. 关于"本年利润"账户,下列说法中正确的有(　　)。

A. 期末如为贷方余额,表示累积实现的净利润

B. 期末如为贷方余额,表示本期实现的利润总额

C. 期末如为借方余额,表示累积发生的亏损额

D. 年末如为贷方余额,本期新增利润中可供分配数额

E. 年度中间一般有余额

10. 在生产过程中,用来归集制造产品的生产费用,计算产品生产成本的账户的有(　　)。

A. "制造费用"账户　B. "库存商品"账户

C. "材料采购"账户　D. "生产成本"账户

E. "主营业务成本"账户

(四) 判断题

1. "主营业务收入"账户是反映营业收入的账户,"其他业务收入"账户是反映非营业收入的账户。(　　)

2. 按经济内容分类的费用类账户是核算企业在经营过程中发生的各种费用支出的账户,这里的费用是指狭义的费用。(　　)

3. 账户按其经济内容划分归为一类,则按其用途和结构划分也必定归为一类。(　　)

4. 调整账户按其调整方式的不同又可以分为抵减账户、附加账户及抵减附加账户。(　　)

5. 抵减附加账户的期末余额方向不是固定的,当其余额在借方时,起着抵减作用,当其余额在贷方时,起着附加作用。(　　)

6. 集合分配类账户是用来归集应由某个成本计算对象负担的间接费用的账户,因而具有明显的过渡性质,期末一般都有余额。(　　)

7. 企业的利润在没有分配之前属于企业的所有者权益,所有者权益应反映在企业的资产负债表中,因而"本年利润"账户和"利润分配"账户均属于资产负债表账户。(　　)

8. 按经济内容分类,"应付账款"账户属于负债类,但在出现借方余额时,也可以属于资产类。 (　　)

9. 属于所有者权益的所有账户,它们的用途和结构都是相同的。 (　　)

10. 盘存账户的余额总是在贷方。 (　　)

(五) 业务题

1. 企业原材料按照计划成本组织核算,"原材料"账户期末余额为 72 500 元。如果:

(1)"材料成本差异"账户为借方余额 1 500 元;

(2)"材料成本差异"账户为贷方余额 1 000 元。

要求:分别就上述两种情况计算该企业期末原材料的实际成本,并说明上述两个账户之间的关系。

2. 将下列账户按经济内容分类,再按用途结构分类。

固定资产　累计折旧　原材料　银行存款　其他应收款　应收账款　应收票据　短期借款　其他应付款　应交税费　生产成本　实收资本　管理费用　材料采购　营业外收入　利润分配　材料成本差异　应付账款　制造费用　财务费用　主营业务收入　本年利润　所得税费用

3. 某机械制造厂在材料采购核算中设置了"应付账款"账户和"预付账款"两个账户,2015 年 8 月份"应付账款"账户和"预付账款"账户及其所属明细账户的期初余额如下:"应付账款"贷方余额 125 000 元,其中"应付账款——A 工厂"78 000 元,"应付账款——B 工厂"47 000 元;"预付账款"借方余额 65 000 元,其中"预付账款——C 工厂"35 000 元,"预付账款——D 工厂"30 000 元。该企业 8 月份发生下列业务:

(1) 用银行存款 50 000 元归还所欠 A 工厂的贷款;

(2) 收到 C 工厂发来的材料 48 000 元,其中材料价款 40 000 元,增值税进项税额 6 800 元,C 工厂代垫的运杂费 1 200 元,材料验收入库,款项上个月已经预付 35 000 元,差额部分暂未支付;

(3) 从 B 工厂购买材料,价款 10 000 元,增值税进项税额 1 700 元,款项未付,材料尚未入库;

(4) 通过银行补付所欠 C 工厂的差额款。

要求:编制本月业务的会计分录,开设并登记"应付账款""预付账款"总分类账户和明细分类账户。

4. 承题 3,如果该企业不设置"预付账款"账户,企业发生的预付账款业务在"应付账款"账户中核算,其他资料不变。

要求:根据业务编制会计分录,开设并登记"应付账款"账户并结账。

五、参考答案

(一) 简答题

略

(二) 单项选择题

1. A 2. B 3. C 4. D 5. D 6. B 7. A 8. C 9. C 10. D 11. C 12. D 13. B 14. B 15. B

(三) 多项选择题

1. BC 2. ABCD 3. BCE 4. BCD 5. ABCD 6. ACDE 7. ACD 8. AC 9. ACDE 10. AD

(四) 判断题

1. × 2. × 3. × 4. √ 5 × 6. √ 7. × 8. √ 9. × 10. ×

(五) 业务题

1. (1) 当"材料成本差异"账户为借方余额1 500元时(表示超支差异),材料实际成本 = 72 500 + 1 500 = 74 000(元),此时"材料成本差异"账户是"材料"账户的附加调整账户。

(2) 当"材料成本差异"账户为贷方余额1 000元时(表示节约差异),材料实际成本 = 72 500 - 1 000 = 71 500(元),此时"材料成本差异"账户为"原材料"账户的备抵调整账户。

2. (1) 按账户的经济内容分类如下:

属于资产类账户的有:固定资产、累计折旧、材料成本差异、原材料、银行存款、其他应收款、应收账款、应收票据。

属于负债类账户的有:其他应付款、其他应付款、应交税金、应付账款、短期借款。

属于所有者权益类账户的有:实收资本、利润分配、本年利润。

属于损益类账户的有:主营业务收入、营业外收入、财务费用、管理费用、所得税费用。

属于成本类的账户有:材料采购、生产成本、制造费用。

(2) 按账户的用途和结构分类如下:

属于盘存类账户的有:固定资产、原材料、银行存款。

属于资本类账户的有:实收资本。

属于结算类账户的有:应收账款、应收票据、其他应付款、短期借款、应交税费、应付账款。

属于调整类的账户有：累计折旧、材料成本差异、所得税费用、利润分配。

属于集合分配类的账户有：制造费用。

属于成本类的账户有：生产成本、材料采购。

属于跨期摊提类账户的有：其他应收款、其他应付款。

属于财务成本类账户的有：本年利润。

属于损益类账户的有：主营业务收入、营业外收入、财务费用、管理费用。

3. 编制的本月业务的会计分录如下：

(1) 借：应付账款——A 工厂　　50 000
　　贷：银行存款　　50 000

(2) 借：在途物资　　41 200
　　应交税金——应交增值税(进项税额)　　6 800
　　贷：预付账款——C 工厂　　48 000

(3) 借：在途物资　　10 000
　　应交税金——应交增值税(进项税额)　　1 700
　　贷：应付账款——B 工厂　　11 700

(4) 借：预付账款——C 工厂　　13 000
　　贷：银行存款　　13 000

有关总分类账户和明细分类账户的登记如下：

应付账款

(1)	50 000	期初余额	125 000
		(3)	11 700
		期末余额	86 700

预付账款

期初余额	65 000	(2)	48 000
(4)	13 000		
期末余额	30 000		

应付账款——A 工厂

(1)	50 000	期初余额	78 000
		期末余额	28 000

应付账款——B 工厂

		期初余额	47 000
		(3)	11 700

		期末余额	58 700

预付款项——C工厂

期初余额	35 000	(2)	48 000
(4)	13 000		
期末余额：	0		

预付款项——D工厂

期初余额	30 000		
期末余额	30 000		

4. 编制的会计分录如下：

(1) 借：应付账款——A工厂　50 000
　　贷：银行存款　50 000
(2) 借：在途物资　41 200
　　　应交税金——应交增值税(进项税额)　6 800
　　贷：应付账款——C工厂　48 000
(3) 借：在途物资　10 000
　　　应交税金——应交增值税(进项税额)　1 700
　　贷：应付账款——B工厂　11 700
(4) 借：应付账款——C工厂　13 000
　　贷：银行存款　13 000

有关账户的登记如下：

应付账款

(1)	50 000	期初余额	60 000(125 000－65 000)
(4)	13 000	(2)	48 000
		(3)	11 700
		期末余额	56 700

应付账款——A工厂

(1)	50 000	期初余额	78 000
		期末余额	28 000

应付账款——B工厂

		期初余额	47 000
		(3)	11 700

		期末余额	58 700

应付账款——C 工厂

期初余额	35 000	（2）	48 000
（4）	13 000		
期末余额	0		

应付账款——D 工厂

期初余额	30 000		
期末余额	30 000		

第七章

会计凭证

一、学习目的

本章重点介绍了会计核算的基本方法——填制和审核凭证。目的是使初学者明确会计凭证是进行会计核算的依据,掌握填制和审核会计凭证的基本技能。通过学习,应熟悉会计凭证的含义及种类,熟练掌握原始凭证和记账凭证的填制要求与填制方法。

二、关键概念

会计凭证　原始凭证　记账凭证　外来原始凭证　自制原始凭证　一次凭证　累计凭证　汇总原始凭证　记账编制凭证　专用记账凭证　收款凭证　付款凭证　转账凭证　复式记账凭证　汇总记账凭证　科目汇总表

三、本章重点难点

(一) 会计凭证

1. 概念

会计凭证是用以记录经济业务发生或完成情况的,明确经济责任,按照一定格式编制的作为记账依据的书面证明。

填制和审核会计凭证是会计核算工作的起点和基本环节,是对经济业务进行日常监督的重要环节,也是登记账簿的前提和依据。

2. 作用

主要表现在以下三个方面:

① 会计凭证是记录经济业务、提供账簿记录的依据;

② 会计凭证有利于明确经济责任,强化内部控制;

③ 会计凭证有利于监督经济活动,控制经济运行。

3. 种类

会计凭证按其用途和填制程序的不同可以分为原始凭证和记账凭证两大类。

原始凭证和记账凭证按不同的分类标准又可细分为如图 7 - 1 所示的各种凭证。

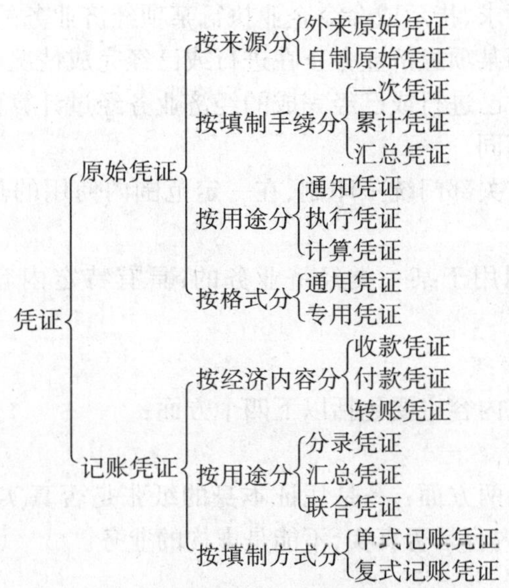

图 7 - 1　原始凭证和记账凭证的分类

（二）原始凭证

1. 概念

原始凭证俗称单据，是指在经济业务发生或完成时取得或填制的，用以记录或证明经济业务的发生或完成情况，并作为记账原始依据的书面证明，如发票、收据、材料入库单、领料单等。它是记账的原始依据，也是会计核算的重要资料。

2. 原始凭证的种类

（1）按不同的标准进行分类

外来原始凭证，也称外部原始凭证，是指经济业务发生或完成时，从其他单位或个人直接取得的原始凭证。

自制原始凭证，指由本单位经办业务的部门或人员，在执行或完成某项经济业务时根据所办理的经济业务自行填制的、仅供本单位内部使用的原始凭证。

（2）按其填制手续及内容不同

一次凭证指经济业务发生时，只记录一笔经济业务或同时记录若干项同类经济业务，并且填制手续是一次完成的原始凭证。

累计凭证指在一定时期内，在一张凭证上连续地记载若干项不断重复发生的同类经济业务，至期末按其累计数作为记账依据的自制原始凭证。

汇总原始凭证，也称原始凭证汇总表，是指对一定时期内反映相同性质经济业务的若干张原始凭证,按照一定方法汇总后另行填制的一种原始凭证。

(3) 其用途不同

通知凭证是指要求、指示或命令企业执行某项经济业务的原始凭证。

执行凭证是证明某项经济业务正在进行或已经完成情况的原始凭证。

计算凭证是指对已进行或已经完成的经济业务经过计算而编制的原始凭证。

(4) 按其格式不同

通用凭证指由有关部门统一印制、在一定范围内使用的具有统一格式和使用方法的原始凭证。

专用凭证指专门用于某一类经济业务的,具有特定内容和专门用途的原始凭证。

3. 原始凭证的审核

原始凭证的审核内容主要包括以下四个方面:

(1) 真实性审核

真实性审核包括两方面:一是凭证本身的纸张是否真实,比如发票有辨别真伪的标志;二是业务内容是否真实,不能是虚构的业务。

(2) 正确性审核

会计人员应审核原始凭证的摘要和数字是否填写清楚、准确,数量、单价、金额、合计数等有无差错,大写、小写金额是否相等。

(3) 合法性、合规性、合理性审核

会计人员应审核经济业务内容是否符合有关政策、法令、制度、合同等规定,是否符合审批权限和手续以及开支是否符合节约原则等。

(4) 完整性审核

会计人员应审核原始凭证填写的手续是否完备,项目是否填写齐全,有关经办人员是否都已签名或盖章,是否经过主管人员审批同意等。

4. 原始凭证错误的更正

(1) 原始凭证所记载的各项内容均不得涂改。

(2) 原始凭证记载内容有错误的,应当由出具单位重开或更正,并在更正处加盖出具凭证的单位印章。

(3) 原始凭证金额出现错误的,应当由原始凭证出具单位重新开具,不得在凭证上直接更正。

(4) 原始凭证开具单位应当依法开具准确无误的原始凭证。

(三) 记账凭证

1. 概念

记账凭证又称传票,是会计人员根据审核无误的原始凭证或原始凭证汇总表,按照经济业务的内容加以归类并填制的会计凭证。

2. 种类

记账凭证按记载经济业务内容的不同,可以分为收款凭证、付款凭证和转账凭证三种;按用途不同,可以分为分录凭证、汇总凭证和联合凭证三种;按填制方法不同,可以分为单式记账凭证和复式记账凭证。

3. 基本内容

基本内容包括：记账凭证的名称和编号;填制记账凭证的日期;填制单位的名称;经济业务的内容摘要;经济业务所涉及的会计科目(包括一级科目、二级或明细科目)、记账方向和金额;记账符号;所附原始凭证和其他资料的张数;会计主管人员、复核、记账和填制人员的签名或盖章,收付款凭证还要有出纳人员的签名或盖章。

4. 记账凭证的填制方法

(1) 收款凭证的填制

收款凭证左上角的"借方科目"按其所反映经济业务的性质填写"库存现金"或"银行存款"科目;日期应填列填制记账凭证的确切日期;右上角填写编制收款凭证的编号,可以编为"现收字第几号"或"银收字第几号",具体的编号一般可以在会计期初从 1 号开始编,到会计期末止。下一个会计期间再从 1 号编起。各月各类收款凭证不得有重号或漏号。"摘要"栏应填写对所记录的经济业务的简要说明;"贷方科目"填写与收入库存现金或银行存款相对应的会计科目;"记账"是指该凭证已登记账簿的标记,在"记账"栏划"✓"(也可在该栏中注明所记账户的账页数,以备查考)表示已经过账,防止经济业务所涉事项重记或漏记;"金额"是指该项经济业务的发生额;该凭证右边"附件×张"应填写本记账凭证所附原始凭证的张数;"会计主管""记账""出纳""审核""填制"等处,分别由有关责任人员签名或盖章,以明确经济责任。

(2) 付款凭证的填制

付款凭证的编制方法与收款凭证基本相同,只是左上角由"借方科目"换为"贷方科目",凭证中间的"贷方科目"换为"借方科目"。

(3) 转账凭证的填制

转账凭证多数项目的填制与收款凭证、付款凭证相同。

(4) 单式记账凭证的填制

单式记账凭证是把一笔经济业务所涉及的借方会计科目和金额、贷方会计科目和金额,分别填制记账凭证。单式记账凭证按照单独反映每项经济业务所涉及的会计科目及对应关系,又分为"借项记账凭证"和"贷项记账凭证"。

单式记账凭证中的编号为"分数编号法",只适用于单式记账凭证。在单式记账凭证的“分数编号法”中前面的整数表示业务的顺序号，分数中的分母表示这笔业务总共有几张记账凭证，分子表示这是第几张凭证。

(5) 审核

记账凭证的审核内容主要包括：内容是否真实，项目是否齐全，科目、金额等填制内容是否正确。注意以下几点：记账凭证是否附有原始凭证；记账凭证的应借、应贷的账户名称和金额是否正确；记账凭证的填制内容是否全面。

(四) 会计凭证的传递与保管

1. 传递程序

科学的凭证传递程序，应该是会计凭证沿着最快捷、最合理的流向运行。因此，在制定会计凭证传递程序时，应该注意以下三点：

① 要根据经济业务的特点、企业内部机构的设置和人员分工情况以及经营管理上的需要，恰当地规定各种会计凭证的联数与所必经的环节；

② 要根据有关部门与经办人员对经济业务办理必要手续的需要，确定会计凭证在各个环节停留的时间，保证经济业务手续的完成；

③ 建立严格的会计凭证交接和签收制度。

2. 保管

(1) 会计凭证的日常保管

会计凭证应及时传递，不得积压；登记完毕后，应按照分类和编号顺序保管，不得散乱和丢失。

对于各种记账凭证，应连同所附的原始凭证或原始凭证汇总表，按照编号顺序折叠整齐。

会计凭证原则上不得外借，如有特殊需要，须报请批准，但不得拆散原卷宗，并应限期归还。

从外单位取得的原始凭证如有遗失，应取得原签发单位盖有公章的证明，并注明原来凭证的号码、金额和内容等，由经办单位负责人批准后才能代作为原始凭证。

(2) 会计凭证的归档保管

会计凭证归档保管的主要方法和要求是：

① 会计部门在每月记账完毕，应将会计凭证加以归类整理，即把记账凭证及其所附的原始凭证，按记账凭证的编号顺序进行整理，在确保记账凭证及其所附的原始凭证完整无缺后，将其折叠整齐，加上封面、封底，装订成册，并在装订线上加贴封签，以防散失和任意拆装。在封面上要注明单位名称、凭证种类、所属年月、起讫日期、起讫号码、凭证张数等。会计主管或指定装订人员要在装订线封签处签名或盖章，然后入档保管；

② 如果在一个月内凭证过多，可以分册进行装订；

③ 装订成册的会计凭证应该集中保管,并指定专人负责,如需查阅时,要办理一定的手续;

④ 会计凭证的保管期限和销毁手续,必须严格执行会计制度规定;

⑤ 每年的会计凭证都应由会计部门按照归档要求,负责整理立卷或装订成册。

四、本章习题

(一) 简答题

1. 填制和审核会计凭证有何意义?
2. 会计凭证的种类有哪些?
3. 原始凭证的基本内容是什么?填制原始凭证的基本要求有哪些?
4. 记账凭证应具备哪些基本内容?填制记账凭证有哪些基本要求?
5. 记账凭证的审核内容有哪些?
6. 如何进行会计凭证的传递和保管?

(二) 单项选择题

1. 会计凭证是(　　)的依据。

A. 业务活动　B. 登记账簿　C. 编制报表　D. 原始凭证

2. 领料汇总表属于会计凭证中的(　　)。

A. 一次凭证　B. 累计凭证　C. 汇总原始凭证　D. 单式凭证

3. 原始凭证是(　　)。

A. 登记日记账的根据　B. 编制科目汇总表的根据

C. 编制记账凭证的根据　D. 登记总分类账簿的根据

4. 会计凭证分为原始凭证和记账凭证,其依据是(　　)。

A. 凭证的经济内容不同　B. 填制的程序和用途不同

C. 填制的方法不同　D. 凭证的格式不同

5. 经济业务发生或完成时取得或填制的凭证是(　　)。

A. 原始凭证　B. 记账凭证　C. 收款凭证　D. 付款凭证

6. 原始凭证和记账凭证的相同点是(　　)。

A. 反映经济业务的内容相同　B. 所起作用相同

C. 编制时间相同　D. 经济责任的当事人相同

7. 供货单位开具的发票,属于(　　)。

A. 自制原始凭证　B. 累计凭证　C. 外来原始凭证　D. 记账凭证

8. 下列不属于会计凭证的是(　　)。

A. 住宿费收据　B. 购销合同　C. 领料票　D. 发货票

9. 下列凭证中不能证明经济业务发生并据以编制记账凭证的有（　　）。

A. 材料入库单　　B. 收款单位开的依据

C. 已签字生效的购销合同　　D. 供应单位开的发票

10. 下列科目可能是收款凭证借方科目的是（　　）。

A. 材料采购　　B. 其他应收款　　C. 应收账款　　D. 银行存款

11. 原始凭证按其取得来源不同，可以分为（　　）。

A. 单式记账凭证和复式记账凭证　　B. 外来原始凭证和自制原始凭证

C. 一次凭证和累计凭证　　D. 收款凭证、付款凭证和转账凭证

12. 下列属于外来原始凭证的是（　　）。

A. 入库单　　B. 出库单

C. 银行收账通知单　　D. 发料汇总表

13. 下列业务应编制转账凭证的是（　　）。

A. 车间领用材料　　B. 支付购买材料价款

C. 收回出售材料款　　D. 支付材料运杂费

14. 收款凭证左上角“借方科目”应填列的会计科目是（　　）。

A. 银行存款　　B. 库存现金

C. 主营业务收入　　D. 银行存款或库存现金

15. 企业将库存现金存入银行应编制（　　）。

A. 银行存款收款凭证　　B. 库存现金付款凭证

C. 银行存款付款凭证　　D. 库存现金收款凭证

16. 下列科目可能是收款凭证贷方科目的是（　　）。

A. 其他应收款　　B. 制造费用　　C. 应收账款　　D. 坏账准备

17. 原始凭证金额有错误，应当采用（　　）。

A. 红字更正法　　B. 蓝字更正法

C. 划线更正法　　D. 由出具单位重开

18. 将记账凭证分为收款凭证、付款凭证、转账凭证的依据是（　　）。

A. 凭证填制的手续　　B. 凭证的来源

C. 凭证所反映的经济业务内容　　D. 所包括的会计科目是否单一

19. 会计凭证的传递是指（　　）。

A. 从取得到编制记账凭证过程中的传递

B. 从填制记账凭证到归档保管过程中的传递

C. 从取得原始凭证到登记账簿过程中的传递

D. 从填制记账凭证到编制会计报表过程中的传递

20. 会计凭证登账后的整理、装订和归档存查称为（　　）。

A. 会计凭证的保管　　B. 会计凭证的传递
C. 会计凭证的编制　　D. 会计凭证的销毁

（三）多项选择题

1. 下列属于一次原始凭证的有(　　)。
A. 限额领料单　B. 领料单　C. 领料登记表　D. 购货发票
E. 销货发票

2. 下列属于原始凭证的有(　　)。
A. 发出材料汇总表　　B. 汇总收款凭证
C. 购料合同　　D. 限额领料单
E. 收料单

3. 下列属于自制原始凭证的有(　　)。
A. 收料单　B. 领料单　C. 工资结算单　D. 付款凭证
E. 销货发票

4. 下列凭证中,属于汇总原始凭证的有(　　)。
A. 发料汇总表　　B. 制造费用分配表
C. 发货票　　D. 库存现金收入汇总表
E. 工资结算汇总表

5. 记账凭证编制的依据可以有(　　)。
A. 收、付款凭证　B. 一次凭证　C. 累计凭证　D. 汇总原始凭证
E. 转账凭证

6. 付款凭证左上角可填制的会计科目有(　　)。
A. 库存现金　B. 应收账款　C. 银行存款　D. 实收资本
E. 应付账款

7. 填制原始凭证时应做到(　　)。
A. 遵纪守法　B. 记录真实　C. 填写认真　D. 内容完整
E. 会计科目正确

8. 企业购入材料一批,货款已付,材料验收入库,则应编制的全部会计凭证有(　　)。
A. 收料单　B. 累计凭证　C. 收款凭证　D. 付款凭证
E. 转账凭证

9. 转账凭证属于(　　)。
A. 记账凭证　　B. 专用记账凭证
C. 会计凭证　　D. 复式记账凭证
E. 通用记账凭证

10. 涉及库存现金与银行存款相互划转的业务应编制的记账凭证有(　　)。

A. 库存现金收款凭证　　B. 库存现金付款凭证

C. 银行存款收款凭证　　D. 银行存款付款凭证

E. 转账凭证

11. 原始凭证审核时应注意下列几方面内容(　　)。

A. 凭证反映的业务是否合法　　B. 所运用的会计科目是否正确

C. 凭证上各项目是否填列齐全完整　　D. 各项目的填写是否正确

E. 数字计算有无错误

12. 下列科目中可能成为付款凭证借方科目的有(　　)。

A. 库存现金　　B. 银行存款　　C. 应付账款　　D. 应交税费

E. 销售费用

13. 收款凭证和付款凭证是(　　)。

A. 登记库存现金、银行存款日记账的依据

B. 编制报表的直接依据

C. 调整和结转有关账项的依据

D. 成本计算的依据

E. 出纳人员办理收、付款项的依据

14. 下列凭证中,属于复式记账凭证的有(　　)。

A. 单科目凭证　　B. 收款凭证　　C. 付款凭证　　D. 转账凭证

E. 通用记账凭证

15. 下列属于外来凭证的有(　　)。

A. 购入材料的发票　　B. 出差住宿费收据

C. 银行结算凭证　　D. 收款凭证

E. 转账凭证

16. 记账凭证的编号方法有(　　)。

A. 顺序编号法　　B. 分类编号法

C. 奇偶数编号法　　D. 任意编号法

E. 分数编号法

17. 记账凭证应该是(　　)。

A. 由经办业务人员填制的　　B. 由会计人员填制的

C. 在经济业务发生时填制的　　D. 登记账簿的直接依据

E. 根据审核无误的原始凭证填制的

18. 自制原始凭证按其填制程序和内容不同,可以分为(　　)。

A. 外来凭证　　B. 一次凭证

C. 累计凭证　　D. 汇总原始凭证

E. 记账编制凭证

19. 外来原始凭证应该是(　)。

A. 从企业外部取得的　　B. 由企业会计人员填制的

C. 一次凭证　　D. 盖有填制单位公章的

E. 累计凭证

20. 会计凭证的保管应做到(　　)。

A. 定期归档以便查阅　　B. 查阅会计凭证要有手续

C. 由企业自行销毁　　D. 保证会计凭证的安全完整

E. 办理了相关手续后方可销毁

(四) 判断题

1. 会计凭证按其经济业务内容不同,可分为原始凭证和记账凭证两大类。(　　)

2. 一次凭证是指只反映一项经济业务的凭证,如"领料单"。(　　)

3. 收、付款的记账凭证可以不由出纳人员签名或盖章。(　　)

4. 累计凭证是指在一定时期内连续记载若干项同类经济业务,其填制手续是随着经济业务发生而分次完成的凭证,如"限额领料单"。(　　)

5. 在一项经济业务中,如果既涉及库存现金和银行存款的收付,又涉及转账业务,应同时填制收(或付)款凭证和转账凭证。(　　)

6. 原始凭证是登记日记账、明细账的依据。(　　)

7. 将记账凭证分为收款凭证、付款凭证、转账凭证的依据是凭证填制的手续和凭证的来源。(　　)

8. 根据账簿记录和经济业务的需要而编制的自制原始凭证是记账编制凭证。(　　)

9. 会计凭证登账后的整理、装订和归档 2 年后可销毁。(　　)

10. 根据一定期间的记账凭证全部汇总编制的凭证如"科目汇总表"是一种累计凭证。(　　)

(五) 业务题

甲企业 2015 年 11 月份发生下列经济业务:

1. 2 日,从银行提取库存现金 20 000 元。

2. 2 日,甲产品实现销售收入 500 元,增值税率为 17%,价税合计共收到现金 585 元,全部存入银行。

3. 3 日,收到星光公司偿还前欠货款 6 200 元,存入银行。

4. 6 日,采购员李强出差回来报销差旅费 480 元,交回现金 20 元。

5. 6 日,以银行存款支付煤气费 610 元。

6. 7 日,一车间领用 A 材料 16 000 元,用以生产甲产品。

7. 8 日,向海天公司购入 B 材料 55 000 元,增值税 9 350 元,货款暂欠(材料以实际成本计价)。

8. 9 日,销售给新华公司乙产品 32 000 元,增值税税率 17%,货款尚未收到。

要求:根据上列经济业务填制记账凭证。

五、参考答案

(一) 简答题

略

(二) 单项选择题

1. B 2. C 3. C 4. B 5. A 6. A 7. C 8. B 9. C 10. D 11. B 12. C 13. A 14. D 15. B 16. C 17. D 18. C 19. B 20. A

(三) 多项选择题

1. BDE 2. ADE 3. ABC 4. ADE 5. AE 6. AC 7. ABCD 8. ADE 9. ABCD 10. BD 11. ACDE 12. ABCDE 13. AE 14. BCDE 15. ABC 16. ABE 17. BDE 18. BCDE 19. ACD 20. ABDE

(四) 判断题

1. × 2. × 3. × 4. ✓ 5. ✓ 6. ✓ 7. × 8. ✓ 9. × 10. ×

(五) 业务题

1.

付款凭证

贷方科目:银行存款　　　　2015 年 11 月 2 日　　　　银付字第 1 号

摘要	应借科目		✓	金额										
	一级科目	二级明细科目		亿	千	百	十	万	千	百	十	元	角	分
提现	库存现金							2	0	0	0	0	0	0
合计							¥	2	0	0	0	0	0	0

附件共 1 张

会计主管　　　　记账　　　　出纳　　　　复核　　　　制单

(注:从银行存款提取库存现金时,只编制银行存款付款凭证)

2.

收款凭证

借方科目：库存现金　　　　2015 年 11 月 2 日　　　　现收字第 1 号

摘要	应贷科目		✓	金额										
	一级科目	二级明细科目		亿	千	百	十	万	千	百	十	元	角	分
销售产品	主营业务收入	甲产品								5	0	0	0	0
	应交税费	应交增值税(销项税额)									8	5	0	0
合计									￥	5	8	5	0	0

附件共1张

会计主管　　记账　　出纳　　复核　　制单

付款凭证

贷方科目：库存现金　　　　2015 年 11 月 2 日　　　　现付字第 1 号

摘要	应贷科目		✓	金额										
	一级科目	二级明细科目		亿	千	百	十	万	千	百	十	元	角	分
库存现金交存银行	银行存款									5	8	5	0	0
合计									￥	5	8	5	0	0

附件共1张

会计主管　　记账　　出纳　　复核　　制单

（注：将库存现金送存银行时，只编制库存现金付款凭证）

3.

收款凭证

借方科目：银行存款　　　　2015 年 11 月 3 日　　　　银收字第 1 号

摘要	应贷科目		✓	金额										
	一级科目	二级明细科目		亿	千	百	十	万	千	百	十	元	角	分
收回货款	应收账款	星光公司							6	2	0	0	0	0
合计								￥	6	2	0	0	0	0

附件共1张

会计主管　　记账　　出纳　　复核　　制单

4.

转账凭证

2015 年 11 月 6 日　　　　转字第 1 号

摘要　报销差旅费															
借方科目			贷方科目			金　额									
一级科目	二级和明细科目	✓	一级科目	二级和明细科目	✓	千	百	十	万	千	百	十	元	角	分
管理费用	差旅费	✓									4	8	0	0	0
			其他应收款	李　强	✓						4	8	0	0	0
合　计										¥	4	8	0	0	0

附件共1张

会计主管　　记账　　出纳　　复核　　制单

收款凭证

借方科目：库存现金　　2015 年 11 月 6 日　　现收字第 2 号

摘　要	应贷科目		✓	金　额										
	一级科目	二级明细科目		亿	千	百	十	万	千	百	十	元	角	分
报销差旅费收回库存现金	其他应收款	李　强									2	0	0	0
合　计										¥	2	0	0	0

附件共1张

会计主管　　记账　　出纳　　复核　　制单

5.

付款凭证

贷方科目：银行存款　　2015 年 11 月 6 日　　银付字第 2 号

摘　要	应贷科目		✓	金　额										
	一级科目	二级明细科目		亿	千	百	十	万	千	百	十	元	角	分
支付煤气费	管理费用	煤气费								6	1	0	0	0
合　计									¥	6	1	0	0	0

附件共1张

会计主管　　记账　　出纳　　复核　　制单

6.

转账凭证

2015 年 11 月 7 日　　　　转字第 2 号

摘要　领用、投入材料

借方科目		✓	贷方科目		✓	金额									
一级科目	二级和明细科目		一级科目	二级和明细科目		千	百	十	万	千	百	十	元	角	分
生产成本	甲产品	✓							1	6	0	0	0	0	0
			原材料	A 材料	✓				1	6	0	0	0	0	0
合　计								¥	1	6	0	0	0	0	0

附件共1张

会计主管　　记账　　出纳　　复核　　制单

7.

转账凭证

2015 年 11 月 8 日　　　　转字第 3 号

摘要　购入材料,货款暂欠

借方科目		✓	贷方科目		✓	金额									
一级科目	二级和明细科目		一级科目	二级和明细科目		千	百	十	万	千	百	十	元	角	分
在途物资	B 材料	✓							5	5	0	0	0	0	0
应交税费	应交增值税(进项税额)	✓								9	3	5	0	0	0
			应付账款	海天公司	✓				6	4	3	5	0	0	0
合　计								¥	6	4	3	5	0	0	0

附件共1张

会计主管　　记账　　出纳　　复核　　制单

8.

转账凭证

2015 年 11 月 9 日　　　　转字第 4 号

摘要　赊销乙产品

借方科目		✓	贷方科目		✓	金额									
一级科目	二级和明细科目		一级科目	二级和明细科目		千	百	十	万	千	百	十	元	角	分
应收账款	新华公司	✓							3	7	4	4	0	0	0
			主营业务收入	乙产品	✓				3	2	0	0	0	0	0
			应交税费	应交增值税(销项税额)	✓					5	4	4	0	0	0
合　计								¥	3	7	4	4	0	0	0

附件共1张

会计主管　　记账　　出纳　　复核　　制单

第八章

会计账簿

一、学习目的

本章重点介绍了会计核算的基本方法——登记账簿。目的是要使初学者了解会计账簿的有关知识,掌握运用账簿登记经济业务的基本技能。通过学习应了解会计账簿的含义、会计账簿的设置原则和会计账簿的种类。熟练掌握序时账簿、分类账簿的格式及其登记方法,账簿的登记规则,错账的更正方法和结账与对账的方法等。

二、关键概念

账簿　序时账簿　分类账簿　备查账簿　特种日记账　平行登记　划线更正法　红字更正法　补充登记法　结账　对账

三、本章重点难点

(一) 会计账簿的定义

会计账簿是由一定格式的账页按一定形式组成,并以审核无误的会计凭证为依据,对全部经济业务进行全面、系统、连续、分类记录和核算的会计簿籍(或称账本)。

(二) 会计账簿的启用

为了保证账簿记录的严肃性和合法性,明确记账责任、保证资料完整,启用会计账簿时应在账簿的扉页上填列"账簿启用和经营人员一览表",详细载明单位名称、账簿编号、账簿册数、账簿共计页数和启用日期,并加盖单位公章,经营人员(包括会计主管人员、复核和记账人员)均应在账簿上加盖印章。

(三) 会计账簿的设置原则

一般说来,设置账簿应当遵循下列原则:

1. 账簿的设置应能全面、系统地核算和监督各单位的经济活动情况,为经营管理提供系统、连续的核算资料;

2. 在满足实际需要的前提下,尽量简化设置;

3. 账簿的格式,要按照所记录经济业务的内容和需要提供的核算指标进行设计,力求简便实用,避免繁琐重复。

(四) 会计账簿的分类

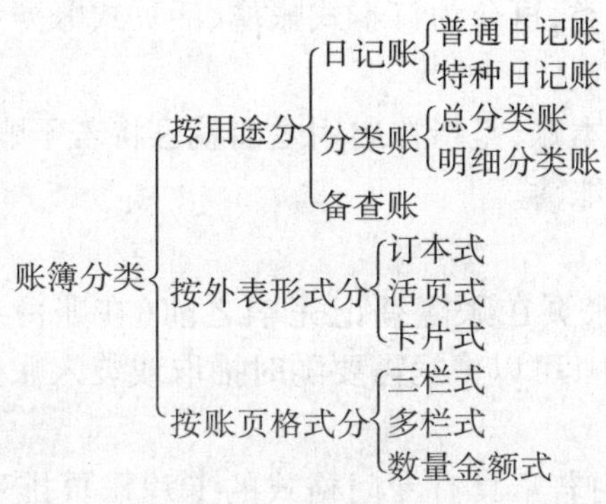

图 8-1 账簿的分类

1. 日记账、分类账和备查账

账簿按其用途分类,可以分为日记账、分类账、备查账。

(1) 日记账

日记账也称序时账,是按照各项经济业务发生或完成时间的先后顺序逐日逐笔进行登记的账簿。日记账按其记录的经济业务内容不同又分为普通日记账和特种日记账两种。

① 普通日记账也称通用日记账,是用来登记各单位全部经济业务发生情况的日记账,故普通日记账也称分录日记账或分录簿。

② 特种日记账是指用来记录某一特定经济业务发生情况的日记账,将该类经济业务按发生的先后顺序逐笔记入账簿中,以反映和监督某一类经济业务的发生及由此引起的某类资金增减变动和结存情况。我国大多数单位一般只设现金日记账和银行存款日记账。

(2) 分类账

分类账是对各项经济业务按照账户进行分类登记的账簿。分类账按其反映经济业务内容详细程度的不同,又分为总分类账和明细分类账。

① 总分类账简称"总账",它是根据总分类科目(一级科目)设置的,用来分类登记并集中反映会计主体全部经济业务,提供会计要素总括核算资料的会计账簿。

② 明细分类账简称"明细账",它是根据某个总分类科目所属二级或明细分类科目开设的,用以分类登记某类经济业务和具体反映某类资金增减变化和结存情况的明细核算资料。

(3) 备查账

备查账也称"备查簿"或"辅助账簿",是对在日记账和分类账等主要账簿中未能记录或记录不全的经济业务进行补充登记以备查收的账簿。

2. 订本式账簿、活页式账簿和卡片式账簿

账簿按外表形式分类,可分为订本式账簿、活页式账簿和卡片式账簿三种。

(1) 订本式账簿

订本式账簿简称订本账,是指在启用之前就已将若干账页固定地装订成册,并对账页进行连续编号的账簿。

(2) 活页式账簿

活页式账簿,是指账页在账簿登记完毕之前(在账簿启用前)并不装订在一起,而是装在活页账夹中,可以根据需要随时抽取或装入账页的账簿。

(3) 卡片式账簿

卡片式账簿,是指由若干具有专门格式的卡片账页排列在卡片箱中组成的账簿,它是将账户所需格式印刷在硬卡上。

3. 三栏式账簿、多栏式账簿、数量金额式账簿

账簿按账页格式分类,可分为三栏式账簿、多栏式账簿、数量金额式账簿。

(1) 三栏式账簿

三栏式账簿是指按经济业务的数量变化及其结果,在账簿里分别开设借方、贷方、余额三个基本栏目的账簿。

(2) 多栏式账簿

多栏式账簿是在账簿的两个基本栏目(借方和贷方)中按需要在账页中设置三个以上金额栏的账簿。

(3) 数量金额式账簿

数量金额式账簿是指在账簿中既有金额栏,又有反映实物数量的栏目。数量金额式账簿适用于财产物资明细账,如原材料、库存商品、产成品等明细账一般都采用数量金额式账簿。

(五) 会计账簿的登记原则

会计账簿的登记有以下八项原则。

1. 文字和数字一般只占格距的二分之一,不要写满格。

2. 不得刮、擦、挖、补、随意涂改或用褪色药水更改字迹。

3. 登记账簿要用蓝黑墨水或者碳素墨水书写,不得使用圆珠笔或者铅笔书写。

4. 用红色墨水记账只限于下列情况:根据红字冲账的记账凭证,冲销错误记录;在只设借方或贷方专栏的账页中,登记减少数;在三栏式账户的余额栏前,如未

标明余额方向，在余额栏内登记负数余额；统一会计制度规定的其他内容。

5. 跳行、隔页的处理，如果发现跳行、隔页，应该将空行、空页划线注销（红线）；注明“此行空白”“此页空白”字样，并由记账人员盖章。

6. 账簿登记完毕后，应在记账凭证“过账”栏内注明账簿的页数或注明“✓”符号，表示已经登记入账，并在记账凭证上签名或盖章。

7. 各账户结出余额后，其方向应在“借或贷”栏内写明“借”或“贷”。

8. 连续登记的要求有：每一账页登记完毕，应在账页的最末一行加计本页发生额及余额，并在摘要栏内注明“过次页”，同时在新账页的首行记入上页加计的发生额和余额，并在摘要栏内注明“承前页”。如果不需要结计累计数额的，可以只将每页末的余额转至次页。对需要结计本月发生额的账户，结计“过次页”的本页合计数应当为自月初起至本页止的发生额合计数；对需要结计本年累计发生额的账户，结计“过次页”的本页合计数应当为自年初起至本页末止的累计数。

（六）会计账簿的登记方法

1. 日记账的登记方法

日记账属于序时账，特别强调按照经济业务发生的先后顺序逐日逐笔进行登记。

（1）普通日记账的设置和登记

普通日记账为两栏式，由记账人员根据经济业务的内容逐笔登记，除了登记日期、凭证号、借贷方科目和金额外，还需在摘要栏说明经济业务的内容。如果分类账是根据日记账登记的，则在记账后应在日记账的过账页栏中说明分类账的页数。“✓”表示已经记过账了，以避免重复记账或漏记账。

（2）特种日记账的设置和登记

按我国现行会计制度规定，企业、事业等单位都要设置现金日记账和银行存款日记账。

① 现金日记账的登记。

可采用三栏式账簿，日期栏根据记账凭证的日期登记；凭证号码栏登记入账的收、付款凭证的种类和编号；凭证栏还应登记凭证的编号，便于查账和核对；对方科目栏登记库存现金收入、支出对应的科目，其作用在于了解经济业务的来龙去脉；摘要栏用以说明登记入账的经济业务的内容，要求文字简练、说明清楚；收入、支出栏登记每笔业务涉及库存现金增加和减少的金额。

② 银行存款日记账的登记。

可采用三栏式账页。日期栏根据记账凭证的日期登记；凭证号码栏登记入账的收付款凭证的种类和编号（与现金日记账的登记方法一致）；对方科目栏登记银行存款收入和支出所对应的科目;摘要栏用以说明登记入账的经济业务的内容,文字要简练、概括;收入、支出栏登记每笔业务涉及银行存款的增加和减少的金额。

银行存款日记账可以根据需要按银行存款收入和银行存款支出分别开设多栏式“银行存款收入日记账”和“银行存款支出日记账”。其登记方法与“现金收入日记账”和“现金支出日记账”相同。

③ 转账日记账其格式与普通日记账相同。企业一般不单独设立转账日记账。

2. 分类账的登记方法

(1) 总分类账的设置与登记

总分类账簿一般采用订本式账簿,常见的格式有三栏式和多栏式两种。

① 三栏式总分类账的格式和登记方法。

三栏式总分类账簿的左上方的会计科目后面填列所开设总分类账的一级会计科目名称;日期栏的年、月、日的记录方法与日记账中相同;凭证号码一般在记账后填制;摘要栏应注明影响本科目增减的原因。借(贷)方金额栏登记每笔业务的发生使该账户应在借方或贷方登记的发生额;根据每个日期的账户余额来决定“借或贷”栏的记账方向;余额栏用以记载账户在截至某一时刻(或某一笔业务发生后)的余额是多少。

② 多栏式总分类账的格式和登记方法。

多栏式总分类账是将整个企业的全部总账科目并列在一张账页上,而每个科目的记录又是按照业务发生时间的先后顺序登记的。

(2) 明细分类账的设置和登记

明细分类账是总分类账的明细记录,是按二级科目或明细科目设置的账簿,应根据记账凭证和原始凭证登记。根据经济业务性质的不同,明细分类账可分别采用三栏式、数量金额式、多栏式和平行式等不同格式的账页。明细分类账一般采用活页式账簿。

① 三栏式明细分类账。

三栏式明细分类账适用于只需进行金额计算,不需进行数量核算的债权、债务结算账户。每一明细科目设置一张账页。其格式与三栏式总分类账的格式是一致的,在账页中只设有“借方”“贷方”“余额”三个金额栏。

② 数量金额式明细分类账。

数量金额式明细分类账是在“收入”“支出”和“结存”栏内分别设置“数量”“单价”和“金额”栏目,分别登记实物的数量、单价和金额。

③ 多栏式明细分类账。

多栏式明细分类账簿填列方法,除“借方”或“贷方”各专栏的金额是根据记账凭证的明细及附件资料分析计算填列外,其他栏目的登记方法都与前述各账簿的登记相同。

按照明细分类账登记的经济业务不同,多栏式明细分类账簿又分为借方多栏式明细分类账、贷方多栏式明细分类账、借贷方多栏式明细账、平行式明细分类账四种格式。

(3) 总分类账户和明细分类账户的平行登记

在取得会计凭证后,要同时登记总分类账户和明细分类账户,这种方法称为平行登记。

平行登记是指对所有发生的经济业务以会计凭证为依据,一方面计入有关总分类账户,另一方面计入有关总分类账户所属的明细分类账户。在平行登记时要注意以下要点:依据相同、方向相同、期间相同、金额相同。总分类账户和其所属的明细分类账户平行登记所形成的有关数字必然相等,我们可以依此定期核对双方有关数字,用来检查账户的记录是否正确。

(七) 错账更正方法

更正错账的常用方法有划线更正法、红字更正法和补充登记法三种。

1. 划线更正法

适用于记账凭证没有错误,而登记账簿时发生金额错误的情况。分为三个步骤:一是划红线,即用一条红线划去错误的数字,表示注销。二是进行更正,即在红线上方空白处用蓝字或黑字填写正确的数字。三是盖章,即在划线处加盖记账员图章,以示负责。

2. 红字更正法

适用于记账凭证发生错误(包括金额或账户错误),进而导致账簿发生错误的情况;也适用于记账凭证和账簿上借贷方向和科目均正确,只是金额多计的情况。分为两个步骤:首先,用红字填制一张内容与错误凭证会计分录相同的记账凭证,并在凭证“摘要”栏中注明“冲销×字第×号错误凭证”并用红字金额把该记账凭证记入有关账簿,以冲销原来的错误记录,然后再用蓝字编制一张正确会计分录的记账凭证,在“摘要”栏中注明“更正×字第×号错误凭证”,并据以记入有关账簿。

如果记账凭证中会计科目、借贷方向均未发生错误,但所记录金额大于应记金额,可以将正确金额与错误金额之差填制一张红字凭证,将错误部分冲销。此种更正方法也可以称为差额冲正法。

3. 补充登记法

在更正时,只要用蓝字填制一张记账凭证,金额为应记金额与所记金额的差额,并且在记账凭证的“摘要”栏中注明“补记×字第×号凭证少计数”字样,并据此登记入账。

（八）对账和结账

1. 对账

对账的主要内容包括账证核对、账账核对、账实核对和账表核对。

① 账证核对是指将各种账簿记录与所附的记账凭证和原始凭证核对。

② 账账核对是指总分类账中全部账户的期末借方余额合计数应与全部账户的期末贷方余额合计数核对相符；总分类账中各个账户的期末余额应与其所属明细分类账户的期末余额合计数核对相符；现金日记账、银行存款日记账的期末余额应分别与现金总账、银行存款总账的期末余额核对相符；各种财产物资明细分类账的期末余额应该同财产物资保管和使用部门的财产物资明细账的储存数核对相符。

③ 账实核对是指对各种财产物资和结算款项的账面余额与其实存数额进行核对。包括：现金日记账的账面余额应与现金实存数核对相符；银行存款日记账的账面余额应与银行对账单核对相符；各种应收、应付款项明细分类账的账面余额应与有关债务人、债权人的相关账面金额核对相符；各种财产物资明细分类账的账面金额应与材料、物资实存数核对相符。

④ 账表核对是指对账簿的有关记录与会计报表的有关指标进行核对。

2. 结账

结账是指把在一定时期（月度、季度、半年度、年度）内所发生的经济业务全部登记入账的基础上，结算出各种账簿的本期发生额和期末余额的一项工作，包括虚账户（收入、费用等损益类账户）的结清和实账户（资产、负债、所有者权益类账户）的结转，为编制会计报表做好准备。

（1）结账程序

① 将本期发生的经济业务全部登记入账。

② 按权责发生制的要求进行账项调整，包括应计收入的账项调整；应计费用的账项调整；收入分摊的账项调整；费用分摊的账项调整。

③ 办理其他转账业务。

④ 结算实账户的发生额与余额。

在上述调整的基础上，结算出本期所有实账户的发生额和余额。

（2）结账方法

结账主要包括月结、季结和年结，分别采用不同的方法结账：

① 对不需要按月结计本期发生额的账户，如各种应收款项、应付款项的明细账和财产物资的明细账等，月末结账时只需要在最后一笔经济业务记录下通栏划单红线表示结账。

② 对需要按月结计本期发生额的账户，如现金、银行存款日记账和收入、费用

等明细账，每月结账时，需要在最后一笔经济业务记录下，结出本月发生额及余额，在摘要栏注明“本月合计”字样，并在这一栏的上下通栏划单红线。

③ 对需要结计本年累计发生额的账户，如收入、费用等明细账户，每月结账时应在“本月合计”行下增加一栏结出自年初到本月末止的累计发生额，在摘要栏注明“本年累计”字样，并在下面通栏划单红线，当 12 月月末时，“本年累计”就是全年累计发生额，则在全年累计发生额下通栏划双红线。

④ 对只需要结出月末余额的账户，如各类总分类账户，年终时要结出全年发生额和年末余额，在摘要栏注明“本年合计”字样，并在该栏下通栏划双红线。

四、本章习题

（一）简答题

1. 为什么设置账簿？账簿的作用是什么？

2. 账簿按用途可以分为哪几类？按外表形式可分为哪几类？其优缺点各是什么？

3. 明细分类账有哪几种格式？各种格式的明细分类账的适应条件各是什么？

4. 账簿的启用规则有哪些？登记规则有哪些？

5. 什么是结账？结账包括哪些内容？

6. 三种错账的更正方法各适用的条件是什么？各怎样应用？

7. 什么是对账？对账包括哪些内容？

8. 什么是账簿的更换？如何进行账簿的更换？

（二）单项选择题

1. 库存现金和银行存款等货币资金日记账一般采用（　　）账簿。

A. 活页式　　B. 订本式　　C. 卡片式　　D. 备查登记簿

2. “原材料”明细分类账户一般采用的账页格式是（　　）。

A. 三栏式　　B. 横线式　　C. 多栏式　　D. 数量金额式

3. 多栏式明细分类账适用于（　　）。

A. 应收账款明细账　　B. 产成品明细账

C. 材料采购明细账　　D. 原材料明细账

4. 应在存货分类账簿中登记的事项是（　　）。

A. 租入一台机器设备　　B. 采购原材料一批

C. 购入一台机器设备　　D. 销售产成品一批

5. 银行存款日记账的收入方除了根据银行存款凭证登记外，有时还要根据（　　）登记。

A. 银行存款付款凭证　　B. 转账凭证

C. 现金付款凭证　　D. 现金收款凭证

6. 多栏式账页格式一般适用于(　　)明细分类账户的登记。

A. 资产类　　B. 费用类

C. 负债类　　D. 所有者权益类

7. "生产成本"明细账应该采用的格式是(　　)。

A. 三栏式　　B. 多栏式　　C. 数量金额式　　D. 任意格式

8. 总分类账的外表形式适用于(　　)。

A. 订本式　　B. 活页式　　C. 多栏式　　D. 数量金额式

9. 可以采取数量金额式账页的是(　　)。

A. 生产成本明细账　　B. 产品销售成本明细账

C. 材料采购明细账　　D. 产成品明细账

10. 不可以采用三栏式账页的是(　　)。

A. 总账　　B. 应付账款明细账

C. 原材料明细账　　D. 现金日记账

11. 必须逐日逐笔登记的账簿是(　　)。

A. 明细账　　B. 备查账　　C. 日记账　　D. 总账

12. 记账凭证上记账栏中的"✓"记号表示(　　)。

A. 此凭证编制正确　　B. 不需要登记入账

C. 此凭证作废　　D. 已经登记入账

13. "应交税费——应交增值税"明细账应该采用的格式是(　　)。

A. 借方多栏式　　B. 贷方多栏式

C. 借方贷方多栏式　　D. 三栏式

14. "营业外收入"明细账应该采用的格式是(　　)。

A. 三栏式　　B. 多栏式　　C. 数量金额式　　D. 任意格式

15. 总分类账与特种日记账的外表形式应该采用(　　)。

A. 活页式　　B. 卡片式

C. 订本式　　D. 任意外表形式

16. 如果记账时误将800元填写为8 000元,而记账凭证无误,应用(　　)予以更正。

A. 划线更正法　　B. 红字更正法　　C. 补充登记法　　D. 平等登记法

17. 下列科目的明细账格式应采用"借方多栏式"的是(　　)。

A. 营业外收入　　B. 应交税费　　C. 原材料　　D. 营业外支出

18. 将账簿划分为序时账簿、分类账簿、备查账簿的依据是(　　)。

A. 账簿的登记方式　　B. 账簿的用途

C. 账簿登记的内容　　D. 账簿的外表形式

19. 序时账簿按其记录内容的不同可以分为(　　)。

A. 现金日记账和普通日记账　　B. 普通日记账和日记总账

C. 普通日记账和特种日记账　　D. 三栏式日记账和多栏式日记账

20. 期末根据账簿记录,计算并记录出各账户的本期发生额和期末余额,在会计上称为(　　)。

A. 对账　　B. 结账　　C. 调账　　D. 查账

(三) 多项选择题

1. 账簿按其外形分为(　　)。

A. 总分类账簿　　B. 订本账簿　　C. 活页账簿　　D. 卡片账簿

E. 明细分类账簿

2. 对账工作主要包括(　　)。

A. 账簿记录与记账凭证核对　　B. 总账与明细账核对

C. 总账与日记账核对　　D. 现金日记账与库存现金核对

E. 原始凭证与记账凭证核对

3. 数量金额式明细分类账一般适用于下列哪些账户的登记(　　)。

A. 应付账款　　B. 原材料　　C. 库存商品　　D. 制造费用

E. 管理费用

4. 账簿记录中,下列(　　)可以用红笔。

A. 采用红字更正法,冲销错误记录

B. 期末结账时,划通栏红线

C. 在不设借方或贷方专栏的多栏式账页中,登记减少金额

D. 对金额重大的业务,用红字更正

E. 对金额较小的业务,用红字更正

5. 企业到银行提取库存现金500元,此项业务应登记(　　)。

A. 现金日记账　　B. 银行存款日记账

C. 现金总账　　D. 银行存款总账

E. 备查账

6. 可以作为库存现金日记账登记依据的有(　　)。

A. 现金收款凭证　　B. 现金付款凭证

C. 银行存款收款凭证　　D. 银行存款付款凭证

E. 转账凭证

7. 多栏式明细分类账又可以分为(　　)。

A. 借方多栏式明细账　　B. 贷方多栏式明细账

C. 借方贷方多栏式明细账　　D. 对方科目多栏式明细账

E. 全部科目多栏式明细账

8. 可使用红字登记法更正差错的情况有(　　)。

A. 记账凭证无误,账簿记录错误

B. 发现记账凭证中应借、应贷方向错误,科目金额都不正确,导致账簿记录错误

C. 发现记账凭证中应借、应贷科目有错,金额正确,导致账簿记录错误

D. 发现记账凭证中应借、应贷科目无错,金额多记,导致账簿记录错误

E. 发现记账凭证中应借、应贷科目无错,金额少记,导致账簿记录错误

9. 在会计工作中红色墨水可用于(　　)。

A. 记账　　B. 结账　　C. 对账　　D. 冲账

E. 算账

10. 会计上允许使用的更正错误的方法有(　　)。

A. 划线更正法　　B. 红字更正法　　C. 补充更正法　　D. 涂改液修正

E. 刮擦挖补

11. 账簿按用途不同可分为(　　)。

A. 序时账簿　　B. 分类账簿　　C. 联合账簿　　D. 备查账簿

E. 活页式账簿

12. 总账和明细账之间的登记应该做到(　　)。

A. 登记的原始依据相同　　B. 登记的方向相同

C. 登记的金额相同　　D. 登记的人员相同

E. 登记的时点相同

13. 对账的内容包括(　　)。

A. 账证核对　　B. 账表核对　　C. 表表核对　　D. 账账核对

E. 账实核对

14. 多栏式明细账适用于(　　)。

A. 材料采购明细分类核算　　B. 其他应收款明细分类核算

C. 营业外支出明细分类核算　　D. 生产成本明细分类核算

E. 主营业务收入明细分类核算

15. 记账后发现记账凭证中应借、应贷会计科目准确,只是金额发生错误,可以用的更正方法有(　　)。

A. 划线更正法　　B. 横线登记法　　C. 红字更正法　　D. 补充登记法

E. 金额更正法

16. 下列内容可以采用三栏式明细账的有(　　)。

A. 其他应收款 B. 其他应收款 C. 应收账款 D. 短期借款
E. 原材料

17. 明细分类账的登记依据可以是( )。
A. 原始凭证 B. 汇总原始凭证 C. 记账凭证 D. 汇总记账凭证
E. 科目汇总表

18. 现金日记账的登记依据有( )。
A. 现金付款凭证 B. 现金收款凭证
C. 转账凭证 D. 汇总现金收款凭证
E. 银行存款付款凭证

19. “账簿启用和经管人员一览表”的基本内容包括( )。
A. 启用日期 B. 账簿页数
C. 账户目录及编号 D. 账簿交接时间

20. 下列总分类账户所属的明细账采用借、贷多栏式账页格式的有( )。
A. 材料采购 B. 本年利润
C. 生产成本 D. 应交税费——应交增值税
E. 应付账款

(四) 判断题

1. 在整个账簿体系中,日记账簿和分类账簿是主要账簿,备查账簿为辅助账簿。 ( )

2. 三栏式账簿一般适用于费用、成本等明细账。 ( )

3. 为简化记账手续,可以将银行对账单代替银行存款日记账。 ( )

4. 企业对代销的商品,可以设置备查账簿进行登记。 ( )

5. 明细账必须逐日逐笔登记,总账必须定期汇总登记。 ( )

6. 记账时,可用蓝黑墨水、碳素墨水书写,也可用圆珠笔或铅笔书写,但不得使用红色水笔书写。 ( )

7. 分类账簿是对全部业务按收款业务、付款业务和转账业务进行分类登记的账簿。 ( )

8. 采用划线更正法时,对错误的文字和数字,应只划去错误的部分进行改正。 ( )

9. 总分类账、现金及银行存款日记账一般都采用活页式账簿。 ( )

10. 为了加强对经营租入的固定资产的管理,记录租入、使用、归还情况,企业需要开设分类账簿进行核算。 ( )

(五) 账务处理题

1. 某企业“原材料”账户 2015 年 5 月 1 日余额为 36 500 元,其中:甲材料 650

千克,单价 20 元;乙材料 2 350 千克,单价 10 元。本月发生下列原材料收发业务:

(1) 5 月 10 日购入甲材料 480 千克,单价 20 元;乙材料 1 000 千克,单价 10 元。材料已验收入库,可结转成本,货款已用银行存款支付(不考虑税金)。

(2) 5 月 25 日仓库发出材料,各类用途如下:生产产品领用甲材料 360 千克、乙材料 1 500 千克,车间领用甲材料 200 千克,行政管理部门领用乙材料 500 千克。

要求:

(1) 编制本月业务的会计分录;

(2) 开设并登记原材料总账("丁"字账户)和明细分类账户;

(3) 编制总分类账户与明细分类账户发生额及余额对照表。

2. 某企业生产 A、B 两种产品,2015 年 5 月份有关资料如下:

(1) 期初结存的未完工 A 产品各成本项目余额如下:直接材料费 1 212 元、直接人工费 1 140 元、制造费用 4 437.5 元,共计 6 789.5 元。

(2) 本月为生产 A、B 产品发生的费用如下:

① A 产品耗用甲材料 100 千克、耗用乙材料 50 千克,B 产品耗用乙材料 30 千克(设甲材料单位成本 32.58 元,乙材料单位成本 83.5 元);

② A 产品生产工人工资 5 000 元,B 产品生产工人工资 3 000 元;

③ 制造部门本月共发生间接费用 10 500 元,按生产工人工资比例为标准分配;

④ 本月生产的 100 件 A 产品全部制造完工,50 件 B 产品也已制造完工,尚有 10 件 B 产品没有完工,作为在产品。在产品每件按下列标准计价:直接材料 8 元、直接人工 6 元、制造费用 2.05 元,共计 16.05 元。

要求:

(1) 编制制造费用分配表;

(2) 登记 A、B 产品生产成本明细分类账;

(3) 编制完工产品成本计算表;

(4) 编制有关业务的会计分录。

3. 某企业 2015 年 5 月查账时发现下列错账,请进行错账更正:

(1) 从银行提库存现金 2 600 元,过账后,原始记账凭证没错,账簿错将金额记为 6 200 元。

(2) 接受某企业投资固定资产,评估确认价值 80 000 元。查账时发现凭证与账簿均记为"借:固定资产 80 000;贷:资本公积 80 000"。

(3) 用银行存款 500 元购入 10 台小型计算器,查账时发现凭证与账簿均记为"借:固定资产 5 000;贷:银行存款 5 000"。

(4) 用银行存款3 600 元预付明年财产保险费,查账时发现凭证与账簿均将“其他应付款”账户错记为“其他应收款”账户。

(5) 以银行存款偿还短期借款3 000 元,查账时发现凭证与账簿中科目没有记错,但金额均记为30 000 元。

(6) 以一张商业承兑汇票抵付应付账款,查账时发现科目没错,但凭证与账簿均多记50 000 元。

(7) 将一部分盈余公积金按规定程序转为实收资本,查账时发现凭证与账簿均将金额少记70 000 元。

要求:按正确的方法更正以上错账。

五、参考答案

(一) 简答题

略

(二) 单项选择题

1. B　2. D　3. C　4. B　5. C　6. B　7. B　8. A　9. D　10. C　11. C　12. D　13. C　14. B　15. C　16. A　17. D　18. B　19. C　20. B

(三) 多项选择题

1. BCD　2. ABCD　3. BC　4. ABC　5. ABCD　6. ABD　7. ABC　8. BCD　9. BD　10. ABC　11. ABD　12. ABCE　13. ABDE　14. BCDE　15. CD　16. ABCD　17. ABC　18. ABE　19. ABCD　20. ABD

(四) 判断题

1. ✓　2. ×　3. ×　4. ✓　5. ×　6. ×　7. ×　8. ×　9. ×　10. ×

(五) 账务处理题

1. (1) 会计分录

业务一:

借:原材料——甲材料　　9 600

　　　　——乙材料　　10 000

　贷:银行存款　　19 600

业务二:

借:生产成本　　22 200

　制造费用　　4 000

　管理费用　　5 000

　贷:原材料——甲材料　　11 200

　　　　　——乙材料　　20 000

(2) 登记原材料总账和明细分类账户。

原材料总分类账

借方		贷方	
期初余额	36 500		
(1)	19 600	(2)	31 200
本期借方发生额合计	19 600	本期贷方发生额合计	31 200
期末余额	24 900		

原材料明细分类账

会计科目：甲材料　　　　　　　　　　　　　　　　　　第　页

类别：　　　　品名及规格：×××　　计量单位：千克　　存放地点：××

2015 年		凭证号码	摘　要	收　入			发　出			结　存		
月	日			数量	单价	金额	数量	单价	金额	数量	单价	金额
5	1		期初余额							650	20	13 000
5	10	1	入　　库	480	20	9 600				1 130	20	22 600
5	25	2	出　　库				560	20	11 200	570	20	11 400
5	31		期末余额							570	20	11 400

原材料明细分类账

会计科目：乙材料　　　　　　　　　　　　　　　　　　第　页

类别：　　　　品名及规格：×××　　计量单位：千克　　存放地点：××

2015 年		凭证号码	摘　要	收　入			发　出			结　存		
月	日			数量	单价	金额	数量	单价	金额	数量	单价	金额
5	1		期初余额							2 350	10	23 500
5	10	1	入　　库	1 000	10	10 000				3 350	10	33 500
5	25	2	出　　库				2 000	10	20 000	1 350	10	13 500
5	31		期末余额							1 350	10	13 500

(3) 编制总分类账户与明细分类账户发生额及余额对照表。

总分类账户与明细分类账户发生额及余额对照表

账户名称	月初余额		本月发生额		月末余额	
	借　方	贷　方	借　方	贷　方	借　方	贷　方
“原材料”总账	36 500		19 600	31 200	24 900	
“原材料”明细账	36 500		19 600	31 200	24 900	
甲材料	13 000		9 600	11 200	11 400	
乙材料	23 500		10 000	20 000	13 500	
合　计	36 500		19 600	31 200	24 900	

2.（1）编制制造费用分配表

制造费用分配表

产品名称	分配标准(元)	制造费用	
		分配率	分配额
A 产品 B 产品	5 000 3 000	1.312 5	6 562.5 3 937.5
合　计	8 000	1.312 5	10 500

（2）登记生产成本明细分类账

A 产品生产成本明细分类账　　单位：元

2015 年		凭证号数	摘　　要	借　　方			
月	日			直接材料	直接人工	制造费用	合　计
5	1		期初余额	1 212	1 140	4 437.5	6 789.5
			直接材料	7 433			7 433
			直接人工		5 000		5 000
			分配制造费用			6 562.5	6 562.5
			本期发生额	7 433	5 000	6 562.5	18 995.5
			完工产品成本	8 645	6 140	11 000	25 785

B 产品生产成本明细分类账　　单位：元

2015 年		凭证号数	摘　　要	借　　方			
月	日			直接材料	直接人工	制造费用	合　计
5	1		直接材料	2 505			2 505
			直接人工		3 000		3 000
			分配制造费用			3 937.5	3 937.5
			本期发生额	2 505	3 000	3 937.5	9 442.5
			完工产品成本	2 425	2 940	3 917	9 282
			期末余额	80	60	20.5	160.5

(3) 编制完工产品成本表

完工产品成本表

成本项目	A 产品(100 件)		B 产品(50 件)	
	总成本	单位成本	总成本	单位成本
直接材料	8 645	86.45	2 425	48.5
应付职工薪酬	6 140	61.4	2 940	58.8
制造费用	11 000	110	3 917	78.34
完工产品成本	25 785	257.85	9 282	185.64

(4) 会计分录

发出材料:

借:生产成本——A 产品　7 433

　　　　　——B 产品　2 505

　贷:原材料——甲材料　3 258

　　　　　——乙材料　6 680

应付职工薪酬:

借:生产成本——A 产品　5 000

　　　　　——B 产品　3 000

　贷:应付职工薪酬——工资　8 000

按生产工人工资为标准分配制造费用:

借:生产成本——A 产品　6 562.5

　　　　　——B 产品　3 937.5

　贷:制造费用　10 500

结转完工产品成本:

借:库存商品——A 产品　25 785

　　　　　——B 产品　9 282

　贷:生产成本——A 产品　25 785

　　　　　——B 产品　9 282

3. (1) 划线更正法:3 600

~~6 200~~ 印章

(2) 借:固定资产　80 000

　　贷:资本公积　80 000

借：固定资产 80 000

贷：实收资本 80 000

（3）借：固定资产 5 000

贷：银行存款 5 000

借：管理费用 5 000

贷：银行存款 5 000

（4）借：其他应付款 3 600

贷：银行存款 3 600

借：其他应收款 3 600

贷：银行存款 3 600

（5）借：短期借款 2 700

贷：银行存款 2 700

（6）借：应付账款 50 000

贷：应付票据 50 000

（7）借：盈余公积 70 000

贷：实收资本 70 000

第九章

财产清查

一、学习目的

本章重点介绍了会计核算的基本方法——财产清查,目的是要使初学者明确财产清查对于保证会计核算质量的重要作用。通过学习应了解财产清查的含义与种类,熟练掌握现金、银行存款、债权债务、实物资产等资产和负债的清查方法和清查结果的账务处理。

二、关键概念

财产清查　全部清查　局部清查　定期清查　不定期清查　实地盘存制　永续盘存制　未达账项　实地盘点法

三、本章重点难点

(一) 财产清查的概念

财产清查是指通过对财产物资及库存现金的实地盘点和对银行存款、债权、债务的核对,来确定各项财产物资、货币资金和债权债务的实际结存数,并与账面结存数核对,以查明账面结存数与实际结存数是否相符,并对不相符的结果进行账务处理的一种会计核算的专门方法。

(二) 引起账实不符的原因

一般来说,造成账实不符主要有以下五方面的原因:

第一,由于受自然条件的影响或计量的尾差所发生的质量或数量的变化;

第二,由于制度不严或工作人员的疏忽,造成计算差错、登记错误或霉烂变质损失;

第三,由于不法分子的营私舞弊、贪污盗窃或非法侵占等不法行为造成的损失;

第四,因财产物资的各种管理制度尚未建立或健全,或者财产物资管理人员玩忽职守所造成的财产物资的破损、变质或短缺;

第五,财产物资在保管中有时会发生自然损耗或者会计记账工作或计算上可能出现差错。

除上述原因所造成的财产物资在数量、质量上的账实不符以外,还存在各种隐性的账实不符情况。对这些隐性的账实不符情况,也应进行认真清查。

(三) 财产清查的种类

1. 财产清查按照清查的对象和范围划分

(1) 全面清查

全面清查是指对属于本单位或存放在本单位的全部实物财产、货币资金和各项债权债务往来款项等进行全面的盘点、查询和核对。一般来说,全面清查的范围包括资产、负债和所有者权益的所有有关项目。

(2) 局部清查

局部清查是指根据管理的需要对部分实物财产、物资和往来款项等进行的盘点和核对。其清查的主要对象是流动性较大的财产,如库存现金、原材料、在产品和库存商品等。

2. 按照清查的时间划分

(1) 定期清查

定期清查是指按预先安排确定的时间对财产进行清查。定期清查的对象和范围不定,可以是全面清查也可以是局部清查,清查的目的除了及时发现账实不符,调整错误外,还要核实损益,保证会计报表的真实完整。

(2) 不定期清查

不定期清查是指事先没有确定清查时间,根据需要进行的临时性清查。

3. 财产清查按其清查的执行单位不同

(1) 内部清查

内部清查也称自查,是指由企业内部有关人员对本企业的财产所进行的清查。大多数财产清查都是内部清查。

(2) 外部清查

外部清查是指由本企业以外的上级主管部门、财税机关、审计机关、银行及有执业资格的中介机构(如会计师事务所)等根据国家的有关规定对本单位所进行的财产清查。

(四) 财产清查的程序

1. 准备阶段

2. 实施阶段

3. 分析及处理阶段

具体说来,财产清查的结果不外乎以下三种情况:第一,实存数等于账存数，账实相符；第二，实存数大于账存数，即盘盈；第三，实存数小于账存数，即盘亏。

（1）财产清查结果的账务处理程序

为了及时反映发现当时和处理后财产物资的真实情况，财产清查结果的处理一般分两步进行：发现账实不符，调整账簿记录；报经领导批准后，应根据批准的处理办法进行处理。

（2）财产清查账户的设置

会计核算中需要设置"待处理财产损溢"账户，用来核算企业在清查财产过程中查明的各种财产盘盈、盘亏和毁损的价值。该账户属于资产类账户，"待处理财产损溢"账户的核算内容见图9－1。

尚未处理的各种财产的净损失 批准处理的各种财产的净溢余	尚未处理的各种财产的净溢余 批准处理的各种财产的净损失
期末无余额	

图9－1 待处理财产损溢

（五）财产清查的方法

1. 货币资金的清查方法

（1）库存现金的清查

通过实地盘点，确定库存现金的实存数，再与库存现金日记账的账面结余额进行核对，以查明盈亏情况，盘点人填写"库存现金盘点报告表"，该表兼有"盘存单"和"实存账存对比表"的作用，是反映库存现金实有数和调整账簿记录的重要原始凭证。

盘点以后，对发现的差错应查明原因，等待处理。对白条抵库、坐支库存现金和库存现金超过限额等情况，应在备注栏中说明。

（2）银行存款的清查

银行存款的清查是指通过对企业单位的银行存款日记账与开户银行转来的对账单逐笔核对，以查明账实是否相符。不符的原因主要有记账错误和未达账项两种。

① 记账错误。

记账错误主要是在编制记账凭证中，一方或双方记账错误。

② 未达账项。

所谓未达账项是指企业和银行之间，由于凭证传递上的时间差异，导致双方对于同一项经济业务记账时间不一致。未达账项通常有两大类型：一是企业已经入账而银行尚未记账的款项；二是银行已经入账而企业尚未入账的款项。具体包括四种情况：企业已收，银行未收；企业已付，银行未付；银行已收，企业未收；银行已付，企业未付。

2. 实物资产的清查方法

(1) 实物资产的盘点方法

实物财产的具体清查方法主要有以下几种：实地盘点法、抽样盘存法、技术推算法、函证核对法。

(2) 实物资产的盘点表格

盘点结果要登记的表格有“盘存单”“实存账存对比表”和“残损变质物资、伪劣产品情况表”。

(3) 实物资产的盘存制度

① 实地盘存制。

实地盘存制是指企业对各项财产物资，只根据凭证登记财产物资的增加数（收入数），而不登记减少数（发出数），至期末结账时，通过对实物的实地盘点来确定财产物资的结余数，然后倒轧出本期发出数再据以登记有关账簿的盘存制度。其计算公式为：

期初结存数＋本期收入数（增加数）－期末实存数＝本期发出数（减少数）

② 永续盘存制。

永续盘存制也称账面盘存制，指企业对各项财产物资的收入和发出的数量和金额，都必须根据原始凭证和记账凭证在有关账簿中进行连续登记，并随时结出账面余额的一种盘存制度，其计算公式为：

期初账面结存数＋本期收入数（增加数）－本期发出数（减少数）＝期末账面结存数

3. 往来款项的清查方法

债权债务（往来账项）包括应收账款、其他应收款、应付账款、其他应付款、预收账款及预付账款等。往来账项的清查重点是应收、应付账项，采用查询核实法，即通过信函、电询或面询的方式，同对方单位核对账目的方法。大体上分为三个步骤：

① 将本单位的往来账款核对清楚，确认总分类账与明细分类账的余额相等，各明细分类账的余额相符。

② 向对方单位填发对账单。对账单的格式一般为一式两联，其中一联作为回单，对方单位如核对相符，应在回单上盖章后退回。

③ 收到回单后，应填制“往来款项清查表”，并及时催收该收回的账款，积极处理呆账悬案。

(六)财产清查结果的账务处理

1. 库存现金盘盈和盘亏的账务处理

表 9-1 库存现金盘盈和盘亏的账务处理

<table>
<tr><td rowspan="4">库存现金短缺</td><td colspan="2">查明原因前</td><td>借:待处理财产损溢——待处理流动资产损溢
贷:库存现金</td></tr>
<tr><td rowspan="3">查明原因后</td><td>由负责人赔偿</td><td>借:其他应收款(或库存现金)
贷:待处理财产损溢——待处理流动资产损溢</td></tr>
<tr><td>由保险公司赔偿</td><td>借:其他应收款——应收保险赔款(或库存现金)
贷:待处理财产损溢——待处理流动资产损溢</td></tr>
<tr><td>无法查明原因</td><td>借:管理费用
贷:待处理财产损溢——待处理流动资产损溢</td></tr>
<tr><td rowspan="3">库存现金溢余</td><td colspan="2">查明原因前</td><td>借:库存现金
贷:待处理财产损溢——待处理流动资产损溢</td></tr>
<tr><td rowspan="2">查明原因后</td><td>应支付给有关人员或单位</td><td>借:待处理财产损溢——待处理流动资产损溢
贷:其他应付款(或库存现金)</td></tr>
<tr><td>无法查明原因的</td><td>借:待处理财产损溢——待处理流动资产损溢
贷:营业外收入</td></tr>
</table>

2. 银行存款的盘盈和盘亏的账务处理

对于记账凭证和账簿错误导致的企业银行存款日记账与银行的对账单的差异,需以更正错账的方式处理,之后查找因未达账项造成两者之间的差异,并编制银行存款余额调节表,在企业日记账余额的基础上加上银行已收而企业未收的,减去银行已付而企业未付的金额,形成新的日记账余额;银行对账单余额加上企业已收而银行未收的,减去企业已付而银行未付的金额,形成新的对账单余额。两个余额相等时,证明银行和企业的银行存款余额都没有问题,该余额也是企业目前可以动用的银行存款实际余额。但不可以以银行存款余额调节表为记账依据,将未达账项记录在企业银行存款日记账上。银行存款余额调节表格式如下:

表 9-2 银行存款余额调节表

××年×月×日

项　目	金　额	项　目	金　额
企业账面存款余额		银行对账单的存款余额	
加:银行已收企业未收		加:企业收银行未收	
减:银行已付企业未付		减:企业已付银行未付	
调节后的日记账余额		调节后的对账单余额	

3. 实物资产清查结果的账务处理

(1) 存货盘盈和盘亏的账务处理

表9-3 存货盘盈和盘亏的账务处理

<table>
<tr><td rowspan="4">存货盘亏</td><td colspan="2">查明原因前</td><td>借：待处理财产损溢——待处理流动资产损溢
贷：原材料(生产成本、库存商品)</td></tr>
<tr><td rowspan="3">查明原因后</td><td>属定额内损耗</td><td>借：管理费用
贷：待处理财产损溢——待处理流动资产损溢</td></tr>
<tr><td>属计量收发差错和管理不善</td><td>借：其他应收款——过失人
原材料(收回残料的价值)
银行存款(残料变现)
管理费用(借贷方差额,表示净损失)
贷：待处理财产损溢——待处理流动资产损溢
应交税费——应交增值税(进项税额转出)</td></tr>
<tr><td>属于自然灾害或意外事故</td><td>借：其他应收款——应收保险赔款
原材料(残料价值)
银行存款(残料变现)
营业外支出(借贷方差额,表示净损失)
贷：待处理财产损溢——待处理流动资产损溢
应交税费——应交增值税(进项税额转出)</td></tr>
<tr><td rowspan="2">存货盘盈</td><td colspan="2">查明原因前</td><td>借：原材料(生产成本、库存商品)
贷：待处理财产损溢——待处理流动资产损溢</td></tr>
<tr><td colspan="2">查明原因后</td><td>借：待处理财产损溢——待处理流动资产损溢
贷：管理费用</td></tr>
</table>

(2) 固定资产盘盈和盘亏的账务处理

表9-4 固定资产盘盈和盘亏的账务处理

<table>
<tr><td rowspan="2">固定资产盘亏</td><td>查明原因前</td><td>借：待处理财产损溢——待处理流动资产损溢
累计折旧
固定资产减值准备
贷：固定资产</td></tr>
<tr><td>查明原因后</td><td>借：其他应收款——应收保险赔款
原材料(收回残料的价值)
银行存款(残料变现收入)
营业外支出(借贷方差额,表示净损失)
贷：待处理财产损溢——待处理流动资产损溢</td></tr>
<tr><td rowspan="2">固定资产盘盈</td><td>调整以前年度损益</td><td>借：固定资产
贷：以前年度损益调整(固定资产原值-累计折旧)
累计折旧</td></tr>
<tr><td>交所得税</td><td>借：以前年度损益调整
贷：应交税费——应交所得税</td></tr>
</table>

续表

<table>
<tr><td rowspan="2">固定资产盘盈</td><td>补提盈余公积</td><td>借：以前年度损益调整
　贷：盈余公积</td></tr>
<tr><td>调整利润分配</td><td>借：以前年度损益调整（本次调整后的最终余额）
　贷：利润分配——未分配利润</td></tr>
</table>

（3）债权债务的清查结果的账务处理

表 9-5　应收账款和应付账款盘盈和盘亏的账务处理

<table>
<tr><td rowspan="5">应收账款的坏账损失</td><td colspan="2">直接转销法（发生坏账时）</td><td>借：资产减值损失
　贷：应收账款</td></tr>
<tr><td rowspan="4">备抵法（如按期末应收账款余额的一定百分比计提坏账准备）</td><td>期末计提坏账准备</td><td>借：资产减值损失
　贷：坏账准备</td></tr>
<tr><td>若发生坏账</td><td>借：坏账准备
　贷：应收账款</td></tr>
<tr><td>上述坏账又收回</td><td>借：应收账款
　贷：坏账准备
借：银行存款
　贷：应收账款</td></tr>
<tr><td>若冲减多提的坏账准备</td><td>借：坏账准备
　贷：资产减值损失</td></tr>
<tr><td colspan="2">无法支付的应付账款</td><td colspan="2">借：应付账款
　贷：营业外收入</td></tr>
</table>

四、本章习题

（一）简答题

1. 财产清查的必要性是什么？
2. 财产清查有哪些种类？全部清查应在哪几种情况下进行？
3. 永续盘存制与实地盘存制有何不同？各自具有什么样的优缺点？
4. 进行正式清查前应做好哪些准备工作？
5. 如何进行库存现金的清查？
6. 如何进行银行存款的清查？如何编制“银行存款余额调节表”？
7. 如何进行实物财产的清查？
8. 如何进行债权债务清查？
9. 财产清查的核算需要设置的主要账户是什么？如何核算？
10. 如何进行财产清查结果的处理？

（二）单项选择题

1. 一般而言，单位撤销、合并时，要进行（　　）。

A. 定期清查　B. 全面清查　C. 局部清查　D. 实地清查

2. 银行存款清查的方法是（　　）。

A. 日记账与总分类账核对　B. 日记账与收付款凭证核对

C. 日记账和对账单核对　D. 总分类账和收付款凭证核对

3. 对库存现金清查采用的方法是（　　）。

A. 实地盘点法　B. 估算法　C. 技术推算法　D. 抽样盘点法

4. 盘亏是指（　　）。

A. 账存数大于实存数　B. 实存数大于账存数

C. 账存数小于实存数　D. 以上都不是

5. 实地盘存制与永续盘存制的主要区别是（　　）。

A. 盘点的方法不同　B. 盘点的目标不同

C. 盘点的工具不同　D. 盘亏结果处理不同

6. 财产清查中，对大量散装、成堆物资所采用的方法是（　　）。

A. 实地盘点法　B. 查询核对法　C. 技术推算法　D. 抽查检验法

7. 采用永续盘存制，平时财产物资的记录是（　　）。

A. 只登记收入　B. 既登记收入，又登记发出

C. 只登记发出　D. 以上都不是

8. 在记账无误的情况下，造成银行对账单和银行存款日记账不一致的原因是（　　）。

A. 应付账款　B. 应收账款　C. 未达账项　D. 外埠存款

9. 实存账存对比表是调整账面记录的（　　）。

A. 记账凭证　B. 转账凭证　C. 原始凭证　D. 累计凭证

10. 下列项目的清查应采用询证核对法的是（　　）。

A. 原材料　B. 应付账款　C. 实收资本　D. 短期投资

11. 对于盘亏的固定资产，按规定程序批准后，应按盘亏固定资产的净值借记的会计科目是（　　）。

A. 待处理财产损溢　B. 营业外支出

C. 累计折旧　D. 固定资产清理

12. 对于盘盈的固定资产的净值应贷记的会计科目是（　　）。

A. 以前年度损益调整　B. 营业外支出

C. 管理费用　D. 待处理财产损溢

13. “待处理财产损溢”账户期末（　　）。

A. 余额在借方　　B. 余额在贷方

C. 一般没有余额　　D. 借方或贷方

14. 采用实地盘存制,平时账簿记录中不能反映(　　)。

A. 财产物资的购进业务　　B. 财产物资的减少数额

C. 财产物资的增加额　　D. 财产物资的盘盈数额

15. 核销存货的盘盈时,应贷记的会计科目是(　　)。

A. 管理费用　　B. 营业外收入

C. 待处理财产损溢　　D. 其他业务收入

16. 对债权债务的清查应采用的方法是(　　)。

A. 询证核对法　　B. 实地盘点法

C. 技术推算盘点法　　D. 抽样盘点法

17. “待处理财产损溢”账户按经济内容分类属于(　　)。

A. 成本类账户　B. 负债类账户　C. 损益类账户　D. 资产类账户

18. 一般来说,单位撤销、合并、改变隶属关系时,要进行(　　)。

A. 全面清查　B. 局部清查　C. 实地盘点　D. 技术推算

19. 盘盈固定资产的入账价值应当采用(　　)。

A. 历史成本　　B. 重置价值

C. 重置价值减估计价值损耗　　D. 原始价值

(三) 多项选择题

1. 下列属于未达账项的是(　　)。

A. 企业已收,银行未收　　B. 企业已付,银行未付

C. 企业未收,银行已收　　D. 企业未付,银行已付

2. 导致企业银行存款账面余额大于银行对账单余额的未达账项是(　　)。

A. 企业已收款入账,银行尚未入账　　B. 企业已付款入账,银行尚未入账

C. 银行已收款入账,企业尚未入账　　D. 银行已付款入账,企业尚未入账

3. 实地盘点的方法一般适用于(　　)。

A. 银行存款　B. 固定资产　C. 应收账款　D. 库存现金

E. 应付账款

4. 财产物资的盘存制度有(　　)。

A. 收付实现制　B. 权责发生制　C. 永续盘存制　D. 实地盘存制

E. 岗位责任制

5. 财产清查按照清查的时间可分为(　　)。

A. 全面清查　B. 局部清查　C. 定期清查　D. 不定期清查

E. 内部清查

6. 企业进行全面清查主要发生在(　　)。

A. 年终决算后　　B. 清产核资时

C. 关停并转时　　D. 更换库存现金出纳时

E. 单位主要负责人调离时

7. 财产清查按照清查的执行单位不同,可分为(　　)。

A. 内部清查　B. 局部清查　C. 定期清查　D. 不定期清查

E. 外部清查

8. 常用的实物财产清查方法包括(　　)。

A. 实地盘点法　B. 技术推算法　C. 函证核对法　D. 抽样盘点法

E. 永续盘存法

9. 按清查范围不同,可将财产清查分为(　　)。

A. 全面清查　B. 局部清查　C. 定期清查　D. 内部清查

E. 外部清查

10. 采用实地盘点法进行清查的项目有(　　)。

A. 固定资产　B. 产成品　C. 银行存款　D. 往来款项

E. 库存现金

11. 定期清查的时间一般是(　　)。

A. 年末　B. 单位合并时　C. 中外合资时　D. 季末

E. 月末

12. 导致企业银行存款日记账余额大于银行对账单余额的未达账项是(　　)。

A. 企业先收款记账而银行未收款未记账的款项

B. 银行先收款记账而企业未收款未记账的款项

C. 企业和银行同时收款的款项

D. 银行先付款记账而企业未付款未记账的款项

E. 企业先付款记账而银行未付款未记账的款项

13. 全面清查的对象包括(　　)。

A. 货币资金　　B. 各种实物资产

C. 往来款项　　D. 在途材料、商品

E. 委托加工、保管的物资

14. 编制“银行存款余额调节表”时,计算调节后的余额应以企业银行存款日记账余额(　　)。

A. 加企业未入账的收入款项　　B. 加银行未入账的收入款

C. 加双方都未入账的收入款项　　D. 加企业未入账的支出款项

E. 减企业未入账的支出款项

15. 对于盘亏的财产物资,经批准后进行账务处理,可能涉及的借方账户有(　　)。

A. 管理费用　　B. 营业外支出
C. 营业外收入　　D. 其他应收款
E. 待处理财产损溢

16. 下列可用作原始凭证,调整账簿记录的有(　　)。

A. 实存账存对比表　　B. 未达账项登记表
C. 库存现金盘点报告表　　D. 银行存款余额调节表
E. 结算款项核对登记表

17. 借记有关账户、贷记"待处理财产损溢"账户的会计分录,所反映的经济业务可能是(　　)。

A. 批准处理的盘亏　　B. 发现的盘亏
C. 发现的盘盈　　D. 批准处理的盘盈

18. 财产清查中,核对账目的方法适用于(　　)。

A. 固定资产清查　　B. 库存现金的清查
C. 往来账款的清查　　D. 银行存款的清查

19. 财产清查中,银行存款清查的依据是(　　)。

A. 银行存款日记账　　B. 银行存款总账
C. 银行存款余额调节表　　D. 银行对账单
E. 银行存款实有余额

20. 银行存款余额调节表的编制方法有(　　)。

A. 余额调节法　　B. 总额调节法
C. 差额调节法　　D. 对账单调节法
E. 未达账项账簿调整法

(四) 判断题

1. 对盘盈固定资产应当按照其账面原值确定为入账价值。(　　)

2. 永续盘存制和实地盘存制是计算存货结存数的方法。(　　)

3. 企业在进行财产清查时,发现企业银行存款的期末余额少于银行对账单的余额,这种现象即是盘亏。(　　)

4. 企业存货盘亏和固定资产盘亏,一般情况下,都应经过规定程序批准后,转入"营业外支出"账户进行核算。(　　)

5. 对于各种未达账项,会计人员应根据银行存款余额调节表登记账簿。(　　)

6. 会计部门要在财产清查之前将所有的经济业务登记入账并结出余额,做到账账相符、账证相符,为财产清查提供可靠的依据。 ( )

7. 采用先进先出法,在物价上涨时,会过低估计企业的当期利润和库存存货价值;反之,会高估企业存货价值和当期利润。 ( )

8. 对在银行存款清查时出现的未达账项,可编制银行存款余额调节表来调整,该表是调节账面余额的原始凭证。 ( )

9. 存货发出的计价方法不同,不仅会影响企业资产负债表中的资产和负债项目,同时也会影响企业利润表中的损益项目。 ( )

10. 为了反映和监督各单位在财产清查过程中查明的各种资产的盈亏及报经批准后的转销数额,应设置“待处理财产损溢”账户,该账户属于负债类账户。

( )

(五) 业务题

1. A 企业 2015 年 7 月 31 日的银行存款日记账账面余额为 691 600 元,而银行对账单上企业存款余额为 681 600 元,经逐笔核对,发现有以下未达账项:

(1) 7 月 26 日企业开出转账支票 3 000 元,持票人尚未到银行办理转账,银行尚未登账。

(2) 7 月 28 日企业委托银行代收款项 4 000 元,银行已收款入账,但企业未接到银行的收款通知,因而未登记入账。

(3) 7 月 29 日,企业送存购货单位签发的转账支票 15 000 元,企业已登账,银行尚未登记入账。

(4) 7 月 30 日,银行代企业支付水电费 2 000 元,企业尚未接到银行的付款通知,故未登记入账。

要求:根据以上有关内容,编制“银行存款余额调节表”,并分析调节后是否需要编制有关会计分录。

2. A 企业 2015 年经财产清查,发现盘盈 A 材料 3 200 吨。经查明是由于计量上的错误所造成的,按计划成本每吨 2 元入账。

要求:对该企业盘盈的 A 材料做出批准前和批准后的账务处理。

3. A 企业 2015 年经财产清查,发现盘亏 B 材料 100 吨,每吨单价 200 元。经查明,属于定额内合理的损耗共计 1 000 元;属于由过失责任人赔偿的共计 8 000 元;其余的属于自然灾害造成的损失,但由保险公司赔偿 6 000 元。

要求:对该企业 B 材料的盘亏进行批准前和批准后的账务处理。

4. A 企业 2015 年在财产清查中,发现盘盈机器设备一台,估计原值为 300 000 元,估计已提折旧额为 50 000 元。该企业所得税率为 33%,盈余公积计提比例为 10%。

要求：对该企业盘盈的固定资产进行批准前及批准后的账务处理。

5. A 企业 2015 年在财产清查中，发现盘亏机器设备一台，账面原值为 280 000 元，已提折旧额为 100 000 元。

要求：对该企业盘亏的固定资产进行批准前和批准后的账务处理。

五、参考答案

（一）简答题

略

（二）单项选择题

1. B 2. C 3. A 4. A 5. B 6. C 7. B 8. C 9. C 10. B 11. B 12. A 13. C 14. B 15. A 16. A 17. D 18. A 19. B

（三）多项选择题

1. ABCD 2. AD 3. BD 4. CD 5. CD 6. ABCE 7. AE 8. ABCD 9. AB 10. ABE 11. ADE 12. BE 13. ABCDE 14. AE 15. ABD 16. ACE 17. AC 18. CD 19. ACD 20. AC

（四）判断题

1. × 2. ✓ 3. × 4. × 5. × 6. ✓ 7. × 8. × 9. ✓ 10. ×

（五）业务题

1. 编制银行存款余额调节表。

银行存款余额调节表

2015 年 7 月 31 日

项　目	金　额	项　目	金　额
企业账面存款余额	691 600	银行对账单的存款余额	681 600
加：银行已收企业未收	4 000	加：企业已收银行未收	15 000
减：银行已付企业未付	2 000	减：企业已付银行未付	3 000
调节后的存款余额	693 600	调节后的存款余额	693 600

银行存款余额调节表只是银行存款清查的方法，它只起到对账作用，不能作为调节账面余额的原始凭证。银行存款日记账的登记，还应待收到有关原始凭证后再进行。

2. 有关的会计处理：

批准前，会计处理为：

借：原材料　　6 400

　贷：待处理财产损溢　　6 400

批准后，会计处理为：

借：待处理财产损溢 6 400

　贷：管理费用 6 400

3. 有关的会计处理：

批准前，会计处理为：

借：待处理财产损溢 23 230

　贷：原材料 20 000

　　　应交税费——应交增值税（进项税额转出） 3 230

批准后，会计处理为：

（1）对于属于定额内合理损耗的处理：

借：管理费用 1 000

　贷：待处理财产损溢 1 000

（2）对于属于由责任人赔偿的处理：

借：其他应收款 9 360

　贷：待处理财产损溢 9 360

（3）对于属于自然灾害造成的损失的处理：

借：营业外支出 6 870

　　其他应收款——保险公司 6 000

　贷：待处理财产损溢 12 870

4. 有关的账务处理

批准前，会计处理为：

借：固定资产 300 000

　贷：累计折旧 50 000

　　　以前年度损益调整 250 000

批准后，会计处理为：

借：以前年度损益调整 250 000

　贷：应交税费——应交所得税 62 500

　　　盈余公积 18 750

　　　利润分配——未分配利润 168 750

5. 有关的账务处理：

批准前，会计处理为：

借：待处理财产损溢 180 000

　　累计折旧 100 000

　贷：固定资产 280 000

批准后，会计处理为：

借：营业外支出　　180 000

　贷：待处理财产损溢　　180 000

第十章

财务会计报告

一、学习目的

通过本章学习，掌握财务会计报告的定义和构成；掌握会计报表的编制程序；掌握资产负债表的作用、内容、结构和编制方法；掌握利润表的作用、内容、结构和编制方法；掌握现金流量表的内容和分类；了解会计报表附表内容。

二、关键概念

会计报表　会计报表附注　资产负债表　利润表　现金流量表　所有者权益变动情况表

三、本章重点难点

（一）财务会计报告的概念

财务会计报告是对企业财务状况、经营成果和现金流量的结构性表述，是企业对外提供的反映企业某一特定日期财务状况和某一特定期间经营成果、现金流量等会计信息的文件。

（二）财务会计报告的构成

财务会计报告至少应当包括资产负债表、利润表、现金流量表、所有者权益变动情况表、附注。

（三）资产负债表

1. 资产负债表的内容

① 企业一定时日掌握的经济资源，以及这些资源的分布与结构；

② 企业一定时日负担的债务，以及企业偿还债务的能力；

③ 企业的投资者对企业资产的要求权；

④ 期末、期初企业财务状况的变动趋势。

2. 资产负债表的填列方法

(1) 年初余额栏填列方法

资产负债表年初余额栏根据上年度资产负债表各项目的年末数填列。

(2) 年末余额栏填列方法

资产负债表年末余额栏应当依据各科目总分类账或有关明细账的期末余额分析填列。若企业按月报送资产负债表,可按“上月数”“本月数”两栏列示。

(3) 资产负债表中各主要项目的具体填列方法

① 各主要资产项目的填列方法如下:

货币资金项目,应根据“库存现金”“银行存款”和“其他货币资金”等账户的期末余额合计填列。

交易性金融资产、应收票据项目根据这两个总账账户的期末余额直接填列。

应收账款项目,应根据“应收账款”账户和“预收账款”账户所属明细账户的期末借方余额合计数,减去“坏账准备”账户中有关应收账款计提的坏账准备期末余额后的金额填列。

预付款项项目,应根据“预付账款”账户和“应付账款”账户所属明细账户的期末借方余额合计数,减去“坏账准备”账户中有关预付款项计提的坏账准备期末余额后的金额填列。

应收票据、应收股利、应收利息、其他应收款等项目应根据各相应账户的期末余额,减去“坏账准备”账户中相应各项目计提的坏账准备期末余额后的金额填列。

存货项目,应根据“材料采购(或在途物资)”“原材料”“周转材料”“库存商品”“委托加工物资”“生产成本”等账户的期末余额之和,减去“存货跌价准备”账户期末余额后的金额填列。

固定资产项目,应根据“固定资产”账户的期末余额减去“累计折旧”“固定资产减值准备”账户期末余额后的净额填列。

固定资产清理、工程物资、递延所得税资产项目可根据其总账账户的期末余额直接填列。但“固定资产清理”等资产项目,如果其相应的账户出现贷方余额,应以“-”号填列。

无形资产项目,应根据“无形资产”账户的期末余额减去“累计摊销”“无形资产减值准备”账户期末余额后的净额填列。

在建工程、长期股权投资和持有至到期投资项目,均应根据其相应总账账户的期末余额减去其相应减值准备后的净额填列。

长期待摊费用项目,根据“长期待摊费用”账户期末余额扣除其中将于一年内摊销的数额后的金额填列,将于一年内摊销的数额填列在“一年内到期的非流动资产”项目内。

② 各主要资产项目的填列方法如下：

短期借款、交易性金融负债、应付票据、应付职工薪酬、应交税费、递延所得税负债、预计负债等项目可以根据其总账账户的期末余额直接填列。但“应交税费”等负债项目，如果其相应账户出现借方余额，应以“－”号填列

应付账款项目，应根据“应付账款”账户和“预付账款”账户所属明细账户的期末贷方余额合计数填列。

预收款项项目，应根据“预收账款”账户和“应收账款”账户所属明细账户的期末贷方余额合计数填列。

长期借款、应付债券项目，应根据“长期借款”和“应付债券”账户的期末余额，扣除其中在资产负债表日起一年内到期、且企业不能自主地将清偿义务展期的部分后的金额填列，在资产负债表日起一年内到期、且企业不能自主地将清偿义务展期的部分在流动负债类下的“一年内到期的非流动负债”项目内反映。

③ 所有者权益各主要项目的具体填列方法

实收资本、资本公积、盈余公积等项目可以根据其总账账户的期末余额直接填列。

未分配利润项目，应根据“本年利润”账户和“利润分配”账户的期末余额计算填列，如为未弥补亏损，则在本项目内以“－”号填列，年末结账后，“本年利润”账户已无余额，“未分配利润”项目应根据“利润分配”账户的年末余额直接填列，贷方余额以正数填列，如为借方余额，应以“－”号填列。

(四) 利润表

1. 利润表的内容

利润表里依次通过收入和费用等账户计算揭示营业利润、利润总额和净利润的形成过程和结果。

2. 利润表的结构

利润表常见的格式有单步式和多步式两种。按照我国《企业会计制度》规定，利润表采用报告(垂直式)格式，它是一种多步式格式，利润表中的利润总额是通过多个步骤计算出来的。

3. 利润表的编制方法

(1) 利润表的表首编制方法

利润表的表首，应标明企业和报表的名称，名称下面标明报表所属期间。

(2) “本月数”栏的填列方法

利润表内“本月数”栏反映各项目本月实际发生数。企业在月末未编制结账工作底稿的情况下，利润表应根据审核无误的会计账簿中的有关资料进行编制。

(3) “本年累计数”栏的填列方法

"本年累计数"栏反映各项目自年初至本月月末止的累计实际发生数，根据上月利润表的各项目本年累计数加本月数后的合计数填列。

(4) 利润表中各主要项目的具体填列方法

营业收入项目反映企业经营主要业务和其他业务所确认的收入总额，本项目应根据"主营业务收入"和"其他业务收入"科目的发生额分析填列。

营业成本项目反映企业经营主要业务和其他业务所发生的成本总额，本项目应根据"主营业务成本"和"其他业务成本"科目的发生额分析填列。

营业税金及附加项目反映企业经营业务应负担的消费税、营业税、城市建设维护税、资源税、土地增值税和教育费附加等，本项目应根据"营业税金及附加"科目的发生额分析填列。

销售费用项目反映企业在销售商品过程中发生的包装费、广告费等费用和为销售本企业商品而专设的销售机构的职工薪酬、业务费等经营费用，本项目应根据"销售费用"科目的发生额分析填列。

管理费用项目反映企业为组织和管理生产经营发生的管理费用，本项目应根据"管理费用"的发生额分析填列。

财务费用项目反映企业筹集生产经营所需资金等而发生的筹资费用，本项目应根据"财务费用"科目的发生额分析填列。

资产减值损失项目反映企业各项资产发生的减值损失，本项目应根据"资产减值损失"科目的发生额分析填列。

公允价值变动收益项目反映企业应当计入当期损益的资产或负债公允价值变动收益，本项目应根据"公允价值变动损益"科目的发生额分析填列，如为净损失本项目以负号填列。

投资收益项目反映企业以各种方式对外投资所取得的收益，本项目应根据"投资收益"科目的发生额分析填列，如为投资损失本项目以负号填列。

营业利润项目反映企业实现的营业利润，如为亏损本项目以负号填列。

营业外收入项目反映企业发生的与经营业务无直接关系的各项收入，本项目应根据"营业外收入"科目的发生额分析填列。

营业外支出项目反映企业发生的与经营业务无直接关系的各项支出，本项目应根据"营业外支出"科目的发生额分析填列。

利润总额项目反映企业实现的利润，如为亏损本项目以负号填列。

所得税费用项目反映企业应从当期利润总额中扣除的所得税费用，本项目应根据"所得税费用"科目的发生额分析填列。

净利润项目反映企业实现的净利润，其值为利润总额与所得税费用之差，如为亏损，则本项目值与利润总额相等，且以负号填列。

(五) 现金流量表

1. 现金流量表的分类

我国的《企业会计准则第 31 号——现金流量表》中将企业的业务活动按其发生的性质分为经营活动、投资活动和筹资活动。相应地,现金流量也分为三类:经营活动产生的现金流量,经营活动是指企业投资活动和筹资活动以外的所有交易和事项;投资活动产生的现金流量,即投资活动产生的现金流入减去现金流出的净额;筹资活动产生的现金流量,筹资活动产生的现金流入减去现金流出后的净额。

2. 现金流量表的编制

现金流量表的编制基础是收付实现制。

现金流量表的编制方法有两种:直接法和间接法。

(1) 直接法

直接法是指通过现金收入和支出的主要类别反映来自企业经营活动的现金流量。

(2) 间接法

间接法是以本期净利润为起算点,调整不涉及库存现金的收入、费用、营业外收支以及应收应付等项目的增减变动,据此计算并列示经营活动的库存现金流量。

(六) 所有者权益变动表

所有者权益变动表是反映构成所有者权益的各组成部分当期的增减变动情况的报表。

(七) 会计报表附注

附注一般应当按照下列顺序披露:

1. 财务会计报告的编制基础。

2. 遵循企业会计准则的声明。

3. 重要会计政策的说明,包括财务会计报告项目的计量基础和会计政策的确定依据。

4. 重要会计估计的说明,包括下一会计期间内很可能导致资产、负债账面价值重大调整的会计估计的确定依据等。

5. 会计政策和会计估计变更以及差错更正的说明。

6. 对已在资产负债表、利润表、现金流量表和所有者权益表中列示的重要项目的进一步说明,包括终止经营税后利润的金额及其构成情况等。

7. 或有和承诺事项、资产负债表日后非调整事项、关联方关系及其交易等需要说明的事项。

8. 在附注中还应当披露在资产负债表日后、财务会计报告批准报出日前提议或宣布发放的股利总额和每股库存现金股利金额。

9. 下列各项未在与财务会计报告一起公布的其他信息中披露的：企业注册地、组织形式和总部地址；企业的业务性质和主要经营活动；母公司以及集团最终母公司的名称。

四、本章习题

(一) 简答题

1. 什么是财务会计报告？财务会计报告由哪些内容组成？
2. 财务会计报告如何分类？
3. 财务会计报告报表的编制要求有哪些？
4. 什么是资产负债表？
5. 资产负债表的作用是什么？
6. 如何编制资产负债表？
7. 什么是利润表？
8. 什么是现金流量表？

(二) 单项选择题

1. 下列会计报表中属于静态报表的是(　　)。

A. 资产负债表　B. 现金流量表　C. 利润表　D. 利润分配表

2. 编制资产负债表主要是根据(　　)。

A. 资产、负债及所有者权益类各账户的本期发生额
B. 各损益类账户的本期发生额
C. 各损益类账户的期末余额
D. 各资产、负债及所有者权益账户的期末余额

3. 编制利润表主要是根据(　　)。

A. 资产、负债及所有者权益各账户的本期发生额
B. 资产、负债及所有者权益各账户的期末余额
C. 损益类各账户的本期发生额
D. 损益类各账户的期末余额

4. 下列报表项目中，可以直接根据有关账户余额填列的有(　　)。

A. 实收资本　B. 应收账款　C. 货币资金　D. 存货

5. 资产负债表1—11月份“未分配利润”项目应根据(　　)科目的期末余额填列。

A. “本年利润”　B. “利润分配”
C. “本年利润”和“利润分配”　D. “应付利润”

6. 资产负债表中的资产项目应按其(　　)程度大小顺序排列。

A. 流动性　　B. 重要性　　C. 变动性　　D. 赢利性

7. 资产负债表中"其他应付款"项目应根据该账户的(　　)填列。

A. 期末借方余额　　B. 期末贷方余额

C. 期末借方或贷方余额　　D. 借方累计发生额

8. 资产负债表是根据(　　)这一会计等式编制的。

A. 资金占用=资金来源

B. 收入-支出=利润

C. 资产=负债+所有者权益

D. 资金占用+费用成本=资金来源-收入

9. 利润表中的项目应根据总分类账的(　　)填列。

A. 期末余额　　B. 发生额

C. 期初余额　　D. 期初余额+发生额

10. 利润表是反映企业(　　)的报表。

A. 经营成果　　B. 财务状况　　C. 现金流量　　D. 利润分配

(三)多项选择题

1. 编制财务会计报告应遵循以下(　　)要求。

A. 数字真实　　B. 计算准确　　C. 内容完整　　D. 报送及时

2. 资产负债表中"存货"根据原材料、库存商品和(　　)等账户的期末余额合计数填制。

A. 材料采购　　B. 待处理流动资产损溢

C. 生产成本　　D. 制造费用

3. 利润表中的"营业利润"项目根据营业收入项目的金额减去营业成本和(　　)等项目金额后的差额填列。

A. 销售费用　　B. 营业税金及附加

C. 管理费用　　D. 财务费用

4. 经营活动产生的库存现金流出量由购买商品、接受劳务支付的库存现金、支付给职工以及为职工支付的库存现金、支付的其他与经营活动有关的库存现金、(　　)等项目组成。

A. 经营租赁所支付的库存现金　　B. 购建固定资产所支付的库存现金

C. 支付的所得税款　　D. 支付的除所得税以外的其他税费

5. 现金流量表中"销售商品、提供劳务收到的库存现金"项目反映企业(　　)。

A. 前期销售商品和提供劳务本期收到的库存现金

B. 本期销售商品和提供劳务收到的库存现金

C. 本期销售商品和提供劳务下期收到的库存现金

D. 本期预收的账款

6. 企业必须定期编制的对外报送的报表是(　　)。

A. 利润分配表　　B. 商品产品成本表

C. 现金流量表　　D. 资产负债表

E. 利润表

7. 资产负债表下述各项目,可直接根据总分类账户期末余额填列的有(　　)。

A. 交易性金融资产　　B. 固定资产原价

C. 存货　　D. 长期待摊费用

8. 企业不减少流动资金的费用与损失有(　　)。

A. 固定资产盘亏及净损失　　B. 固定资产折旧

C. 无形资产、长期待摊费用摊销　　D. 固定资产修理费

9. 会计报表的使用者包括(　　)。

A. 债权人　　B. 企业内部管理层

C. 投资者　　D. 潜在的投资者

E. 国家政府部门

10. 在编制资产负债表时,应根据总账科目的期末借方余额直接填列的项目有(　　)。

A. 固定资产原价　　B. 应收票据

C. 坏账准备　　D. 累计折旧

E. 短期借款

(四) 判断题

1. 资产负债表是反映企业某一特定日期全部资产、负债和所有者权益的报表,应按月编报。(　　)

2. 资产负债表中"货币资金"项目应根据银行存款日记账余额填列。(　　)

3. 资产负债表中"存货"项目根据"库存商品"期末余额填列。(　　)

4. 利润表能够反映企业的偿债能力和支付能力。(　　)

5. 资产负债表的内容是反映资金的增加和减少。(　　)

6. 现金流量表是反映一定期间的库存现金流入和流出情况的报表。(　　)

7. 资产负债表是根据资金占用 = 资金来源这一会计等式编制的。(　　)

8. 流动资产减去流动负债后的净额,即为营运资金。(　　)

9. 现金流量表有直接法和间接法两种。(　　)

10. 现金流量表所指的库存现金一般包括库存现金及库存现金等价物。(　　)

(五) 业务题

1. A公司2015年7月末的部分总分类账户的期末余额如下所示(单位: 元)。

账户名称	借方余额	账户名称	贷方余额
库存现金	3 200	累计折旧	120 000
银行存款	240 000	利润分配	600 000
应收账款	4 000	预收账款	10 000
原材料	36 000	应付账款	9 000
库存商品	70 000	长期借款	1 600 000
固定资产	1 520 000	实收资本	2 256 000

该企业7月末部分明细分类账户的期末余额如下:

应收账款——甲工厂借方余额11 000元

应收账款——乙工厂贷方余额2 000元

应收账款——丙工厂贷方余额5 000元

应付账款——丁工厂贷方余额12 000元

应付账款——戊工厂借方余额3 000元

预收账款——己工厂贷方余额10 000元

长期借款——工商银行金额为300 000元的一笔贷款,剩余还款期限不足1年。

要求: 根据以上资料,计算确定企业7月末资产负债表中以下项目金额。

项目名称	期末余额(元)	账户名称	期末余额(元)
货币资金		应付账款	
应收账款		预收账款	
预付账款		长期借款	
存　货		实收资本	
固定资产		未分配利润	

2. B公司2015年各损益类账户的本期发生额合计如下表所示(单位: 元),公司所得税税率为25%。

账户名称	借方	贷方
主营业务收入		600 000
主营业务成本	400 000	
营业税金及附加	40 000	
其他业务收入		300 000
其他业务成本	200 000	

续表

账 户 名 称	借 方	贷 方
销售费用	10 000	
管理费用	50 000	
财务费用	4 000	
投资收益		100 000
营业外收入		100 000
营业外支出	10 000	

要求：

（1）编制结账分录。

（2）编制计提所得税并结转所得税费用的分录。

（3）将本年利润余额转入利润分配。

（4）编制利润表。

五、参考答案

（一）简答题

略

（二）单项选择题

1. A 2. D 3. C 4. A 5. C 6. A 7. B 8. C 9. B 10. A

（三）多项选择题

1. ABCD 2. AC 3. ABCD 4. ACD 5. ABD 6. ACDE 7. ABD 8. ABC 9. ABCDE 10. AB

（四）判断题

1. × 2. × 3. × 4. × 5. × 6. ✓ 7. ✓ 8. ✓ 9. ✓ 10. ✓

（五）业务题

1. 企业7月末资产负债表中以下项目金额为：

项 目 名 称	期末余额(元)	账 户 名 称	期末余额(元)
货币资金	243 200	应付账款	12 000
应收账款	11 000	预收账款	17 000
预付账款	3 000	长期借款	1 300 000
存 货	106 000	实收资本	2 256 000
固定资产	1 400 000	未分配利润	600 000

2.（1）借：主营业务收入　600 000
　　　　其他业务收入　300 000
　　　　营业外收入　100 000
　　　　投资收益　100 000
　　　贷：本年利润　1 100 000

借：本年利润　714 000
　贷：主营业务成本　400 000
　　营业税金及附加　40 000
　　其他业务成本　200 000
　　销售费用　10 000
　　管理费用　50 000
　　财务费用　4 000
　　营业外支出　10 000

（2）所得税费用 =（1 100 000 − 714 000）×25% = 96 500（元）

借：所得税费用　96 500
　贷：应交税费——应交所得税　96 500

借：本年利润　96 500
　贷：所得税费用　96 500

（3）借：本年利润　289 500
　　　贷：利润分配——未分配利润　289 500

（4）编制利润表

利润表

编制单位：B 公司　　2015 年度　　单位：元

项　　目	本期金额
一、营业收入	900 000
减：营业成本	600 000
营业税金及附加	40 000
管理费用	50 000
销售费用	10 000
财务费用	4 000
资产减值损失	
加：公允价值变动损益（损失以“－”号列）	

续表

项　　目	本 期 金 额
投资收益(损失以"－"号列)	100 000
其中:对联营企业和合营企业的投资收益	
二、营业利润(亏损以"－"号列)	296 000
加:营业外收入	100 000
减:营业外支出	10 000
其中:非流动资产处置损失	
三、利润总额(亏损以"－"号列)	386 000
减:所得税费用	96 500
四、净利润(净损以"－"号列)	289 500

第十一章

会计核算组织程序

一、学习目的

本章主要阐述会计核算组织程序的概念和基本要求。通过本章学习，使学生理解各种核算组织程序的特点；掌握几种主要核算组织程序下的凭证和账簿组织及其核算步骤；理解几种主要核算组织程序的特点及适用范围。

二、关键概念

记账凭证核算组织程序　科目汇总表核算组织程序　汇总记账凭证核算组织程序　日记总账核算组织程序　多栏式日记账核算组织程序

三、本章重点难点

（一）会计核算程序的概念

会计核算组织程序也称会计核算形式，是指账簿组织、记账程序和记账方法三者有机结合的方式。会计凭证、账簿和会计报表是记录、储存和反映会计核算资料的三个主要环节。

（二）核算组织程序的基本要求

合理、适用的核算组织程序，一般应符合以下要求：要与本单位经济业务的性质、规模大小和经济业务繁简程度相适应；要保证能正确、全面、及时和系统地提供会计信息使用者所需要的各种信息；在保证会计核算工作质量的前提下，力求简化核算手续。

（三）核算组织程序的种类

目前我国企业、机关、事业等单位采用的核算组织程序主要有以下五种：记账凭证核算组织程序；科目汇总核算组织程序；汇总记账凭证核算组织程序；日记总账核算组织程序；多栏式日记账核算组织程序。

（四）记账凭证核算组织程序

记账凭证核算组织程序是一个从原始凭证开始，经记账凭证与登记账簿环节，到形成会计报表的过程。其中,记账凭证可以分为收款凭证、付款凭证及转账凭证;账簿可以分为日记账、总分类账、明细分类账。记账凭证核算组织程序如图11-1所示。

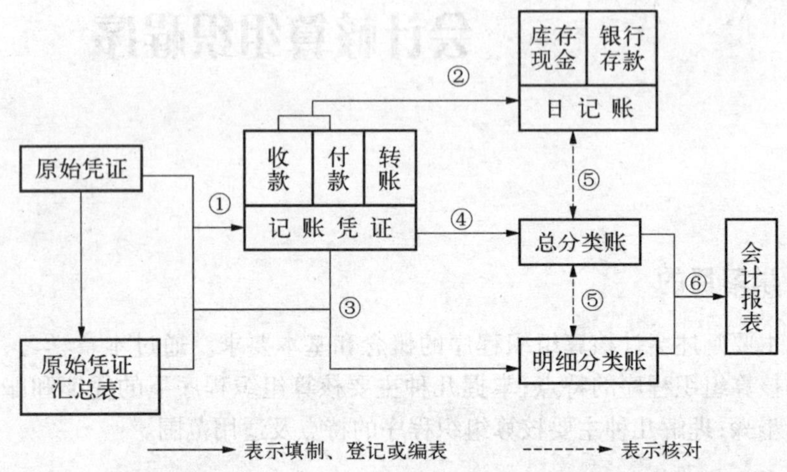

图11-1 记账凭证核算组织程序

(五) 科目汇总表核算组织程序

科目汇总表核算组织程序分为审核原始凭证、填制并登记原始凭证汇总表,在此基础上填制收款、付款、转账记账凭证,然后编制科目汇总表,根据科目汇总表登记日记账、明细分类账及总分类账,最后编制会计报表。科目汇总表核算组织程序如图11-2所示。

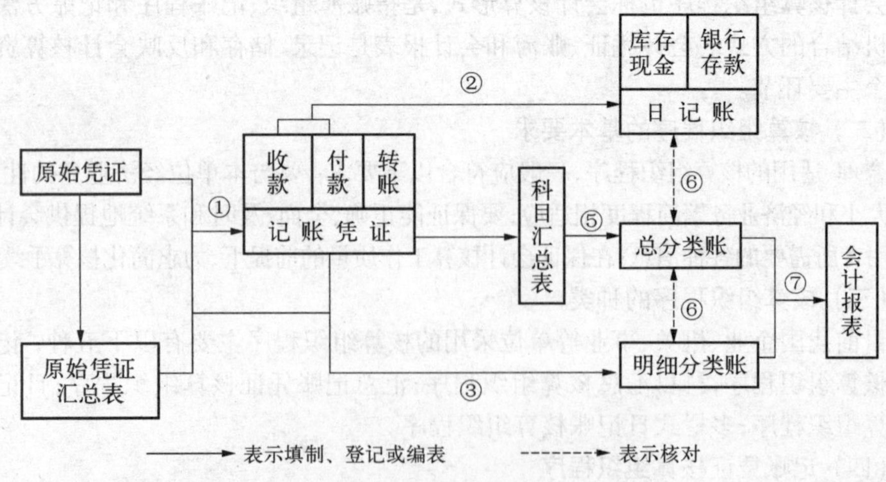

图11-2 科目汇总表核算组织程序

（六）汇总记账凭证核算组织程序

汇总记账凭证核算组织程序包括填制与审核原始凭证、填制并登记原始凭证汇总表、填制收款、付款、转账记账凭证、编制科目汇总表、登记账簿、编制会计报表。与记账凭证核算组织程序不同之处在于，汇总记账凭证核算组织程序简化了登记工作。汇总记账凭证核算组织程序如图 11－3 所示。

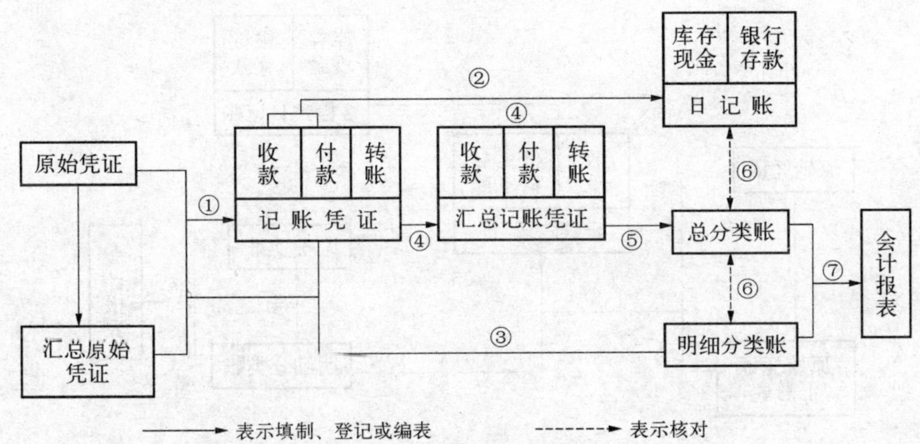

图 11－3　汇总记账凭证核算组织程序

（七）日记总账核算组织程序

日记总账核算组织程序指设置日记总账，根据经济业务发生以后所填制的各种记账凭证直接逐笔登记日记总账，然后编制会计报表的账务处理程序。一般只适用于规模小、业务量少、使用会计科目不多的会计主体。日记总账核算组织程序如图 11－4 所示。

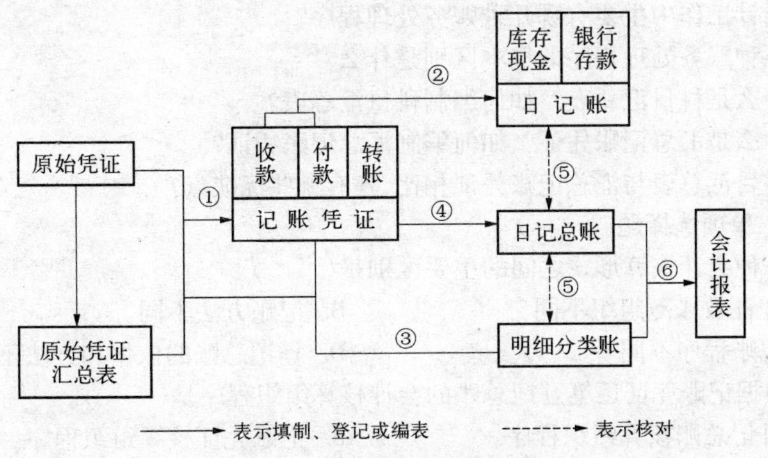

图 11－4　日记总账核算组织程序

（八）多栏式日记账核算组织程序

多栏式日记账核算组织程序，是在记账凭证核算的基础上形成的一种核算组织程序。主要内容包括：设置多栏式库存现金日记账和多栏式银行存款日记账等多栏式日记账，根据多栏式日记账登记总账，并编制会计报表。多栏式日记账核算组织程序，如图 11－5 所示。

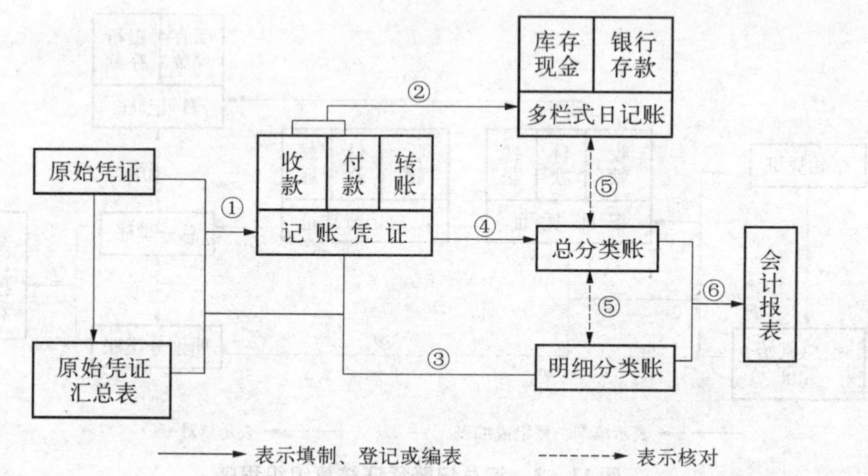

图 11－5 多栏式日记账核算组织程序

四、本章习题

（一）简答题

1. 什么是账务处理程序？它有何作用？
2. 会计工作中主要有哪几种账务处理程序？
3. 各种账务处理程序的根本区别是什么？
4. 什么是科目汇总表？如何编制科目汇总表？
5. 什么是汇总记账凭证？如何编制汇总记账凭证？
6. 科目汇总表与汇总记账凭证相比，各有哪些优缺点？

（二）单项选择题

1. 各种会计核算形式之间的主要区别是（　　）。

A. 凭证及账簿组织不同　　B. 记账方法不同

C. 记账程序不同　　D. 登记总账的依据和方法不同

2. 根据记账凭证逐笔登记总账的会计核算组织程序是（　　）。

A. 日记总账核算组织程序　　B. 记账凭证核算组织程序

C. 汇总记账凭证核算组织程序　　D. 科目汇总表核算组织程序

3. 使用会计科目少、业务量小的单位可以来用(　　)。

A. 记账凭证核算组织程序　　B. 科目汇总表核算组织程序

C. 汇总记账凭证核算组织程序　　D. 记总账核算组织程序

4. 汇总记账凭证与科目汇总表核算组织程序的主要相同点是(　　)。

A. 记账凭证的汇总方法相同　　B. 汇总凭证的格式相同

C. 登记总账的依据相同　　D. 记账凭证都需要汇总

5. 会计核算组织程序的核心是(　　)。

A. 设置的凭证体系　　B. 设置的账簿体系

C. 记账程序　　D. 记账方法

6. 科目汇总表汇总的是(　　)。

A. 全部科目的借方发生额　　B. 全部科目的贷方发生额

C. 全部科目的借贷方余额　　D. 全部科目的借贷方发生额

7. 汇总付款凭证的贷方科目可能是(　　)。

A. 应收账款或应付账款　　B. 固定资产或实收资本

C. 管理费用或其他应付款　　D. 库存现金或银行存款

8. 将全部科目都集中设置在一张账页上,以记账凭证为依据,对发生的经济业务序时地逐笔登记的账簿是(　　)。

A. 日记总账　　B. 多栏式日记账

C. 特种日记账　　D. 明细账

9. 记账凭证核算组织程序的特点是根据记账凭证逐笔登记(　　)。

A. 总分类账　　B. 日记账

C. 明细账　　D. 总分类账和明细分类账

10. 汇总转账凭证的编制依据是(　　)。

A. 原始凭证　　B. 汇总原始凭证

C. 付款凭证　　D. 转账凭证

11. 记账凭证核算组织程序和日记总账核算组织程序的主要区别是(　　)。

A. 登记分类账的依据不同　　B. 登记明细账的依据不同

C. 登记总账的依据和方法不同　　D. 登记总账和明细账的依据不同

12. 各种会计核算组织程序中,最基本的是(　　)。

A. 日记总账核算组织程序　　B. 汇总记账凭证核算组织程序

C. 记账凭证核算组织程序　　D. 科目汇总表核算组织程序

13. 会计核算组织程序主要解决的是会计核算工作的(　　)。

A. 记账程序问题　　B. 职责分工问题

C. 技术组织方式问题　　D. 信息质量问题

14. 在记账凭证核算组织程序下,记账凭证一般采用的格式是(　　)。
A. 通用格式　　B. 专用格式
C. 收付及转账两种格式　　D. 收、付、转三种格式

(三) 多项选择题

1. 汇总记账凭证核算组织程序的优点是(　　)。
A. 能反映账户之间的对应关系
B. 能减少登记总账的工作量
C. 编制的汇总记账凭证的工作量小
D. 有利于会计工作的分工
E. 能起到入账前的试算平衡作用

2. 各种会计核算组织程序下,登记明细账的依据可能是(　　)。
A. 原始凭证　　B. 汇总原始凭证
C. 记账凭证　　D. 汇总记账凭证
E. 记账凭证汇总表

3. 以记账凭证为依据,按科目贷方设置,将借方科目归类汇总的凭证编制法有(　　)。
A. 汇总收款凭证编制法　　B. 汇总付款凭证编制法
C. 汇总转账凭证编制法　　D. 科目汇总表编制法
E. 汇总原始凭证编制法

4. 在汇总记账凭证核算组织程序下,应设置的凭证及账簿有(　　)。
A. 收、付款凭证　　B. 汇总的收付款凭证
C. 转账凭证及汇总转账凭证　　D. 科目汇总表
E. 库存现金、银行存款日记账

5. 在记账凭证核算组织程序下,不能作为登记总账直接依据的有(　　)。
A. 原始凭证　　B. 记账凭证
C. 汇总记账凭证　　D. 科目汇总表
E. 汇总原始凭证

6. 规模大、业务多、使用会计科目多的单位,应该采用的核算组织程序是(　　)。
A. 记账凭证核算组织程序　　B. 科目汇总表核算组织程序
C. 汇总记账凭证核算组织程序　　D. 日记总账核算组织程序
E. 以上各种核算组织程序均可以

7. 采用汇总记账凭证核算组织程序,平时编制的记账凭证的要求是(　　)。
A. 收款凭证为一借多贷　　B. 付款凭证为多借一贷

C. 转账凭证为一借多贷　　D. 转账凭证为多借一贷

E. 收款、付款、转账凭证均可为一借一贷

8. 各种会计核算形式中，其账务处理程序相同的是(　　)。

A. 根据原始凭证编制汇总原始凭证

B. 根据原始凭证或汇总原始凭证编制记账凭证

C. 根据原始凭证、汇总原始凭证、记账凭证登记总账

D. 根据记账凭证逐笔登记总账

E. 根据明细账及总账记录编制会计报表

9. 会计核算组织程序是指(　　)的合理组织过程。

A. 会计凭证　　B. 会计科目

C. 会计账簿　　D. 会计方法

E. 会计报表

(四) 判断题

1. 记账凭证核算组织程序下，总账可以根据记账凭证逐笔登记，也可以定期汇总登记。(　　)

2. 记账凭证核算组织程序下，由于总账是根据记账凭证登记的，因而会计期末不需要对有关账簿的记录进行核对。(　　)

3. 科目汇总表汇总了有关科目的借、贷方发生额和余额。(　　)

4. 科目汇总表不仅是登记总账的依据，而且根据科目汇总表可以了解企业资金运动的来龙去脉。(　　)

5. 汇总的记账凭证不仅能体现账户之间的对应关系，而且能起到入账前的试算平衡作用。(　　)

6. 由于汇总记账凭证核算组织程序大大减少了登记总账的工作量，因而这种核算组织程序适用于一切单位。(　　)

7. 日记总账既起到日记账的作用，又起到分类账的作用，所以一般称之为联合账簿。(　　)

8. 日记总账核算组织程序下，由于设置了日记总账，所以不需要设置库存现金日记账和银行存款日记账。(　　)

9. 在各种会计核算组织程序中，原始凭证都不能直接用来登记总账和明细账。(　　)

10. 不论哪种会计核算组织程序，在编制会计报表之前，都要进行对账工作。(　　)

(五) 业务题

长虹工厂2015年12月初各总分类账户期初余额资料见下表。

长虹工厂各总分类账户期初余额资料表

2015 年 12 月 1 日 单位：元

账户名称	期初借方金额	账户名称	期初贷方金额
银行存款	19 000	累计折旧	28 500
库存现金	400	应付账款	5 000
原材料	70 000	应付票据	1 000
库存商品	13 000	短期借款	55 000
生产成本	1 900	应付利息	500
其他应收款	400	应付职工薪酬	3 200
无形资产	44 800	应交税费	800
应收账款	3 000	实收资本	150 000
应收票据	2 000	本年利润	40 500
固定资产	130 000		
合计	284 500	合计	284 500

注：本年 1—11 月的损益类账户发生额已结转入“本年利润”账户，但各月均未计提所得税费用及利润分配，因此损益类账户在 12 月 1 日时无期初余额，只有“本年利润”账户有期初余额为 40 500 元。

长虹工厂 12 月份发生如下经济业务：

（1）1 日，收到大新公司偿还上月所欠购贷款 1 000 元，款项已存银行。

（2）2 日，购入材料一批，货款 1 200 元，增值税 204 元，运杂费 50 元，共计 1 454 元，款项已从银行存款付讫。

（3）3 日，以库存现金 150 元预付张平差旅费。

（4）3 日，生产产品投料一批，价值 12 000 元。

（5）5 日，以银行存款 2 000 元偿还上月欠永生工厂材料款。

（6）5 日，以库存现金 100 元支付厂部购办公用品款。

（7）6 日，开出库存现金支票 500 元，提取库存现金备用。

（8）7 日，从长风工厂购入甲材料一批，价款 3 600 元，增值税 612 元，代垫运杂费 108 元，款项暂欠。

（9）8 日，销售 A 产品一批，价款 18 000 元，增值税 3 060 元，款已收存银行。

（10）9 日，收到国光工厂归还前欠货款 2 000 元存入银行。

（11）10 日，以银行存款 3 000 元偿还上月欠金属材料公司材料款。

（12）11 日，以银行存款承付向五金公司的购料款 15 000 元和增值税 2 250 元，材料已验收入库。

（13）14 日，生产投料一批计 15 000 元。

（14）14 日，生产车间消耗性用料 500 元，厂部 300 元。

（15）14 日，向银行借入临时借款 50 000 元存入银行。

（16）15 日，从银行提取库存现金 24 000 元备发工资。

(17) 15 日,以库存现金 24 000 元发放职工工资。

(18) 17 日,张平报销差旅费 110 元,余款 40 元交回库存现金。

(19) 20 日,销售产品一批,收回货款 22 000 元,增值税 3 740 元,存入银行。

(20) 23 日,以银行存款 600 元支付广告费。

(21) 26 日,从光华厂购入原材料一批,价款 5 200 元,增值税 884 元,款项暂欠。

(22) 30 日,摊销本月应负担的财产保险费 100 元。

(23) 30 日,预提本月应负担的借款利息 500 元。

(24) 30 日,计提本月固定资产折旧 540 元,其中车间 450 元,厂部 90 元。

(25) 30 日,分配本月工资 24 000 元,其中:生产工人工资 20 000 元,车间管理人员工资 1 200 元,企业管理人员工资 2 800 元。

(26) 30 日,按银行通知支付本月水电费 3 000 元,其中:生产产品耗用 2 500 元,车间耗用 300 元,厂部耗用 200 元。

(27) 本月材料全部购置完毕,现结转本月材料采购成本。

(28) 31 日,结转本月制造费用。

(29) 31 日,结转本月完工产品成本 39 950 元。

(30) 31 日,结转本月已售产品成本 30 000 元。

(31) 31 日,将主营业务成本、销售费用、管理费用、财务费用,结转入本年利润账户。

(32) 31 日,将主营业务收入结转入本年利润账户。

(33) 计算企业本年应交所得税,并作相应会计分录,所得税税率为 25%(本年 1—11 月未缴纳与计提企业所得税)。

(34) 将本年所得税费用转入本年利润账户。

(35) 按"本年利润"账户的余额转入"利润分配——未分配利润"账户,按本年净利润的 10% 计提盈余公积金,并进行"利润分配"账户的明细科目间结转。

要求:

(1) 根据上述资料编制记账凭证(以会计分录代记账凭证)。

(2) 根据记账凭证登记有关总分类账。

(3) 编制本年资产负债表和利润表及利润分配表。

五、参考答案

(一) 简答题

略

(二) 单项选择题

1. D　2. B　3. D　4. D　5. C　6. D　7. A　8. A　9. A　10. D　11. C

12. C　13. A　14. D

（三）多项选择题

1. AB　2. ABC　3. BC　4. ABCE　5. ACDE　6. BC　7. ABDE　8. ABE　9. ACE

（四）判断题

1. ×　2. ×　3. ×　4. ×　5. ×　6. ×　7. ✓　8. ×　9. ×　10. ✓

（五）业务题

1. 以会计分录代记账凭证

（1）银收 01 号

借：银行存款　1 000

　贷：应收账款——大新公司　1 000

（2）银付 01 号

借：在途物资　1 250

　　应交税费——应交增值税（进项税额）　204

　贷：银行存款　1 454

（3）现付 01 号

借：其他应收款——张平　150

　贷：库存现金　150

（4）转 01 号

借：生产成本　12 000

　贷：原材料　12 000

（5）银付 02 号

借：应付账款——永生工厂　2 000

　贷：银行存款　2 000

（6）现付 02 号

借：管理费用　100

　贷：库存现金　100

（7）银付 03 号

借：库存现金　500

　贷：银行存款　500

（8）转 02 号

借：在途物资　3 708

　　应交税费——应交增值税（进项税额）　612

　贷：应付账款——长风工厂　4 320

(9) 银收 02 号
借：银行存款　21 060
　贷：主营业务收入　18 000
　　应交税费——应交增值税（销项税额）　3 060
(10) 银收 03 号
借：银行存款　2 000
　贷：应收账款——国光厂　2 000
(11) 银付 04 号
借：应付账款——金属公司　3 000
　贷：银行存款　3 000
(12) 银付 05 号
借：在途物资　15 000
　应交税费——应交增值税（进项税额）　2 250
　贷：银行存款　17 250
(13) 转 03 号
借：生产成本　15 000
　贷：原材料　15 000
(14) 转 04 号
借：制造费用　500
　管理费用　300
　贷：原材料　800
(15) 银收 04 号
借：银行存款　50 000
　贷：短期借款　50 000
(16) 银付 06 号
借：库存现金　24 000
　贷：银行存款　24 000
(17) 现付 03 号
借：应付职工薪酬　24 000
　贷：库存现金　24 000
(18) 转 05 号和现收 01 号
借：管理费用　110
　库存现金　40
　贷：其他应收款——张平　150

(19) 银收 05 号

借: 银行存款 25 740

贷: 主营业务收入 22 000

应交税费——应交增值税(销项税额) 3 740

(20) 银付 07 号

借: 销售费用 600

贷: 银行存款 600

(21) 银付 08 号

借: 在途物资 5 200

应交税费——应交增值税(进项税额) 884

贷: 银行存款 6 084

(22) 转 06 号

借: 管理费用 100

贷: 其他应收款 100

(23) 转 07 号

借: 财务费用 500

贷: 应付利息 500

(24) 转 08 号

借: 制造费用 450

管理费用 90

贷: 累计折旧 540

(25) 转 09 号

借: 生产成本 20 000

制造费用 1 200

管理费用 2 800

贷: 应付职工薪酬 24 000

(26) 银付 09 号

借: 生产成本 2 500

制造费用 300

管理费用 200

贷: 银行存款 3 000

(27) 转 11 号

借: 原材料 25 158

贷: 在途物资 25 158

（28）转 12 号

借：生产成本　2 450

　贷：制造费用　2 450

（29）转 13 号

借：库存成品　39 950

　贷：生产成本　39 950

（30）转 14 号

借：主营业务成本　30 000

　贷：产成品　30 000

（31）转 15 号

借：本年利润　34 800

　贷：主营业务成本　30 000

　　销售费用　600

　　管理费用　3 700

　　财务费用　500

（32）转 16 号

借：主营业务收入　40 000

　贷：本年利润　40 000

（33）转 17 号

本年利润总额 = 12 月份利润总额 + 前 11 个月的利润总额

= (40 000 - 34 800) + 40 500 = 45 700（元）

所得税费用 = 45 700 × 25% = 11 425（元）

净利润 = 45 700 - 11 425 = 34 275（元）

借：所得税费用　11 425

　贷：应交税费——应交所得税　11 425

（34）转 18 号

借：本年利润　11 425

　贷：所得税费用　11 425

（35）转 19 号

借：本年利润　34 275

　贷：利润分配——未分配利润　34 275

　转 20 号

借：利润分配——提取盈余公积　3 427. 5

　贷：盈余公积　3 427. 5

转 21 号

借：利润分配——未分配利润　　3 427.5

　贷：利润分配——提取盈余公积　　3 427.5

2. 根据上述记账凭证登记总账

表 11－1　总分类账

科目：库存现金　　第×页

2015 年		凭证字号	摘　要	借方金额	贷方金额	借或贷	余　额
月	日						
12	1		期初余额			借	400
	3	现付 01 号	预付差旅费		150	借	250
	6	现付 02 号	厂部买办公用品		100	借	150
	7	银付 03 号	提现备用	500		借	650
	15	银付 06 号	提现备发工资	24 000		借	24 650
	15	现付 03 号	发放工资		24 000	借	650
	17	现收 01 号	交回差旅费余款	40		借	690
	31		本月合计	24 540	24 250	借	690

表 11－2　总分类账

科目：银行存款　　第×页

2015 年		凭证字号	摘　要	借方金额	贷方金额	借或贷	余　额
月	日						
12	1		期初余额			借	19 000
	1	银收 01 号	收到大新公司欠款	1 000		借	20 000
	2	银付 01 号	购入材料		1 454	借	18 546
	5	银付 02 号	偿还欠永生工厂材料款		2 000	借	16 546
	7	银付 03 号	提现备用		500	借	16 046
	8	银收 02 号	销售产品	21 060		借	37 106
	9	银收 03 号	收到国光工厂欠款	2 000		借	39 106
	10	银付 04 号	偿还欠金属公司材料款		3 000	借	36 106
	11	银付 05 号	付购料款		17 250	借	18 856
	14	银收 04 号	借入短期借款	50 000		借	68 856
	15	银付 06 号	提现备发工资		24 000	借	44 856
	20	银收 05 号	销售产品	25 740		借	70 596
	23	银付 07 号	支付广告费		600	借	69 996
	26	银付 08 号	购入材料		6 084	借	63 912
	30	银付 09 号	支付水电费		3 000	借	60 912
	31		本月合计	99 800	57 888	借	60 912

表 11－3　总分类账

科目：应收票据　　第×页

2015 年 月	日	凭证字号	摘　要	借方金额	贷方金额	借或贷	余　额
12	1		期初余额			借	2 000
	31		本月合计			借	2 000

表 11－4　总分类账

科目：应收账款　　第×页

2015 年 月	日	凭证字号	摘　要	借方金额	贷方金额	借或贷	余　额
7	1		期初余额			借	3 000
	1	银收 01 号	收回大新公司欠款		1 000	借	2 000
	9	银收 03 号	收回国光公司欠款		2 000	平	
	31		本月合计		3 000	平	

表 11－5　总分类账

科目：其他应收款　　第×页

2015 年 月	日	凭证字号	摘　要	借方金额	贷方金额	借或贷	余　额
12	1		期初余额			借	400
	3	现付 01 号	预付差旅费	150		借	550
	17	现收 01 号 转 05 号	报销差旅费		150	借	400
	30	转 06 号	摊销财产保险费		100	借	300
	31		本月合计	150	250	借	300

表 11－6　总分类账

科目：在途物资　　第×页

2015 年 月	日	凭证字号	摘　要	借方金额	贷方金额	借或贷	余　额
12	1		期初余额			平	
	2	银付 01 号	购买材料	1 250		借	1 250
	7	转 02 号	买材料	3 708		借	4 958
	11	银付 05 号	购买材料	15 000		借	19 958
	26	银付 08 号	购买材料	5 200		借	25 158
	30	转 11 号	结转入库		25 158	平	
	31		本月合计	25 158	25 158	平	

表 11－7 总分类账

科目：原材料 第×页

2015 年 月	日	凭证字号	摘　要	借方金额	贷方金额	借或贷	余　额
12	1		期初余额			借	70 000
	3	转 01 号	发出材料生产产品		12 000	借	58 000
	14	转 03 号	发出材料生产产品		15 000	借	43 000
	14	转 04 号	车间和厂部耗用		800	借	42 200
	30	转 11 号	购买材料入库	25 158		借	67 358
	31		本月合计	25 158	27 800	借	67 358

表 11－8 总分类账

科目：库存商品 第×页

2015 年 月	日	凭证字号	摘　要	借方金额	贷方金额	借或贷	余　额
12	1		期初余额			借	13 000
	31	转 13 号	产品生产完工入库	39 950		借	52 950
	31	转 14 号	结转销售产品的成本		30 000	借	22 950
	31		本月合计	54 000	30 000	借	22 950

表 11－9 总分类账

科目：固定资产 第×页

2015 年 月	日	凭证字号	摘　要	借方金额	贷方金额	借或贷	余　额
12	1		期初余额			借	130 000
	31		本月合计			借	130 000

表 11－10 总分类账

科目：累计折旧 第×页

2015 年 月	日	凭证字号	摘　要	借方金额	贷方金额	借或贷	余　额
12	1		期初余额			贷	28 500
	30	转 08 号	计提折旧		540	贷	29 040
	31		本月合计		540	贷	29 040

表 11－11　总分类账

科目：无形资产　　第×页

2015 年		凭证字号	摘　要	借方金额	贷方金额	借或贷	余　额
月	日						
12	1		期初余额			借	4 800
	31		本月合计			借	4 800

表 11－12　总分类账

科目：制造费用　　第×页

2015 年		凭证字号	摘　要	借方金额	贷方金额	借或贷	余　额
月	日						
12	1		期初余额			平	
	14	转 04 号	车间耗用材料	500		借	500
	30	转 08 号	车间用固定资产折旧	450		借	950
	30	转 09 号	车间管理人员工资	1 200		借	2 150
	30	转 11 号	车间耗用水电费	300		借	2 450
	31	转 12 号	结转制造费用		2 450	平	
	31		本月合计	2 450	2 450	平	

表 11－13　总分类账

科目：生产成本　　第×页

2015 年		凭证字号	摘　要	借方金额	贷方金额	借或贷	余　额
月	日						
12	1		期初余额			借	1 900
	3	转 01 号	投入材料生产产品	12 000		借	13 900
	14	转 03 号	投入材料生产产品	15 000		借	28 900
	30	转 09 号	分配生产工人工资	20 000		借	48 900
	30	银付 09 号	支付生产产品耗用水电费	2 500		借	51 400
	31	转 12 号	制造费用转入	2 450		借	53 850
	31	转 13 号	结转完工产品成本		39 950	借	13 900
	31		本月合计	51 950	39 950	借	13 900

表 11－14　总分类账

科目：短期借款　　第×页

2015 年		凭证字号	摘　要	借方金额	贷方金额	借或贷	余　额
月	日						
12	1		期初余额			贷	55 000
	14	银收 04 号	从银行借入款项		50 000	贷	105 000
	31		本月合计		50 000	贷	105 000

表 11－15 总分类账

科目：应付账款　　　　第×页

2015年 月	日	凭证字号	摘要	借方金额	贷方金额	借或贷	余额
12	1		期初余额			贷	5 000
	5	银付 02 号	还欠永生工厂款	2 000			
	7	转 02 号	欠长风工厂购料款		4 320		
	10	银付 04 号	还欠金属工厂款	3 000			
	31		本月合计	5 000	4 320	贷	4 320

表 11－16 总分类账

科目：应付职工薪酬　　　　第×页

2015年 月	日	凭证字号	摘要	借方金额	贷方金额	借或贷	余额
12	1		期初余额			贷	3 200
	15	现付 03 号	支付工资	24 000		借	20 800
	30	转 09 号	分配本月工资费用		24 000	贷	3 200
	31		本月合计	24 000	24 000	贷	3 200

表 11－17 总分类账

科目：应交税费　　　　第×页

2015年 月	日	凭证字号	摘要	借方金额	贷方金额	借或贷	余额
12	1		期初余额			贷	800
	2	银付 01 号	购入材料的进项增值税	204		贷	596
	7	转 02 号	购入材料的进项增值税	612		借	16
	8	银收 02 号	销售产品的销项增值税		3 060	贷	3 044
	11	银付 05 号	购入材料的进项增值税	2 250		贷	794
	20	银收 05 号	销售产品的销项增值税		3 740	贷	4 534
	26	银付 08 号	购材料的进项增值税	884		贷	3 650
	31	转 17 号	本期应交所得税		11 425	贷	15 075
	31		本月合计	3 950	18 225	贷	15 075

表 11－18　总分类账

科目：应付票据　　第×页

2015年		凭证字号	摘　要	借方金额	贷方金额	借或贷	余　额
月	日						
12	1		期初余额			贷	1 000
	31		本月合计			贷	1 000

表 11－19　总分类账

科目：应付利息　　第×页

2015年		凭证字号	摘　要	借方金额	贷方金额	借或贷	余　额
月	日						
12	1		期初余额			贷	500
	30	转 07 号	预提本月财务利息		500	贷	1 000
	31		本月合计		500	贷	1 000

表 11－20　总分类账

科目：实收资本　　第×页

2015年		凭证字号	摘　要	借方金额	贷方金额	借或贷	余　额
月	日						
12	1		期初余额			贷	150 000
	31		本月合计			贷	150 000

表 11－21　总分类账

科目：盈余公积　　第×页

2015年		凭证字号	摘　要	借方金额	贷方金额	借或贷	余　额
月	日						
12	1		期初余额			平	
	31	转 19 号	本期计提盈余公积		3 427.5	贷	3 427.5
	31		本月合计		3 427.5	贷	3 427.5

表 11－22　总分类账

科目：主营业务收入　　第×页

2015年		凭证字号	摘　要	借方金额	贷方金额	借或贷	余　额
月	日						
12	1		期初余额			平	
	8	银收 02 号	销售产品		18 000	贷	18 000
	20	银收 05 号	销售产品		22 000	贷	40 000
	33	转 16 号	转入本年利润	40 000		平	
	31		本月合计	40 000	40 000	平	

表 11－23 总分类账

科目：主营业务成本 第×页

2015年 月	日	凭证字号	摘要	借方金额	贷方金额	借或贷	余额
12	1		期初余额			平	
	31	转14号	销售产品结转成本	30 000		借	30 000
	31	转15号	结转入本年利润		30 000	平	
	31		本月合计	30 000	30 000	平	

表 11－24 总分类账

科目：管理费用 第×页

2015年 月	日	凭证字号	摘要	借方金额	贷方金额	借或贷	余额
12	1		期初余额			平	
	6	现付02号	厂部办公用品费	100		借	100
	14	转04号	厂部耗用原材料	300		借	400
	17	转05号	报销差旅费	110		借	510
	30	转06号	摊销财产保险费	100		借	610
	30	转08号	计提固定资产折旧	90		借	700
	30	转09号	分配管理人员工资	2 800		借	3 500
	30	银付09号	支付厂部耗用水电费	200		借	3 700
	31	转15号	结转入本年利润		3 700	平	
	31		本月合计	3 700	3 700	平	

表 11－25 总分类账

科目：销售费用 第×页

2015年 月	日	凭证字号	摘要	借方金额	贷方金额	借或贷	余额
12	1		期初余额			平	
	23	银付07号	广告费	600		借	600
	31	转15号	结转入本年利润		600	平	
	31		本月合计	600	600	平	

表 11－26　总分类账

科目：财务费用　　第×页

2015 年		凭证字号	摘　　要	借方金额	贷方金额	借或贷	余　额
月	日						
12	1		期初余额			平	
	23	转 07 号	预提本月利息	500		借	500
	31	转 15 号	结转入本年利润		500	平	
	31		本月合计	500	500	平	

表 11－27　总分类账

科目：所得税费用　　第×页

2015 年		凭证字号	摘　　要	借方金额	贷方金额	借或贷	余　额
月	日						
12	1		期初余额			平	
	31	转 17 号	本期所得税费用	11 425		借	11 425
	31	转 18 号	结转入本年利润		11 425	平	
	31		本月合计	11 425	11 425	平	

表 11－28　总分类账

科目：本年利润　　第×页

2015 年		凭证字号	摘　　要	借方金额	贷方金额	借或贷	余　额
月	日						
12	1		期初余额			贷	40 500
	31	转 16 号	本期收入类账户转入		40 000	贷	80 500
	31	转 15 号	本期成本费用类账户转入	34 800		贷	47 500
	31	转 18 号	所得税费用转入	11 425		贷	34 275
	31	转 19 号	转入利润分配账户	34 275		平	
	31		本月合计	80 500	40 000	平	

表 11－29　总分类账

科目：利润分配　　第×页

2015 年		凭证字号	摘　要	借方金额	贷方金额	借或贷	余　额
月	日						
12	1		期初余额			贷	0
	31	转 19 号	本年利润转入		34 275	贷	34 275
	31	转 20 号	提取盈余公积金	3 427. 5		贷	30 847. 5
	31	转 21 号	利润分配明细科目间结转	3 427. 5	3 427. 5	贷	30 847. 5
	31		本月合计	6 855	37 702. 5	借	30 847. 5

3. 编制会计报表

表 11－30　资产负债表

编制单位：长虹工厂　　2015 年 12 月 31 日　　单位：元

资　产	期末数	负债和所有者权益	期末数
流动资产：		流动负债：	
货币资金	61 602	短期借款	105 000
交易性金融资产		交易性金融负债	
应收票据	2 000	应付票据	1 000
应收账款	0	应付账款	4 320
预付账款		预收账款	
应收利息		应付职工薪酬	3 200
应收股利		应交税费	15 075
其他应收款	300	应付利息	1 000
存货	104 208	应付股利	
1 年内到期的非流动资产		其他应付款	
其他流动资产		预计负债	
流动资产合计	168 110	1 年内到期的非流动负债	
非流动资产：		其他流动负债	
可供出售金融资产		流动负债合计	129 595
持有至到期投资		非流动负债：	
投资性房地产		长期借款	
长期股权投资		应付债券	
长期应收款		长期应付款	
固定资产	130 000	递延所得税负债	
减：累计折旧	29 040	其他非流动负债	
在建工程		非流动负债合计	
工程物资		负债合计	129 595
固定资产清理		所有者权益：	

续表

资　　产	期末数	负债和所有者权益	期末数
无形资产	44 800	实收资本	150 000
长期待摊费用		资本公积	
递延所得税资产		盈余公积	3 427. 5
其他非流动资产		未分配利润	30 847. 5
非流动资产合计	145 760	所有者权益合计	184 275
资产总计	313 870	负债及所有者权益总计	313 870

表 11－31　利润表

编制单位：长虹工厂　　2015 年 12 月　　单位：元

项　　目	本月数	本年累计数
一、营业收入	40 000	
减：营业成本	30 000	
营业税金及附加		
销售费用	600	
管理费用	3 700	
财务费用	500	
资产减值损失		
加：公允价值变动净收益（损失以“－”号填列）		
投资收益（损失以“－”号填列）		
二、营业利润（亏损以“－”号填列）	5 200	
加：营业外收入		
减：营业外支出		
三、利润总额（亏损以“－”号填列）	5 200	45 700
减：所得税	1 300	11 425
四、净利润（亏损以“－”号填列）	3 900	34 275

《会计学原理》模拟试题(一)

一、判断题(每小题1分,共15分。正确的打"√",错误的打"×")

1. 谨慎性原则要求会计核算工作中做到谦虚谨慎,不夸大企业的资产。( )
2. 负债包括潜在的偿债义务和现时的偿债义务。( )
3. 确认收入的同时,也必须确认资产或负债。( )
4. 所有账户的左边均记录增加额,右边均记录减少额。( )
5. 一般地说,各类账户的期末余额与账户的增加额在同一方向登记。( )
6. 企业预付的房屋租金,应通过其他应付款账户核算。( )
7. 生产成本账户在期末必定没有余额。( )
8. 一般情况下,所得税是一种费用。( )
9. 与货币收付无关的业务一律编制转账凭证。( )
10. 现金日记账可以采用活页式账簿。( )
11. 当资产价值发生变化后,历史成本不能表现现时的资产价值。( )
12. 属于本期费用的一个必要条件是款项在本期支付。( )
13. 资产负债表是反映企业在某一特定时点财务状况的报表。( )
14. 资产负债率越高,债权人债务的安全程度越高。( )
15. 预收销货款时,可作为收入实现进行账务处理。( )

二、单项选择题(每小题1分,共15分)

1. 会计的基本职能是( )。

A. 核算与监督　B. 分析与考核　C. 预测与决策　D. 核算与预测

2. 会计主体从( )上对会计核算范围进行了有效的界定。

A. 空间　B. 时间　C. 空间和时间　D. 内容

3. 会计确认的核心问题是( )。

A. 会计核算　B. 会计计量　C. 会计记录　D. 会计报告

4. 一般情况下,会计计量以法定的( )作为计量单位。

A. 货币　B. 名义货币　C. 购买力货币　D. 记账本位币

5. 会计科目是( )。

A. 会计要素的名称　B. 报表的项目
C. 账簿的名称　D. 账户的名称

6. 账户的余额一般与(　)在一方。
A. 增加额　B. 金额　C. 减少额　D. 发生额

7. 复式计账法对每项经济业务都以相等的金额,在(　)中进行登记。
A. 一个账户　B. 两个账户
C. 全部账户　D. 两个或两个以上账户

8. 出纳人员支付现金的依据是(　)。
A. 收款凭证　B. 付款凭证　C. 转账凭证　D. 原始凭证

9. 下列账户中不属于盘存账户的有(　)。
A. 固定资产　B. 累计折旧　C. 现金　D. 原材料

10. 会计报表中有关报表项目的金额,其直接来源是(　)。
A. 原始凭证　B. 记账凭证　C. 日记账　D. 账簿纪录

11. 负债指过去的交易或事项形成的现时义务,履行该义务预期会导致(　)流出企业。
A. 货币资金　B. 资产或劳务　C. 财产　D. 经济利益

12. 费用是指企业为销售商品或(　)等日常活动所发生的经济利益流出企业。
A. 生产成本　B. 支出耗费　C. 提供劳务　D. 发生损失

13. "利润分配"账户按用途和结构分类,属于(　)账户。
A. 负债　B. 所有者权益　C. 备抵调整　D. 资本账户

14. 关于人工费用的分配的会计分录是借记有关费用成本账户,贷记(　)。
A. 盈余公积　B. 应付职工薪酬　C. 应交税费　D. 实收资本

15. 登账以后,发现记账凭证所记金额小于正确金额,应采用(　)进行更正。
A. 蓝字更正法　B. 平行登记法　C. 划线更正法　D. 补充登记法

三、名词解释(每小题4分,共16分)

1. 会计要素
2. 所有者权益
3. 复式记账法
4. 财产清查

四、简答题(每小题7分,共14分)

1. 简述借贷记账法的特点。
2. 会计上生产成本、生产费用及支出三者有何区别?

五、核算题(第1、2题每题10分、第3题20分,共40分)

1. 2015年5月31日,某企业银行存款日记账的账面余额为324 000元,银行对账单余额316 000元。经逐笔核对,发现有下列未达账项:

(1) 企业送存银行转账支票一张,金额12 800元,银行尚未入账。

(2) 银行支付到期货款98 000元,企业尚未入账。

(3) 银行收到外单位汇来货款32 000元,企业尚未入账。

(4) 企业开出转账支票一张,金额70 800元,持票人尚未到银行办理转账手续。

要求:根据上列资料编制"银行存款余额调节表"。

银行存款余额调节表

2015年5月31日　　　　金额单位:元

项　　目	金　额	项　　目	金　额
企业银行存款日记账余额		银行对账单余额	
调节后余额		调节后余额	

2. B公司生产两种产品A、B,2015年7月有关两种产品的资料如下:

(1) 生产数量(单位:件)

产品名称	月初在产品数量	本月新投产数量	本月完工产品数量	月末在产品数量
A产品	100	200	250	50
B产品	30	60	50	40

(2) 生产费用(单位:元)

	在产品名称	直接材料	直接人工	制造费用	合　计
月初在产品成本	A产品	10 000	8 000	5 000	23 000
	B产品	9 000	6 000	3 000	18 000
本月生产费用	A产品	20 000	16 000		
	B产品	18 000	12 000		
月末在产品单位成本定额	A产品	50	40	25	115
	B产品	150	100	50	300

(3) 本月为生产 A、B 两种产品共发生 16 000 元制造费用。

要求:(1) 按本月直接人工费用对制造费用进行分配。

(2) 计算 A、B 两种产品本月总的生产费用。

(3) 计算 A、B 两种产品月末在产品成本。

(4) 计算 A、B 两种完工产品总成本。

(5) 计算 A、B 两种完工产品的单位成本。

3. 鸿源股份有限公司 2015 年 12 月份发生下列经济业务(进销增值税税率均为 17%):

(1) 12 月 1 日,收回上年已作为坏账转销的应收 A 公司账款 7 万元,并存入银行。

(2) 12 月 20 日,收到 C 公司发来的材料一批,并验收入库。增值税发票上注明贷款为 20 万元,其中增值税为 3.4 万元,其款项上年已支付。

(3) 12 月 25 日,对设备进行更新改造,发生后续支出总计 20 万元,均以银行存款支付。该设备原价为 30 万元,已计提折旧 15 万元,已提减值准备 3 万元。该设备于 12 月 30 日达到预定可使用状态,其后续支出符合资本化条件。

(4) 12 月 30 日,从银行借款 30 万元,期限为 3 年,年利率为 10%,每月付息一次。

(5) 12 月份以票据结算的经济业务有(不考虑增值税):持银行汇票购进材料 60 万元,持银行本票购进库存商品 20 万元,签发 6 个月的商业汇票购进材料 50 万元。

(6) 12 月 31 日,经计算,本月应付职工工资 100 万元,其中生产工人工资 50 万元,车间管理人员工资 20 万元,厂部管理人员工资 30 万元。

(7) 12 月 31 日,结转本月制造费用 24 万元,产品完工入库制造成本为 84 万元。该批产品全部实现销售,销售价款为 300 万元,增值税 51 万元,货款以银行存款收讫,同时结转产品销售成本。

要求:对上述业务作会计分录。

《会计学原理》模拟试题(二)

一、名词解释(每小题3分,共15分)

1. 收入
2. 会计分录
3. 对账
4. 红字冲销法
5. 财务会计报告

二、判断题(每小题1分,共15分。正确的打"✓",错误的打"×")

1. 会计恒等式是复式记账的基础。 ( )
2. 任何流入企业的资产都是企业的收入。 ( )
3. 会计主体就是法人企业。 ( )
4. 确认收入时,也必须确认资产或负债。 ( )
5. 当企业采用权责发生制核算时,预付的报刊费应作为支付期的费用处理。 ( )
6. 所有经济业务的发生,都会引起会计恒等式两边发生变化。 ( )
7. 设置会计科目是根据会计对象的具体内容和经济管理的要求,事先规定分类核算的项目或标志的一种专门方法。 ( )
8. 所有总分类账户均应设置明细分类账户。 ( )
9. 收款凭证一般按现金和银行存款分别编制。 ( )
10. 从银行提取现金时,可编制现金收款凭证。 ( )
11. 登记账簿必须用蓝、黑墨水书写,不得用圆珠笔、铅笔书写,更不得用红色墨水书写。 ( )
12. 永续盘存制加大了明细账的核算工作,因而企业较少采用。 ( )
13. 本期发生的生产费用应全部计入完工产品成本。 ( )
14. 经过期末账项调整,账簿记录中有关收入和费用科目所记录的金额,便是应归属本期收入和费用的金额。 ( )
15. 资产负债率越高,债权人债务的风险就越高。 ( )

三、单项选择题(每小题 2 分,共 20 分)

1. 会计主体从(　　)上对会计核算范围进行了有效的界定。

A. 空间　B. 时间　C. 空间和时间　D. 内容

2. 会计分期是从(　　)引申出来的。

A. 会计主体　B. 货币计量　C. 权责发生制　D. 持续经营

3. 资产的计价是以(　　)为尺度,衡量、计算和确定资产的价值。

A. 货币　B. 价值　C. 购买力货币　D. 使用价值

4. 期末账项调整的标准是(　　)。

A. 会计目标　B. 收付实现制　C. 会计确认　D. 权责发生制

5. 某会计人员根据记账凭证登记入账时,误将 600 元填写为 6 000 元,而记账凭证无误,应用(　　)予以更正。

A. 红字更正法　B. 补充登记法

C. 划线更正法　D. 黑字更正法

6. 某企业 A 材料期初结存 200 件,单价 100 元,金额为 20 000 元;本期购进 500 件,单价 100 元;本期发出 600 件,毁损 10 件。采用永续盘存制,本期发出材料的成本为(　　)元。

A. 60 000　B. 61 000　C. 51 000　D. 50 000

7. 关于"其他应收款"科目,下列论述正确的是(　　)。

A. 该科目用于核算企业上期支出应由以后各期负担的各项费用

B. 该科目用于核算企业本期支出应由以后各期负担的各项费用

C. 摊销期在一年以上的各项费用

D. 该科目用于核算企业已经支出应由本期和以后各期分别负担的、分摊期在一年以内的各项费用

8. 银行存款的清查是将(　　)进行核对。

A. 银行存款总账与日记账

B. 银行存款日记账与银行存款收、付款凭证

C. 银行存款日记账与银行对账单

D. 银行存款总账与银行存款收、付款凭证

9. 盘亏固定资产,批准前,应借记(　　)科目。

A. 待处理财产损溢　B. 营业外收入

C. 营业外支出　D. 累计折旧

10. 资产负债表设计的主要依据是(　　)。

A. 会计恒等式　B. 复式记账原理

C. 账户结构原理　D. 收入 - 费用 = 利润

四、多项选择题(每小题 3 分,共 30 分。每题均有至少两个正确答案)

1. 收入的取得将会影响下列(　　)要素。

A. 资产　B. 负债　C. 费用　D. 所有者权益
E. 利润

2. 账簿按其用途分类,可以分为(　　)。

A. 序时账簿　B. 订本式账簿　C. 分类账簿　D. 备查账簿

3. 账实核对主要包括(　　)。

A. 现金日记账与现金实存数的核对
B. 银行存款日记账与银行对账单的核对
C. 材料明细账与材料实存数的核对
D. 应收账款明细账与债务单位对账单的核对

4. 结账就是在会计期末计算并结转各账户的(　　)。

A. 本期发生额　B. 期末余额
C. 期初余额　D. 本期借方发生额

5. 会计报表的编制必须做到(　　)。

A. 数字真实　B. 计算准确　C. 内容完整　D. 编报及时

6. 会计报表按其反映的经济内容,分为反映(　　)的报表。

A. 财务状况　B. 经营成果　C. 现金流动情况　D. 内部经营管理

7. 编制报表前的准备工作包括(　　)。

A. 期末账项调整　B. 编制工作底稿
C. 对账　D. 财产清查

8. 直接人工包括(　　)。

A. 产品制造工人的工资　B. 产品制造工人的福利费
C. 车间管理人员的工资　D. 车间管理人员的福利费

9. 总分类账户与明细分类账户的平行登记,应满足下列要求(　　)。

A. 原始依据相同　B. 同期登记
C. 同金额登记　D. 同方向登记

10. 账户中的“借”字表示(　　)。

A. 资产的增加　B. 负债的减少
C. 收益的转销　D. 费用成本的增加

五、业务题(本题共 20 分)

某企业 2015 年 8 月份发生的部分经济业务如下:

(1) 所有者投入资本 200 000 元,存入银行。

(2) 购入新机器 2 台,价值 100 000 元,以银行存款支付。

(3) 向 A 工厂购入材料一批,计 50 000 元,材料已验收入库,货款以银行存款支付。不考虑应交增值税。

(4) 管理人员出差回来报销差旅费 1 800 元,原借支 2 000 元,余款交回现金。

(5) 7 月份预付报刊费中,本月应由管理部门负担 300 元。

(6) 预提本月管理部门用的固定资产修理费 1 000 元。

(7) 以银行存款支付职工工资 2 000 元。

要求:

(1) 根据上列资料编制会计分录。

(2) 假定该厂 7 月 31 日资产负债表中资产和负债及所有者权益的合计数各为 1 000 000 元。上列经济业务发生后,8 月 31 日资产负债表的资产和负债及所有者权益的合计数应各为多少? 请列出算式。

《会计学原理》模拟试题(三)

一、单项选择题(每小题1分,共25分)

1. 原材料明细账的账页格式一般采用(　　)。

A. 三栏式　　B. 多栏式　　C. 数量金额式　　D. 活页式

2. 下列账户中,属于权益备抵账户的是(　　)。

A. 累计折旧　　B. 坏账准备　　C. 材料成本差异　　D. 利润分配

3. 权责发生制原则主要强调的是(　　)。

A. 财务状况的切实性　　B. 经营成果的合理归属期间

C. 资产的合理计价　　D. 收入和费用的合理计价

4. 下列项目中,属于无形资产的是(　　)。

A. 应收账款　　B. 商誉

C. 开办费　　D. 租入固定资产的改良支出

5. 引起资产和所有者权益同时增加的经济业务是(　　)。

A. 收到外单位捐赠的设备一台　　B. 从税后利润中提取盈余公职

C. 以资本公积金转增资本　　D. 从银行取得短期借款一项

6. 资产、负债和所有者权益是(　　)。

A. 表示企业财务状况的会计要素　　B. 表示企业经营状况的会计要素

C. 表示企业经营成果的会计要素　　D. 表示企业财务成果的会计要素

7. 会计科目作为一个体系包括科目的内容和(　　)。

A. 科目名称　　B. 科目编号　　C. 科目级次　　D. 科目结构

8. 卡片式账簿可用于(　　)。

A. 总账　　B. 日记账

C. 固定资产明细账　　D. 应收账款明细账

9. 下列会计凭证中,属于原始凭证的是(　　)。

A. 收款凭证　　B. 付款凭证

C. 转账凭证　　D. 制造费用分配表

10. 某工业企业发生下列收入,属于其他业务收入的是(　　)。

A. 销售半成品取得的收入　　B. 处置无形资产的净收益

C. 销售材料取得的收入　　D. 处理固定资产净收益

11. 登记账簿的直接依据是(　　)。

A. 经济业务　B. 原始凭证　C. 会计报表　D. 记账凭证

12. 营业利润 + 营业外收支净额 = (　　)。

A. 经营业务利润　　B. 利润总额

C. 营业利润　　D. 净利润

13. 一项经济业务所涉及的每个会计科目单独填制一张记账凭证,每一张记账凭证中只登记一个会计科目,这种凭证叫做(　　)。

A. 单式记账凭证　　B. 专用记账凭证

C. 通用记账凭证　　D. 一次凭证

14. 各种会计核算形式的主要区别在于(　　)。

A. 登记总账的依据和方法不同　　B. 登记明细账的依据和方法不同

C. 凭证的设置和编制方法不同　　D. 账簿的设置和登记方法不同

15. 记账以后发现记账凭证中应借应贷符号、科目有错误时,可以来用的更正方法是(　　)。

A. 划线更正法　　B. 红字更正法

C. 补充登记法　　D. 重新登记法

16. 在账户按用途和结构的分类中,“本年利润”账户属于(　　)。

A. 损益账户　　B. 跨期摊配账户

C. 权益账户　　D. 财务成果账户

17. 不能全部计入当期损益,应当在以后年度分期摊销的各项费用,称为(　　)。

A. 其他应收款　　B. 递延资产

C. 跨期摊提费用　　D. 无形资产

18. 如果某一经济业务有多种处理方法可供选择时,应采取不导致夸大资产、虚增利润的方法,这是(　　)。

A. 客观性原则的要求　　B. 有用性原则的要求

C. 配比原则的要求　　D. 谨慎原则的要求

19. 净利润 + 年初未分配利润 = (　　)。

A. 利润总额　　B. 可供分配利润总额

C. 利润净额　　D. 未分配利润总额

20. 体现了会计核算的基本规律,并作为进行会计核算工作必须共同遵守的基本要求的是(　　)。

A. 会计法　B. 会计准则　C. 会计制度　D. 会计职业道德

21. 赊销收入净额与应收账款平均余额的比率是(　　)。

A. 赊销比率　　B. 应收账款流动率

C. 应收账款周转天数　　D. 应收账款周转次数

22. 在总资产报酬率指标的计算公式中,分子是(　　)。

A. 利润总额　　B. 利润净额

C. 所有者权益总额　　D. 产品销售利润额

23. 资产负债表中的"存货"项目,应根据(　　)。

A. "存货"科目的期末借方余额填列

B. "生产成本"科目的期末借方余额填列

C. "材料""生产成本"和"产成品"科目的期末借方余额之和填列

D. "材料""生产成本""产成品"和"预付账款"科目的期末借方余额之和填列

24. 重要性原则属于(　　)。

A. 有关总体性要求的原则

B. 有关信息质量要求的原则

C. 有关确认计量要求的原则

D. 有关会计机构和会计人员要求的原则

25. 原材料明细账主要应采用(　　)格式的账簿。

A. 数量金额式　　B. 三栏式　　C. 借方多栏式　　D. 贷方多栏式

二、多项选择题(每小题1分,共15分。每题至少有两个以上正确答案)

1. 自制原始凭证按其填制手续不同,可以分为(　　)。

A. 一次凭证　　B. 累计凭证

C. 汇总原始凭证　　D. 记账凭证

E. 记账编制凭证

2. 作为会计主体必须具备的条件是(　　)。

A. 具备法人资格

B. 具有一定数量的经济资源

C. 进行独立的生产经营活动或其他活动

D. 实行独立核算,提供反映本主体经济情况的会计报表

E. 配备专门的会计人员

3. 会计的任务可以具体概括为(　　)。

A. 反映和监督各单位经济活动和财务收支,提供会计信息,加强经济核算

B. 反映和监督各单位对财经政策、法令、制度的执行情况,维护财经纪律

C. 制订本单位办理会计事务的具体方法

D. 充分利用会计信息资料及其他有关资料,预测经济前景,参与经营决策

E. 参与本单位编制计划、制订定额、对外签订经济合同,参加有关的生产、经营管理会议和业务会议

4. “资产 = 负债 + 所有者权益”的会计等式,是(　　)。

A. 设置会计科目的理论依据　　B. 设置账户的理论依据

C. 复式记账的理论依据　　D. 编制会计报表的理论依据

E. 财产清查的理论依据

5. 一般企业税后利润进行分配的渠道是(　　)。

A. 提取盈余公职　　B. 提取公益金

C. 提取奖励基金　　D. 向投资者分配利润

E. 向职工分配利润

6. 账簿按用途分类,可以分为(　　)。

A. 序时账簿　　B. 分类账簿

C. 联合账簿　　D. 备查账簿

E. 订本账簿

7. 在借贷记账法下,应记入有关账户借方的是(　　)。

A. 收入、利润增加　　B. 费用增加

C. 收入、利润减少或结转　　D. 费用减少或结转

E. 所有者权益增加

8. 下列报表中,反映企业财务状况及其变动情况的报表是(　　)。

A. 资产负债表　　B. 利润表

C. 利润分配表　　D. 主营业务收支明细表

E. 财务状况变动表

9. 银行存款日记账与银行对账单的余额不一致,原因可能是(　　)。

A. 银行记账错误　　B. 企业记账错误

C. 双方记账均有错误　　D. 存在未付款项

E. 存在未达账项

10. 在汇总记账凭证核算形式下,明细分类账登记的依据是(　　)。

A. 原始凭证　　B. 汇总原始凭证

C. 收款凭证　　D. 付款凭证

E. 转账凭证

11. 下列费用中,属于期间费用的是(　　)。

A. 生产费用　　B. 销售费用

C. 管理费用　　D. 财务费用

E. 其他应收款

12. 下列账户中,属于债权结算账户的是(　　)。

A. 应收账款　　B. 应讨账款

C. 预收账款　　D. 预付账款

E. 应交税费

13. 取得收入导致会计要素变动的情况有(　　)。

A. 资产和收入同时增加　　B. 资产增加,负债减少

C. 收入增加,负债减少　　D. 资产增加,负债增加

E. 资产和负债同时减少

14. 在账户按经济内容的分类中,属于成本类账户的是(　　)。

A. 材料采购　　B. 生产成本

C. 制造费用　　D. 主营业务成本

E. 管理费用

15. 下列账簿中可以采用多栏式账页格式的是(　　)。

A. 总账　　B. 日记账

C. 材料明细账　　D. 材料采购明细账

E. 主营业务收入明细账

三、名词解释(每小题 2 分,共 10 分)

1. 未达账项
2. 记账凭证
3. 会计电算化
4. 会计核算形式
5. 配比原则

四、简答题(每小题 5 分,共 10 分)

1. 什么是会计报表? 简述编制会计报表的基本要求。

2. 什么是总分类账户与明细分类账户的平行登记? 简述平行登记的基本规则。

五、业务计算题(共 40 分)

1. 根据下列经济业务编制会计分录(凡能确定明细科目的,应在分录中列出,每小题 2 分,共 30 分)

(1) 收到华方公司发运来的一批材料,该批材料的买价 35 000 元,运杂费 900 元,增值税进项税额 6 050 元。上月曾预付购货款 15 000 元,现在将剩余的款项以银行存款付清。

(2) 向光华公司销售 A 产品 150 件,单位售价 120 元,价款共计 18 000 元,增

值税销项税额 3 060 元,另以银行存款支付代垫运费 1 000 元。产品已发出,但货款等各种款项均尚未收到。

(3) 上项销售的产品单位生产成本 30 元,结转已销产品的生产成本。

(4) 职工刘军报销差旅费 12 800 元,原借款 15 000 元,余款缴回现金。

(5) 以现金支付离退休人员工资 1 160 元。

(6) 出售一台旧设备,收到价款 13 500 元已存入银行,该设备原始价值 50 000 元,已提折旧 30 000 元。

(7) 上月已入账的盘亏材料 15 000 元,现将原因查明,并作出处理决定:有 1 500 元由仓库保管人员赔偿;8 000 元为非常损失,列作营业外支出;其余是管理不善造成,列作管理费用。

(8) 管理部门租用办公楼一幢,租期 6 个月,以银行存款支付全部租赁费 9 000 元,其中应由本月负担 1 500 元。

(9) 仓库发出一批材料,分别用于生产 A 产品 62 000 元,用于生产 B 产品 39 000 元,车间一般消耗 4 000 元。

(10) 结算当月应付职工工资 29 200 元,其中生产工人工资 19 000 元,车间管理人员工资 4 200 元,厂部管理人员工资 6 000 元。

(11) 计提当月固定资产折旧 12 000 元,其中车间用固定资产折旧 8 000 元,管理部门用固定资产折旧 4 000 元。

(12) 预提应由本月负担的短期借款利息 900 元。

(13) 期末,结转当期发生的收支。有关账户的本期发生额合计为:主营业务收入 530 000 元,营业外收入 5 000 元,主营业务成本 310 000 元,营业税金及附加 2 000 元,销售费用 80 000 元,管理费用 10 000 元,财务费用 15 000 元。

(14) 所得税税率为 25%,计算所得税费用并结转入"本年利润"账户。

(15) 当期实现的税后净利润 88 500 元待转入"利润分配"账户,并按 10% 计提盈余公积,并向投资者分配利润 38 000 元。

2. 根据下列资料作出相应计算(共 10 分)

某企业某月生产 A、B 两种产品,生产工时分别为 2 400 小时和 1 800 小时,本月生产工人计时工资为 117 306 元,制造费用为 34 650 元。A 产品当月投产 60 件,当月全部完工,没有月初和月末在产品;B 产品全部未完工。

要求:

(1) 按生产工时对工资及福利费和制造费用在 A、B 两种产品间进行分配(列出计算过程)。

(2) 计算出 A 产品完工产品总成本和单位成本。

(3) 填制 A 产品生产成本明细账。

生产成本明细账

产品名称：A 产品　　投产数量：60 件　　金额单位：元

2015 年		凭证种类及号数	摘　要	借　方			
月	日			直接材料	直接人工	制造费用	合计
			期初余额				
			领用原材料				
			发生人工费用				
			分配制造费用				
			本月生产费用合计				
			结转完工产品成本				
			期末余额				

《会计学原理》模拟试题(四)

一、单项选择题(每小题1分,共20分)

1. 近代会计形成的标志是(　　)。

A. 单式记账法的问世　　B. 会计从生产职能中分离出来

C. 从单式记账法过渡到复式记账法　　D. 出现了专职会计人员

2. 会计对经济活动进行综合反映,主要是利用(　　)。

A. 实物量度　　B. 劳动量度

C. 货币量度　　D. 工时量度

3. 会计凭证分为原始凭证和记账凭证,是按其(　　)。

A. 记录经济业务的内容　　B. 填制程序和用途

C. 格式　　D. 填制方法

4. 在会计核算的一般原则中,要求会计指标口径一致,以便于不同企业之间进行横向比较的会计原则是(　　)。

A. 一贯性原则　　B. 可比性原则

C. 配比原则　　D. 权责发生制原则

5. 下列经济业务中,影响会计等式总额发生变化的是(　　)。

A. 以银行存款50 000元购买材料　　B. 结转完工产品成本40 000元

C. 购买机器设备20 000元,货款未付　　D. 收回客户所欠的货款30 000元

6. 下列会计分录中,属于复合会计分录的是(　　)。

A. 借:生产成本——A产品　　30 000

　　贷:材料——甲材料　　10 000

　　　　——乙材料　　20 000

B. 借:制造费用——办公室　　300

　　　　——邮电费　　600

　　贷:现金　　900

C. 借:制造费用——折旧费　　2 000

　　管理费用——折旧费　　1 000

　　贷:累计折旧　　3 000

D. 借：银行存款　　100 000

　　贷：应收账款——A 公司　　40 000

　　　　　　　　——B 公司　　60 000

7. 对应收账款计提坏账准备，遵循的会计原则是(　　)。

A. 历史成本原则　　B. 收付实现原则

C. 谨慎原则　　D. 配比原则

8. 借贷记账法“借”“贷”的含义是(　　)。

A. 债权和债务　　B. 标明记账方向

C. 增加或减少　　D. 收入和付出

9. 会计工作组织形式视企业具体情况可分为(　　)。

A. 总括核算与明细核算　　B. 车间核算与企业核算

C. 集中核算与非集中核算　　D. 综合核算与非综合核算

10. 下列原始凭证中，属于累计凭证的是(　　)。

A. 增值税专用发票　　B. 发料汇总表

C. 限额领料单　　D. 差旅费报销单

11. 总资产报酬率的计算，是以总资产去除(　　)。

A. 净利润　　B. 主营业务收入

C. 利润总额　　D. 总产值

12. 登记明细账的依据是(　　)。

A. 汇总记账凭证　　B. 记账凭证或原始凭证

C. 原始凭证　　D. 汇总原始凭证

13. 在借贷记账法下，账户哪一方登记增加，哪一方登记减少，取决于(　　)。

A. 账户的结构　　B. 账户所记录的经济业务内容

C. 账户的用途　　D. 账户的具体格式

14. “其他应付款”账户按用途和结构分类，应归入(　　)。

A. 费用账户　　B. 集合分配账户

C. 负债账户　　D. 跨期摊提账户

15. 下列指标中，属于资本结构比率的是(　　)。

A. 资产负债率　　B. 资本保值增值率

C. 资本收益率　　D. 总资产报酬率

16. 记账以后，发现据以登账的记账凭证中将 800 元误写为 8 000 元，应采用更正错误的方法是(　　)。

A. 红字更正法　　B. 补充登记法

C. 差额计算法　　D. 划线更正法

17. 会计循环的顺序是(　　)。

A. 填制和审核凭证→编制会计报表→登记账簿

B. 编制会计报表→登记账簿→填制和审核凭证

C. 填制和审核凭证→登记账簿→编制会计报表

D. 登记账簿→填制和审核凭证→编制会计报表

18. 某公司10月初账户余额：在产品4 000元,产成品38 000元。10月份发生的直接材料、直接人工、制造费用45 000元,完工产品成本为42 000元,发出产成品40 000元,盘盈产成品2 000元。10月末产成品账户余额是(　　)。

A. 40 000元　　B. 42 000元　　C. 7 000元　　D. 38 000元

19. 结算往来款项的清查一般采用(　　)。

A. 实地盘点法　　B. 技术推算盘点法

C. 余额调节法　　D. 函证核对法

20. 对会计对象的具体内容分类进行核算的方法是(　　)。

A. 设置会计科目　　B. 复式记账

C. 登记账簿　　D. 会计科目

二、多项选择题(每小题2分,共20分,每题至少有两个以上答案)

1. 会计核算的基本前提是(　　)。

A. 会计主体　　B. 会计准则

C. 持续经营　　D. 会计分期

E. 货币计量

2. 对账工作应包括的内容有(　　)。

A. 账证核对　　B. 账账核对

C. 金额核对　　D. 账实核对

E. 数量核对

3. 下列业务中,应确认为债权的是(　　)。

A. 预收销货款　　B. 预付购货款

C. 应收销货款　　D. 应付购货款

E. 预支差旅费

4. 下列费用中,应计入期间费用的是(　　)。

A. 行政管理部门人员工资　　B. 销售产品的运输费

C. 提取车间管理人员的福利费　　D. 采购人员的差旅费

E. 短期借款的利息支出

5. 关于"利润分配"账户,下列表述中正确的是(　　)。

A. 平时,贷方一般不作登记

B. 借方登记实际分配的利润数额
C. 年末结转后，本账户应无余额
D. 年末结转后，借方余额表示未弥补亏损
E. 年末结转后，贷方余额表示未分配利润

6. 下列经济业务中，应记入“待处理财产损溢”账户借方的是（　　）。
A. 盘盈固定资产
B. 盘亏固定资产
C. 发生坏账损失
D. 结转已批准处理的固定资产盘盈数额
E. 结转已批准处理的固定资产盘亏数额

7. 在填制记账凭证时，错误的做法是（　　）。
A. 编制复合会计分录
B. 将不同类型业务的原始凭证合并编制一份记账凭证
C. 一个月内的记账凭证连续编号
D. 从银行提取现金时只填制现金收款凭证
E. 更正错账的记账凭证可以不附原始凭证

8. 下列账户中，按经济内容分类，属于所有者权益类账户的是（　　）。
A. “实收资本”账户　　B. “本年利润”账户
C. “资本公积”账户　　D. “利润分配”账户
E. “盈余公积”账户

9. 我国会计工作中采用的核算形式有（　　）。
A. 记账凭证核算形式　　B. 科目汇总表核算形式
C. 汇总记账凭证核算形式　　D. 日记总账核算形式
E. 通用日记账核算形式

10. 企业会计档案中保管 15 年的有（　　）。
A. 明细账　　B. 原始凭证
C. 总账　　D. 现金日记账
E. 记账凭证和汇总凭证

三、名词解释题（每小题 2 分，共 10 分）

1. 有用性原则
2. 会计等式
3. 会计核算形式
4. 会计报表
5. 对账

四、简答题(每小题5分,共10分)

1. 什么是原始凭证?审核原始凭证主要审查哪些内容?

2. 编制会计报表时,怎样才能做到报表的数字真实准确?

五、业务计算题(第1小题30分,第2小题10分,共40分)

1. 根据某企业2015年12月份发生的经济业务编制会计分录。各项业务中,凡能明确明细科目的,应在会计分录中标明。

(1) 12月1日向工商银行借入期限为3个月的短期借款60 000元,年利率6%,借款到期还本付息。借入的款项存入银行。

(2) 12月5日,开出转账支票一张,向甲公司预付货款50 000元;同日收到乙公司预付的购货款34 812元,已存入银行。

(3) 12月5日以银行存款预付租入生产设备的租赁费12 600元,租期8个月。月末,摊销本月应负担的租赁费。

(4) 12月10日收到甲公司货物结算单,其中材料价款45 000元,增值税7 650元,代垫运费350元,材料已验收入库,货款已于本月5日预付。

(5) 12月20日向预付货款的乙公司销售A产品400件,单位售价38元;B产品300件,单位售价48元,增值税税率17%。为对方代垫运费180元,以银行存款支付。

(6) 12月25日接到银行通知,本季度企业存款利息收入560元已划入企业账户;31日计提本月借款利息(列出计算过程)。

(7) 31日结账时,发现本月支付管理人员工资1 800元的记账凭证误编为:

借:管理费用　　1 800

　贷:现金　　1 800

发现后予以更正。

(8) 31日,结转本月销售A、B产品的生产成本,其中,A产品单位生产成本32元;B产品单位生产成本40元。

(9) 31日,将下列往来结算款项予以转销:

① 无法支付宏达公司账款36 500元;

② 应收海林公司账款4 000元,因该公司已撤销,无法收回。

(10) 31日,经批准,将11月份发生的材料盘亏6 450元予以转账。其中:应向责任者李某某索赔20%,其余部分列入费用。

2. 银行存款清查。

资料:(1) 某企业2015年12月20—31日根据银行存款收付业务编制的记账凭证如下:

记账凭证简化格式

2015年		凭证字号	摘要	会计科目	借方金额	贷方金额
月	日					
12	20	银收字28号	收到华泰公司预付的货款	银行存款 预收账款	25 000	 25 000
	25	现付字29号	交存现金	银行存款 库存现金	18 450	 18 450
	27	银付字30号	偿还大通公司购料款	应付账款 银行存款	35 100	 35 100
	28	银收字31号	收到销货款	银行存款 主营业务收入 应交税金	17 550	 15 000 2 550
	30	银付字32号	提取现金备发工资	库存现金 银行存款	56 000	 56 000
	30	银付字33号	购入设备一台	固定资产 银行存款	42 000	 42 000

(2) 该企业12月末从银行取得的对账单(12月24—31日部分经济业务及月末余额)如下:

银行存款对账单

日期	内容摘要	金额
24日	收到华泰公司货款(银收字28号)	25 000
25日	收到交存的现金(现付字29号)	18 450
25日	代付水电费(银付字30号)	26 000
30日	企业提取现金(银付字32号)	56 000
30日	收到永安公司货款(银收字33号)	38 090
31日	月末余额	199 540

要求:(1) 根据上述记账凭证登记银行存款日记账:

银行存款日记账

2015年		凭证		摘要	对方科目	收入	支出	余额
月	日	种类	编号					
12	19			承前页				200 000
				(略)				
				(略)				
				(略)				
				(略)				
				(略)				
				(略)				
				本月合计				

(2) 根据银行存款日记账回答以下问题或将正确选项前的字母填入括号内:

① 按照账簿的不同分类,银行存款日记账应属于(　　)。

A. 序时账簿　　B. 分类账簿　　C. 订本式账簿　　D. 卡片式账簿

E. 备查簿

② 现金送存银行的业务应填制什么专用记账凭证?

答:

(3) 编制银行存款余额调节表(答案填在表内)。

银行存款余额调节表

2015 年 12 月 31 日

金额单位:元

项　　目	金　　额	项　　目	金　　额
企业银行存款日记账余额 加: 减:		银行对账单余额 加: 减:	
调节后的存款余额		调节后的存款余额	

(4) 根据“银行存款余额调节表”回答以下问题或将正确选项前的字母填入括号内:

① 如果“银行存款日记账”与“银行存款对账单”余额不一致,原因可能是什么?

答:

② “银行存款余额调节表”的作用是(　　)。

A. 对账　　B. 调账　　C. 公证　　D. 查账

③ 调节相符后的余额表示什么?

答:

④ 以上完成的核对工作,属于会计核算方法中的哪一种?

答:

《会计学原理》模拟试题(五)

一、单项选择题(每小题1分,共20分)

1. 会计最主要的两项职能是(　　)。

A. 反映和核算　B. 控制和监督　C. 核算和监督　D. 预测和控制

2. 从银行提取现金2 000元,应编制(　　)。

A. 现金收款凭证　B. 现金付款凭证

C. 银行存款收款凭证　D. 银行存款付款凭证

3. 将一笔收益性支出按资本性支出处理,会造成当期(　　)。

A. 少计费用,资产价值虚增　B. 少计费用,资产价值减少

C. 多计费用,资产价值虚增　D. 多计费用,资产价值减少

4. 资产负债表总括反映的是企业在(　　)。

A. 一定时期的财务状况　B. 一定时间的现金流量

C. 一定日期的财务状况　D. 特定日期的经营状况

5. 下列经济业务会引起所有者权益总额变动的是(　　)。

A. 提取盈余公积　B. 宣告分配给投资者的利润

C. 资本公积转增资本　D. 用存款购入材料

6. 接受投资者投入的资产,应借记有关资产科目,贷记(　　)。

A. 资本公积　B. 盈余公积　C. 实收资本　D. 利润分配

7. "生产成本"账户期末有借方余额,表示(　　)。

A. 本期完工产品成本　B. 本期投入生产费用

C. 期末库存产品成本　D. 期末在产品成本

8. 会计凭证按填制的程序和用途不同,可分为(　　)。

A. 一次凭证和累计凭证　B. 收款凭证、付款凭证和转账凭证

C. 原始凭证和记账凭证　D. 通用凭证和专用凭证

9. 银行存款余额调节表(　　)。

A. 只起对账的作用　B. 是调节账面余额的凭证

C. 是登记银行存款日记账的依据　D. 属于自制原始凭证

10. 采用永续盘存制,平时对财产物资账簿的登记方法应该是(　　)。

A. 只登记增加,不登记减少 B. 只登记增加,随时倒挤算出减少

C. 只登记增加,月末倒挤算出减少 D. 既登记增加,又登记减少

11. 在处理经济业务过程中,会形成账户的对应关系,这种关系是指( )。

A. 总分类账与明细账之间的关系 B. 总分类账与日记账之间的关系

C. 有关账户之间的应借应贷的关系 D. 明细账与日记账之间的关系

12. 各种会计核算形式的主要区别是( )。

A. 登记总账的依据和方法不同 B. 登记明细账的依据和方法不同

C. 登记日记账的依据和方法不同 D. 编制会计报表的依据和方法不同

13. 某企业年末"应收账款"账户有一明细账借方余额为5 000元,另有一明细账贷方余额为3 000元;"预收账款"账户有一明细账借方余额为7 000元,另一明细账贷方余额为8 000元。则年末资产负债表中应收账款应填列( )。

A. 2 000元 B. 1 000元 C. 12 000元 D. 11 000元

14. 某企业年末流动资产合计为11 156 896元,存货为7 824 500元,流动负债合计为3 292 789元,则该企业速动比率为( )。

A. 101.20% B. 338.83% C. 237.63% D. 0.99%

15. 材料销售取得的收入应在( )中核算。

A. 主营业务收入 B. 其他业务收入

C. 营业外收入 D. 投资收益

16. 下列费用不可以计入产品成本的是( )。

A. 直接材料费 B. 管理费用 C. 直接人工费 D. 制造费用

17. 下列属于内部会计报表的是( )。

A. 资产负债表 B. 利润表 C. 利润分配表 D. 制造费用表

18. 下列账户属于集合分配账户的是( )。

A. 制造费用 B. 管理费用 C. 财务费用 D. 销售费用

19. 限额领料单属于( )。

A. 自制的一次原始凭证 B. 外来的原始凭证

C. 自制的汇总原始凭证 D. 自制的累计原始凭证

20. 现金存入银行,应编制( )。

A. 银行存款付款凭证 B. 现金收款凭证

C. 现金收款凭证和银行存款付款凭证 D. 现金付款凭证

二、多项选择题(每小题2分,共20分)

1. 工业企业的资金运动的几个环节是( )。

A. 资金投入 B. 资金周转 C. 资金退出 D. 资金分配

E. 资金来源

2. 按照权责发生制原则的要求，下列经济业务中应计入本期收入或费用的有(　　)。

A. 预收货款，存入银行　　B. 预收财产保险费

C. 摊销固定资产修理费　　D. 预提短期借款利息

E. 发出产品，款已预收

3. 下列项目中，应计入材料采购成本的有(　　)。

A. 买价　　B. 运输费

C. 采购人员的差旅费　　D. 装卸费

E. 入库前的整理挑选费用

4. 采用实地盘存制，企业财产物资账簿的登记方法是(　　)。

A. 平时登记增加数　　B. 平时不登记增加数

C. 平时登记减少数　　D. 平时不登记减少数

E. 随时结出账面余额

5. 下列属于损益类账户的有(　　)。

A. 主营业务收入　　B. 管理费用

C. 营业外支出　　D. 所得税费用

E. 制造费用

6. 下列属于反映企业偿债能力的财务指标有(　　)。

A. 资产负债率　　B. 销售利润率

C. 流动比率　　D. 速动比率

E. 应收账款周转率

7. 订本式账簿一般适用于(　　)。

A. 总分类账　　B. 明细分类账

C. 现金日记账　　D. 备查账

E. 银行存款日记账

8. 造成账实不符的原因主要有(　　)。

A. 财产物资的自然损耗　　B. 财产物资的收发计量错误

C. 财产物资的毁损、被盗　　D. 账簿的漏记、重记

E. 财产物资的错收、错付

9. 汇总记账凭证核算形式的优点是(　　)。

A. 反映科目的对应关系

B. 编制汇总转账凭证的工作量较小

C. 减少了登记总账的工作量

D. 有利于会计核算工作的分工

E. 可以了解经济业务的来龙去脉

10. 企业购入固定资产，价值 3 000 元，误记入“管理费用”账户，其结果会导致（　　）。

A. 费用多计 3 000 元　　B. 资产多计 3 000 元

C. 净收益多计 3 000 元　　D. 净收益少计 3 000 元

E. 资产少计 3 000 元

三、名词解释（每小题 2 分，共 10 分）

1. 复式记账
2. 财产清查
3. 记账凭证
4. 调整账户
5. 权责发生制

四、简答题（每小题 5 分，共 10 分）

1. 什么是经济业务？共分哪几大类？
2. 错账更正的方法有哪些？说明各种更正方法的适用范围。

五、业务计算题（共 40 分）

1. 根据以下经济业务编制会计分录（列出必要的明细科目。每小题 2 分，共 30 分）

（1）向大华工厂购买甲材料 20 000 元；乙材料 25 000 元，增值税进项税额为 7 650元，款项尚未支付。

（2）用银行存款支付上述甲、乙材料的运费 900 元，按两种材料的买价比例分摊。两种材料均已验收入库，结转其实际成本。

（3）仓库发出材料一批：生产 A 产品耗用甲材料 15 000 元，生产 B 产品耗用乙材料 20 000 元，车间一般性耗用甲材料 4 000 元，厂部耗用乙材料 1 000 元。

（4）结算本月应付职工薪酬 58 000 元，其中 A 产品生产工人工资 16 000 元，B 产品生产工人工资 30 000 元，车间管理人员工资 4 000 元，厂部人员工资 8 000 元。

（5）计提本月固定资产折旧 5 000 元，其中车间 2 440 元，厂部 2 560 元。

（6）预提应由本月负担的车间用固定资产修理费 1 000 元。

（7）计算并结转本月制造费用（按产品生产工时分配，A 产品 5 400 工时，B 产品 6 040 工时）。

（8）本月 A 产品完工 60 000 元，已验收入库，结转其完工成本。

（9）经审批，上月盘亏的甲材料 100 元，属仓库保管员保管不当造成，责令其赔偿。

(10) 本月销售 A 产品 50 000 元,增值税销项税额 8 500 元,款未收。

(11) 结转已销 A 产品成本 35 000 元。

(12) 用存款预付下个年度的财产保险费 2 400 元。

(13) 本月实现利润 155 000 元,按 25% 的税率计算所得税,并结转所得税。

(14) 结转本年利润,并按税后利润的 10% 计提法定盈余公积。

2. 计算题(第 1 小题 3 分,第 2 小题 7 分,共 10 分)

(1) 现有某企业年度损益类账户发生额资料(所得税率为 25%,计量单位: 元):

主营业务收入	1 200 000(贷)
主营业务成本	700 000(借)
销售费用	20 000(借)
营业税金及附加	25 000(借)
管理费用	95 000(借)
财务费用	10 000(借)
投资收益	15 000(贷)
其他业务收入	30 000(贷)
其他业务成本	15 000(借)
营业外支出	18 000(借)
营业外收入	35 000(贷)

根据以上资料计算以下各指标:

① 营业利润

② 利润总额

③ 净利润

(2) 某企业 2015 年 4 月 30 日银行存款日记账余额 207 800 元,银行对账单上的存款余额为 208 500 元,经查对账目,发现下列未达账项:

① 银行已于 4 月 30 日代企业支付电费 2 500 元,尚未通知企业。

② 企业在 4 月 30 日收到外单位为偿还欠款交来的转账支票一张,金额为 5 400 元,已送存银行,但银行尚未入账。

③ 企业于 4 月 29 日签发转账支票一张购买材料,金额 3 600 元,持票人未到银行办理转账结算。

④ 4 月 30 日,银行收到购货方汇来的货款 5 000 元,银行已入账,但企业尚未收到通知。

要求:

① 根据上述资料编制银行存款余额调节表。

银行存款余额调节表

2015 年 4 月 30 日　　　　金额单位：元

项　　目	金　　额	项　　目	金　　额
企业银行存款日记账余额 加： 减：		银行对账单余额 加： 减：	
调节后的存款余额		调节后的存款余额	

② 调节后的余额说明什么？是否需要调账,为什么？

《会计学原理》模拟试题(六)

一、判断题(每小题 1 分,共 15 分,正确的用"✓",错误的用"×")

1. "资产 = 负债 + 所有者权益"这一会计等式在任何时点上都是平衡的。 (　　)

2. 在所有的账户中,左边均登记增加额,右边均登记减少额。 (　　)

3. 账户是会计科目的名称,会计科目是根据账户开设的。 (　　)

4. 企业取得收入意味着资产增加或负债减少。 (　　)

5. "累计折旧"账户是用来记录固定资产减少额的。 (　　)

6. 企业本期预收的销货款,属企业本期的收入。 (　　)

7. 计算出来的税金形成一种负债性质的应付款项。 (　　)

8. 从银行提取现金时,应编制现金收款凭证。 (　　)

9. 总分类账户和其相应的明细分类账户登记方向一定相同。 (　　)

10. 现金日记账和银行存款日记账,必须采用订本式。 (　　)

11. 通过银行存款余额调节表可以检查账簿记录上存在的差错。 (　　)

12. 进行财产清查,如发现账面数小于实存数,即为盘亏。 (　　)

13. 在不设置"预收账款"账户的情况下,"应收账款"账户同时反映销售商品的应收款项和预收款项。 (　　)

14. 利润表反映的是某一会计期间的经营成果。 (　　)

15. 资产负债表反映的是企业在某一特定期间财务状况的报表。 (　　)

二、单项选择题(每小题 1 分,共 10 分)

1. 会计的基本职能是(　　)。

A. 核算和预测　　B. 核算和监督　　C. 预测和决策　　D. 分析和考核

2. 在借贷记账法下,负债类账户的期末余额 = (　　)。

A. 期初借方余额 + 本期借方发生额 - 本期贷方发生额

B. 期初贷方余额 + 本期贷方发生额 - 本期借方发生额

C. 期初借方余额 + 本期贷方发生额 - 本期借方发生额

D. 期初贷方余额 + 本期借方发生额 - 本期贷方发生额

3. "其他应收款"和"其他应付款"科目的设置,体现的会计核算原则是(　　)。

A. 相关性原则　　B. 一致性原则

C. 权责发生制原则　　D. 历史成本原则

4. 企业接受投资者投入设备一台,价值5万元,应贷记(　　)。

A. 固定资产　B. 公积金　C. 应收账款　D. 实收资本

5. 在下列账户中与负债账户结构相同的是(　　)账户的结构。

A. 资产　B. 成本　C. 费用　D. 所有者权益

6. 生产过程中的各项耗费是依据(　　)原则进行计量的。

A. 历史成本　B. 现行成本　C. 可变现价值　D. 现值

7. "利润分配"账户按用途和结构分类,应属于(　　)账户。

A. 所有者权益　B. 财务成果　C. 抵减调整　D. 资本

8. 转账支票支付材料采购款,应填制(　　)。

A. 转账凭证　　B. 银行存付款凭证

C. 收款凭证　　D. 现金付款凭证

9. 从银行提取现金时,登记现金日记账的依据是(　　)。

A. 现金收款凭证　　B. 现金付款凭证

C. 银行存款收款凭证　　D. 银行存款付款凭证

10. 资产负债表中的资产项目应按其(　　)程度大小顺序排列。

A. 流动性　B. 重要性　C. 营利性　D. 金额

三、多项选择题(每小题1分,共10分。每题至少有两个正确答案)

1. 收入的取得会影响下列会计要素中的(　　)。

A. 资产　B. 负债　C. 所有者权益　D. 费用

E. 利润

2. 属于负债类的账户有(　　)。

A. 预收账款　B. 预付账款　C. 其他应付款　D. 应收账款

E. 应付职工薪酬

3. 下列凭证中属于原始凭证的有(　　)。

A. 发出材料汇总表　　B. 银行存款余额调节表

C. 产品入库单　　D. 购货发票

E. 购销合同

4. 更正错账的方法有(　　)。

A. 划线更正法　　B. 补充登记法

C. 平行登记法　　D. 更改凭证法

E. 红字更正法

5. 编制会计报表的基本要求是(　　)。

A. 数字真实　　B. 指标可比　　C. 内容完整　　D. 编报及时

E. 计算准确

6. 下列关于资产负债表日后事项的表述中,正确的有(　　)。

A. 影响重大的资产负债表日后非调整事项应在附注中披露

B. 对资产负债表日后调整事项应当调整资产负债表日财务报表有关项目

C. 资产负债表日后事项包括资产负债表日至财务报告批准报出日之间发生的全部事项

D. 判断资产负债表日后调整事项的标准与该事项对资产负债表日存在的情况是否提供了新的或者进一步的证据无关

E. 判断资产负债表日后调整事项的标准在于该事项对资产负债表日存在的情况提供了新的或者进一步的证据

7. 关于财务报表项目金额间的相互抵销,下列表述正确的有(　　)。

A. 财务报表应当以总额列报,资产和负债、收入和费用不能相互抵销

B. 资产项目可以按扣除减值准备后的净额列示

C. 资产项目可以不按扣除减值准备后的净额列示

D. 非日常活动产生的损益以收入扣减费用后的净额列示

E. 应收账款可按扣减预收账款后的金额列示

8. 双倍余额递减法和年数总和法的共同之处有(　　)。

A. 属于加速折旧的方法

B. 前期计提的折旧较多,后期计提的折旧较少

C. 每期折旧率相同

D. 不考虑预计净残值

E. 前期计提的折旧较少,后期计提的折旧较多

9. 下列项目中,应计提坏账准备的有(　　)。

A. 其他应收款　　B. 应收票据　　C. 预付账款　　D. 固定资产

E. 应收账款

10. 下列项目中,应计入"坏账准备"账户借方的有(　　)。

A. 计提的坏账准备　　B. 冲回多提的坏账准备

C. 已转销的应收账款又重新收回　　D. 冲回少提的坏账准备

E. 实际发生的坏账

四、名词解释(每小题 2.5 分,共 10 分)

1. 会计确认

2. 会计凭证

3. 对账

4. 永续盘存制

五、综合题(每个分录2分,共54分,计算1分,共55分)

某企业2015年1月各账户月初余额如下:

账户名称	借方余额	账户名称	贷方余额
库存现金	800	累计折旧	100 000
银行存款	10 400	短期借款	42 200
应收账款	86 000	应付账款	30 000
原材料	62 000	实收资本	500 000
库存商品	35 000		
其他应收款	18 000		
固定资产	460 000		
合　计	672 200	合　计	672 200

本月发生下列经济业务(进销增值税税率为17%):

(1) 5日,购入材料11 700元,货款以银行存款支付。

(2) 7日,领用材料28 000元,用于产品生产。

(3) 9日,收回购货单位前欠货款20 000元,存入银行。

(4) 10日,销售商品一批,价税合计32 760元,存入银行。

(5) 14日,以银行存款偿付前欠供应单位款项30 000元。

(6) 15日,从银行提取现金1 000元。

(7) 17日,以现金购买办公用品620元。

(8) 19日,以银行存款支付电话费1 000元。

(9) 21日,从银行提取现金10 000元,准备发放工资。

(10) 23日,以现金支付职工工资10 000元。

(11) 25日,销售产品一批,价款40 014元,货款未收。

(12) 27日,以银行存款支付本月水电费2 400元,其中车间耗用2 000元,管理部门耗用400元。

(13) 30日,以现金支付销售产品运费及包装费1 000元。

(14) 31日,计算分配职工工资,生产工人8 000元,管理部门人员2 000元。

(15) 31日,计提本月固定资产应计折旧8 600元,其中车间固定资产应计折旧7 000元,管理部门固定资产应计折旧1 600元。

（16）31 日，预提本月短期借款利息 348 元。

（17）31 日，摊销本月应负担的管理费用 4 100 元。

（18）31 日，结转本月制造费用 9 000 元。

（19）31 日，结转完工产品制造成本 45 000 元。

（20）31 日，结转本月销售产品成本 45 000 元。

（21）31 日，计算本月应交消费税金 3 110 元。

（22）31 日，将本年损益类账户结转入本年利润账户。

（23）31 日，按利润总额 25% 计算应交所得税，并转入本年利润。

（24）31 日，将本年利润转入利润分配。

（25）31 日，计算分给投资者利润，按税后利润 20% 分给投资者，10% 提取盈余公积。

要求：

（1）根据上述资料编制 1 月份会计分录。

（2）填制资产负债表及利润表。

利润表

2015 年 1 月　　　　金额单位：元

项　　目	金　额
一、营业收入	
减：营业成本	
营业税金及附加	
销售费用	
管理费用	
财务费用	
资产减值损失	
加：公允价值变动净收益	
投资收益	
二、营业利润	
加：营业外收入	
减：营业外支出	
三、利润总额	
减：所得税费用	
四、净利润	

资产负债表

2015 年 1 月 31 日　　金额单位：元

项　　目	年初数	期末数	项　　目	年初数	期末数
流动资产			流动负债		
货币资金			短期借款		
应收账款			应付账款		
存　货			应交税费		
其他应收款			应付股利		
流动资产合计			应付利息		
固定资产原价			流动负债合计		
减：累计折旧			负债合计		
固定资产净值			实收资本		
非流动资产合计			盈余公积		
			未分配利润		
			所有者权益合计		
资产总计			负债及所有者权益总计		

《会计学原理》模拟试题(七)

一、单项选择题(每小题1分,共20分)

1. 收入是企业在销售商品或提供劳务及让渡资产的使用权日常活动中形成的(　　)。

A. 现金流入　　B. 经济利益的总流入
C. 主营业务收入　　D. 其他业务收入

2. 利润是企业在一定会计期间的(　　)。

A. 经营收入　　B. 经营毛利　　C. 经营成果　　D. 经济效益

3. 下列各项负债中属于长期负债的是(　　)。

A. 应付债券　　B. 应付利润　　C. 应付账款　　D. 应付票据

4. 在借贷记账法中,账户哪一方记增加,哪一方记减少是由(　　)决定的。

A. 记账规则　　B. 账户性质　　C. 业务性质　　D. 账户结构

5. 会计科目是对(　　)的具体内容进行分类核算的项目。

A. 经济业务　　B. 会计账户　　C. 会计分录　　D. 会计对象

6. 期间费用包括管理费用、财务费用和(　　)。

A. 直接费用　　B. 间接费用　　C. 销售费用　　D. 制造费用

7. 预计应交所得税的会计处理,应为借记(　　),贷记应交税金。

A. 管理费用　　B. 营业税金和附加
C. 销售费用　　D. 所得税费用

8. 销售费用属于期间费用,按月归集,月末全部转入(　　)账户,以确定当期经营成果。

A. 生产成本　　B. 本年利润　　C. 期间费用　　D. 管理费用

9. 制造产品直接消耗的材料,在会计处理上应以增加(　　)处理。

A. 生产成本　　B. 制造费用　　C. 管理费用　　D. 产成品

10. 生产过程中发生的各种耗费称为(　　)。

A. 生产费用　　B. 直接费用　　C. 制造费用　　D. 间接费用

11. 向银行提取现金发放工资的业务,应根据有关原始凭证填制(　　)。

A. 收款凭证　　B. 付款凭证

C. 转账凭证　　　　　　　　　　　D. 收款和付款凭证

12. 现金支票支付购物款,应填制(　　)。

A. 银行存款付款凭证　　　　　　　B. 转账凭证

C. 现金付款凭证　　　　　　　　　D. 银行存款收款凭证

13. 记账凭证应根据合法的(　　)填列。

A. 收款凭证　　B. 原始凭证　　C. 付款凭证　　D. 转账凭证

14. 限额领料单属于(　　)。

A. 累计凭证　　B. 外来凭证　　C. 汇总凭证　　D. 付款凭证

15. (　　)的目的是为了账簿记录的真实、可靠、正确、完整。

A. 过账　　B. 结账　　C. 转账　　D. 对账

16. 多栏式银行存款日记账属于(　　)。

A. 总分类账　　B. 明细分类账　　C. 备查簿　　D. 序时账

17. 根据记账凭证登账,账簿上误将 100 元记为 1 000 元,应采用(　　)进行更正。

A. 红字更正法　　B. 补充登记法　　C. 划线更正法　　D. 平行登记法

18. 各种账务处理程序的主要区别在于(　　)。

A. 汇总的记账凭证不同　　　　　　B. 登记总账的依据不同

C. 汇总的凭证格式不同　　　　　　D. 节省工作时间不同

19. 清查中发现财产损溢的原因是由于工作中的收发差错造成的,应计入(　　)。

A. 管理费用　　B. 其他应收款　　C. 营业外支出　　D. 生产成本

20. 清查中发现财产盘亏是由于自然灾害造成的,应计入(　　)。

A. 管理费用　　B. 其他应收款　　C. 营业外支出　　D. 生产成本

二、多选题(每小题 1 分,共 10 分)

1. 下列情形中,表明存货的可变现净值为零的有(　　)。

A. 已霉烂变质的存货

B. 已经过期且无转让价值的存货

C. 生产中已不需要,并且已无使用价值和转让价值的存货

D. 存货的高手市价已经下跌,并且在可预见的将来无回升的可能

E. 存货的高手市价已经下跌,并且在可预见的将来有回升的可能

2. 交易性金融资产应当符合的条件有(　　)。

A. 属于财务担保合同的衍生工具

B. 被指定为有效套期工具的衍生工具

C. 取得该金融资产的目的,主要是为了长期升值

D. 属于进行集中管理的可辨认金融工具组合的一部分，且有客观证据表明企业近期采用短期获利方式对该组合进行管理

E. 取得该金融资产的目的，主要是为了近期内出售

3. 下列有关固定资产初始计量的表述中，正确的有（　　）。

A. 企业取得固定资产时应当按其价值进行初始计量

B. 在确定固定资产的成本时，不必考虑其清理费用

C. 购买固定资产的价款超过正常信用条件延期支付，实质上具有融资性质的，固定资产的成本以购买价款的现值为基础确实

D. 自行建造固定资产的成本，由该项资产达到预定可使用状态前所发生的必要支出构成

E. 企业取得固定资产时应当按其成本进行初始计量

4. 下列有关固定资产初始计量的表述中，正确的有（　　）。

A. 企业取得固定资产时应当按其价值进行初始计量

B. 在确定固定资产的成本时，不必考虑其清理费用

C. 购买固定资产的价款超过正常信用条件延期支付，实质上具有融资性质的，固定资产的成本以购买价款的现值为基础确实

D. 自行建造固定资产的成本，由该项资产达到预定可使用状态前所发生的必要支出构成

E. 企业取得固定资产时应当按其成本进行初始计量

5. 下列项目中，影响企业当期利润的有（　　）。

A. 无形资产开发阶段发生的符合资本化条件的支出

B. 对外出租无形资产的成本摊销额

C. 出售无形资产取得的净收益

D. 无形资产减值损失

E. 无形资产开发阶段发生的不符合资本化条件的支出

6. 下列各项属于货币资金的有（　　）。

A. 库存现金　　B. 银行本票存款　C. 银行活期存款　D. 外埠存款

E. 银行冻结存款

7. 确定资产可收回金额时，需要考虑的因素有（　　）。

A. 资产的账面价值

B. 资产的可变现净值

C. 资产的历史成本

D. 资产的公允价值减去处置费用后的净额

E. 资产的预计未来现金流量现值

8. 当期末市场汇率上升时,以下外币账户会产生汇总收益的是(　　)。

A. 短期借款　B. 应收账款　C. 银行存款　D. 应付账款

E. 长期借款

9. 会计等式是(　　)的理论依据。

A. 复式记账　B. 成本计算　C. 编制会计报表　D. 成本控制

E. 会计分析

10. 会计信息的接受对象主要包括(　　)。

A. 政府部门　B. 企业潜在的投资者

C. 企业的债权人　D. 企业的职工

E. 企业的利益相关者

三、判断题(每小题1分,共10分,正确的打"✓",错误的打"×")

1. "资产=负债+所有者权益"这个平衡公式是企业资金运动的动态表现。(　　)

2. 企业的所有者权益包括企业投资人对企业的投入资本以及形成的资本公积金。(　　)

3. 资产是企业拥有或控制的能以货币计量的经济利益。(　　)

4. 在借贷记账法下费用类账户期末一般无余额。(　　)

5. 复合会计分录是由几个简单分录合并而成。(　　)

6. 复式记账法可以反映每一项经济业务的来龙去脉。(　　)

7. 原材料的成本就是供货单位发票上的价税合计数。(　　)

8. 产品售出、货款未收在会计处理上应以借记其他应收款,贷记主营业务收入。(　　)

9. 费用按经济用途划分,可以分为直接费用和间接费用。(　　)

10. 记账凭证按其所反映的经济业务内容不同,可分为原始凭证、汇总记账凭证和累计凭证。(　　)

四、名词解释(每小题2分,共10分)

1. 会计等式

2. 账务处理程序

3. 财产清查

4. 复式记账

5. 实地盘存制

五、计算题(第1小题4分,第2小题8分)

1. 某企业2015年7月31日的银行存款日记账的账面余额为701 600元,而银行对账单上企业存款余额为691 600元,经过逐笔核对,发现以下未达账项:

(1) 7月26日企业开出转账支票3 000元,持票人尚未到银行办理转账,银行尚未登账。

(2) 7月28日企业委托银行代收款项4 000元,银行已收款入账,但企业尚未接到银行的收款通知,因而未登记入账。

(3) 7月29日企业送存购货单位签发的转账支票15 000元,企业已登账,银行尚未记账。

(4) 7月30日银行代企业支付水电费2 000元,企业尚未接到银行的付款通知,故未登记入账。

要求:根据以上有关内容,编制银行存款余额调节表。

2. A公司生产甲、乙两种产品。甲产品期初在产品成本为70 000元,本月发生材料费100 000元,生产工人工资60 000元,月末在产品成本20 000元,完工产品数量200件。乙产品没有期初在产品,本月发生的材料费80 000元,生产工人工资40 000元,月末没有在产品,完工产品数量500件。本月共发生制造费用300 000元(制造费用按生产工人工资比例分配)。

要求:计算制造费用分摊率,甲产品和乙产品分摊的制造费用,甲、乙两种完工产品的总成本和单位成本,并编制结转完工产品成本的会计分录。

六、业务题(共38分)

某企业本年发生以下业务,根据业务内容作会计分录。

(1) 购入材料20 000元,增值税3 400元,运费200元,均以银行存款支付,现已验收入库。

(2) 上述材料已购买完毕,按实际成本转账。

(3) 领用材料2 500元,用于产品生产。

(4) 销售产品50件,货款50 000元,增值税8 500元,存入银行。

(5) 从银行提取现金10 000元。

(6) 以现金购买办公用品300元。

(7) 以现金10 000元支付职工工资。

(8) 计算分配职工工资10 000元,其中生产工人工资5 000元,车间管理人员工资2 500元,行政管理人员工资2 500元。

(9) 以银行存款支付本年水电费1 500元,其中车间耗用1 000元,行政管理耗用500元。

(10) 以现金支付产品销售包装费和运费500元。

(11) 计提固定资产折旧2 500元,其中车间用固定资产计提折旧1 500元,管理部门用固定资产计提折旧1 000元。

(12) 用银行存款支付本年短期借款利息1 500元。

(13) 计算并结转制造费用。

(14) 计算并结转完工产品成本本年初投产100件本年全部完工,计算总成本和单位成本。

(15) 结转本年销售产品成本销售50件,单位成本125元。

(16) 该企业的消费税率为10%,计算本年应交消费税。

(17) 结转全部收入和费用到本年利润科目。

(18) 计算利润总额、应交的所得税(税率25%)、净利润、按净利润的20%给投资者分配的利润、按净利润的10%提取的盈余公积、最后未分配的利润。

(19) 将应交所得税转入所得税费用,将所得税费用转入本年利润。

(20) 将本年利润余额转入利润分配账户。

(21) 给投资者分配利润并计提盈余公积金。

《会计学原理》模拟试题(八)

一、单项选择题(每小题1分,共20分)

1. 会计假设包括会计主体、会计期间、货币计量及(   )四个方面的内容。

A. 实际成本　B. 配比原则　C. 持续经营　D. 会计准则

2. 费用是指企业为销售商品、提供劳务等日常活动所发生的(   )。

A. 经济利益的总流出　B. 生产费用

C. 耗费　D. 损失

3. 下列各项资产中属于固定资产的是(   )。

A. 土地使用权　B. 其他应收款　C. 机器设备　D. 库存商品

4. 账户是根据(   )开设的,用来连续、系统地记载各项经济业务的一种手段。

A. 资金运动　B. 会计对象　C. 会计科目　D. 财务状况

5. 复式记账的基本理论依据是(   )的平衡原理。

A. 资产=负债+所有者权益

B. 收入-费用=利润

C. 期初余额+本期增加数-本期减少数=期末余额

D. 借方发生额=贷方发生额

6. 简单会计分录是指(   )的会计分录。

A. 一借多贷　B. 一借一贷　C. 一贷多借　D. 多借多贷

7. 人工费用分配在会计处理上应贷记(   )账户。

A. 盈余公积　B. 应付职工薪酬

C. 资本公积　D. 实收资本

8. 车间管理部门使用的固定资产计提折旧费时,应借记(   ),贷记累计折旧。

A. 制造费用　B. 管理费用　C. 财务费用　D. 折旧费用

9. 以现金发放工资,在会计处理上应借记(   )账户,贷记库存现金账户。

A. 生产成本　B. 银行存款

C. 应付职工薪酬　D. 管理费用

10. 与几个成本计算对象有关的生产费用称为(　　)。

A. 直接费用　B. 间接费用　C. 制造费用　D. 管理费用

11. 确认产品销售收入的时间一般在(　　)时。

A. 生产过程　B. 成品入库　C. 销售开票　D. 产品发出

12. 用转账支票支付前欠货款,应填制(　　)。

A. 转账凭证　B. 收款凭证　C. 付款凭证　D. 原始凭证

13. 下列凭证中不能作为编制记账凭证依据的是(　　)。

A. 收货单　B. 发票　C. 发货单　D. 购销合同

14. 原始凭证按其填制的手续不同可分为(　　)。

A. 通用凭证和专用凭证　B. 通知凭证、执行凭证和计算凭证

C. 外来凭证和自制凭证　D. 一次凭证和累计凭证

15. 记账凭证是(　　)的依据。

A. 编制报表　B. 业务活动　C. 登记账簿　D. 原始凭证

16. 租入固定资产登记簿属于(　　)。

A. 序时账　B. 明细分类账　C. 总分类账　D. 备查簿

17. 登记银行存款支出业务的日记账依据是(　　)。

A. 现金收款凭证　B. 现金付款凭证

C. 银行存款收款凭证　D. 银行存款付款凭证

18. 库存商品明细账一般采用(　　)账簿。

A. 多栏式　B. 三栏式　C. 数量金额式　D. 数量卡

19. 对各项财产的增减变化,根据会计凭证连续记载并随时结出余额的制度是(　　)。

A. 实地盘存制　B. 应收应付款　C. 永续盘存制　D. 实收实付制

20. 清查中发现财产盘亏是由于保管人员失职造成的,应计入(　　)。

A. 管理费用　B. 其他应收款　C. 营业外支出　D. 生产成本

二、多项选择题(每小题1分,共10分)

1. 企业资产所具有的特征是(　　)。

A. 资产是企业所拥有的或控制的

B. 资产是企业所拥有的财产

C. 资产必须能够给企业带来经济利益

D. 资产是企业在过去发生的交易事项中获得的

E. 资产都是企业在过去和当前以及未来发生的交易事项中获得的

2. 资产负债表中的“预收账款”项目应根据(　　)填列。

A. 应收账款所属明细账贷方余额　B. 预收账款所属明细账贷方余额

C. 应收账款所属明细账借方余额　D. 预收账款所属明细账借方余额
E. 预付账款总账余额

3. 下列项目中,可以作为会计主体的有(　　)。
A. 独资企业　B. 合伙企业　C. 企业集团　D. 分公司
E. 子公司

4. 下列资产中,属于非流动性资产的有(　　)。
A. 长期股权投资　B. 投资性房地产
C. 可供出售的金融资产　D. 其他应付款
E. 存货

5. 下列各项中,属于现金流量表中现金的有(　　)。
A. 库存现金　B. 银行汇票存款
C. 外埠存款　D. 现金等价物
E. 银行本票存款

6. 下列各项中,属于现金流量表中现金的有(　　)。
A. 库存现金　B. 银行汇票存款
C. 外埠存款　D. 现金等价物
E. 银行本票存款

7. 下列各账户中,包括在资产负债表"存货"项目中的有(　　)。
A. 工程物资　B. 委托代销商品
C. 低值易耗品　D. 生产成本
E. 库存商品

8. 资产负债表的数据来源,可以通过以下几种方式取得(　　)。
A. 根据总账科目余额直接填列　B. 根据总账科目余额计算填列
C. 根据明细账科目余额计算填列　D. 根据明细账科目余额直接填列
E. 根据总账、明细账科目余额直接填列

9. 下列各项中,属于会计基本职能的有(　　)。
A. 会计核算　B. 会计监督　C. 会计控制　D. 会计管理
E. 会计评价

10. 根据权责发生制原则,下列各项中属于本月费用的有(　　)。
A. 计算本月银行借款利息
B. 以银行存款支付下个月的订购货款
C. 以现金支付本月固定资产的日常修理费用
D. 以银行存款支付本月水电费
E. 以银行存款支付以前年度拖欠工程款

三、判断题(每小题1分,共10分,正确的打"✓",错误的打"×")

1. 会计的基本要素包括资产、负债、所有者权益、收入、费用和利润六项。( )

2. 负债是过去的交易、事项形成的义务、履行义务预期会导致经济利益流出企业。( )

3. 借贷记账法的试算平衡公式分为发生额平衡和差额平衡公式两种。( )

4. 会计科目和会计账户是同义词,两者没有什么区别。( )

5. 总分类账户期末余额应与所属明细分类账户期末余额合计数相等。( )

6. 在途物资账户的期末余额应转入本年利润账户的借方。( )

7. 车间领用一般消耗性的材料,在会计处理上应属于增加管理费用。( )

8. 财务费用是一种期间费用,按月归集,月末全部转入本年利润账户。( )

9. 会计凭证按其来源不同可以分为外来会计凭证和自制会计凭证两种。( )

10. 原始凭证是在经济业务发生或完成时取得或编制的,它载明经济业务的具体内容,明确经济责任,是组织原始资料的重要依据和法律效力的书面证明。( )

四、名词解释题(每小题2分,共10分)

1. 会计要素
2. 会计科目
3. 财产清查
4. 会计凭证
5. 永续盘存制

五、计算题(共38分)

1. 某企业2015年7月31日的银行存款日记账的账面余额为691 600元,而银行对账单上企业存款余额为681 600元,经过逐笔核对,发现以下未达账项:

(1) 7月26日企业开出转账支票3 000元,持票人尚未到银行办理转账,银行尚未登账。

(2) 7月28日企业委托银行代收款项4 000元,银行已收款入账,但企业尚未接到银行的收款通知,因而未登记入账。

(3) 7月29日企业送存购货单位签发的转账支票15 000元,企业已登账,银行尚未记账。

（4）7月30日银行代企业支付水电费2 000元，企业尚未接到银行的付款通知，故未登记入账。

要求：根据以上有关内容，编制银行存款余额调节表。

2. A公司生产甲、乙两种产品。甲产品期初在产品成本为72 550元，本月发生材料费146 000元，生产工人工资67 500元，月末在产品成本25 000元，完工产品数量200件。乙产品没有期初在产品，本月发生的材料费84 528元，生产工人工资44 800元，月末没有在产品，完工产品数量500件。本月共发生制造费用336 900元（制造费用按生产工人工资比例分配）。

要求：计算制造费用分摊率、甲产品和乙产品分摊的制造费用、甲、乙两种完工产品的总成本和单位成本，并编制结转完工产品成本的会计分录。

六、业务题（共38分）

某企业本年发生以下业务，根据业务内容作会计分录。

（1）购入材料10 000元，增值税1 700元，运费200元，均以银行存款支付，现已验收入库。

（2）上述材料已购买完毕，按实际成本转账。

（3）领用材料5 000元，用于产品生产。

（4）销售产品50件，货款100 000元，增值税17 000元，存入银行。

（5）从银行提取现金20 000元。

（6）以现金购买办公用品600元。

（7）以现金20 000元支付职工工资。

（8）计算分配职工工资20 000元，其中生产工人工资10 000元，车间管理人员工资5 000元，行政管理人员工资5 000元。

（9）以银行存款支付本年水电费3 000元，其中车间耗用2 000元，行政管理耗用1 000元。

（10）以现金支付产品销售包装费和运费1 000元。

（11）计提固定资产折旧5 000元，其中车间用固定资产计提折旧3 000元，管理部门用固定资产计提折旧2 000元。

（12）用银行存款支付本年短期借款利息3 000元。

（13）计算并结转制造费用。

（14）计算并结转完工产品成本本年初投产100件本年全部完工，计算总成本和单位成本。

（15）结转本年销售产品成本销售50件。

（16）该企业的消费税率为10%，计算本年应交消费税。

（17）结转全部收入和费用到本年利润科目。

(18) 计算利润总额、应交的所得税(税率25%)、净利润、按净利润的20%给投资者分配的利润、按净利润的10%提取的盈余公积、最后未分配的利润。

(19) 将应交所得税转入所得税费用,将所得税费用转入本年利润。

(20) 将本年利润余额转入利润分配账户。

(21) 投资者分配利润并计提盈余公积金。

《会计学原理》模拟试题(九)

一、单项选择题(每题1分,共10分)

1. 会计方法体系中,其基本环节是(　　)。

A. 会计核算方法　　B. 会计分析方法

C. 会计监督方法　　D. 会计决策方法

2. 企业所拥有的资产从财产权利归属来看,一部分属于投资者,另一部分属于(　　)。

A. 企业职工　　B. 债权人　　C. 债务人　　D. 企业法人

3. 下列支出属于资本性支出的是(　　)。

A. 支付职工工资　　B. 支付当月水电费

C. 支付本季度房租　　D. 支付固定资产买价

4. 某制造企业为增值税一般纳税人,本期外购原材料一批,发票注明买价40 000元,增值税额6 800元,入库前发生挑选整理费用为2 000元,则该批材料的入账价值是(　　)。

A. 40 000元　　B. 46 800元　　C. 48 800元　　D. 42 000元

5. 某企业8月底负债总额1 000元,9月份收回欠款100元,用银行存款归还借款200元,用银行存款预付购货款250元,则9月末该企业负债总额是(　　)。

A. 450元　　B. 800元　　C. 550元　　D. 650元

6. 下列业务应编制转账凭证的是(　　)。

A. 支付购买材料价款　　B. 支付材料运杂费

C. 收回出售材料款　　D. 车间领用材料

7. 借贷记账法的余额试算平衡公式是(　　)。

A. 每个账户的借方发生额 = 每个账户的贷方发生额

B. 全部账户的本期借方发生额合计 = 部分账户的本期贷方发生额合计

C. 全部账户的本期借方余额合计 = 全部账户的本期贷方余额合计

D. 部分账户的本期借方余额合计 = 部分账户的本期贷方余额合计

8. 期末根据账簿记录,计算并记录出各账户的本期发生额和期末余额,在会计上称为(　　)。

A. 对账　　B. 结账　　C. 调账　　D. 查账

9. 银行存款日记账的收入方除了根据银行存款收款凭证登记外,有时还要根据下列(　　)凭证登记。

A. 银行存款付款凭证　　B. 现金收款凭证

C. 现金付款凭证　　D. 转账凭证

10. 采用实地盘存制,平时账簿记录中不能反映(　　)。

A. 财产物资的购进数额　　B. 财产物资的减少数额

C. 财产物资的增加和减少数额　　D. 财产物资的盘盈数额

11. 下列各项中,能够引起负债和所有者权益同时发生变动的是(　　)。

A. 分配待发放现金股利　　B. 计提借款利息

C. 摊销无形资产　　D. 提取盈余公积

12. 某企业资产总额是 200 万元,负债是 80 万元,在用银行存款 70 万购进固定资产,用 30 万元偿还借款后,该企业的资产是(　　)万元。

A. 100　　B. 170　　C. 270　　D. 以上都不对

13. 对会计工作实施过程中遇到的具体问题加以规范的是(　　)。

A. 基本准则　　B. 具体准则

C. 会计准则应用指南　　D. 会计准则解释

14. 权责发生制产生的基本前提是(　　)。

A. 重要性原则　　B. 可靠性原则　　C. 持续经营　　D. 会计分期

15. 下列税费中,不应在资产负债表"应交税费"项目中列示的有(　　)。

A. 契税　　B. 增值税　　C. 消费税　　D. 所得税

16. 在资产负债表中,按流行性高低排列顺序正确的是(　　)。

A. 货币资金　长期股权投资　固定资产

B. 固定资产　货币资金　长期股权投资

C. 长期股权投资　固定资产　货币资金

D. 以上都不对

17. 在利润表中,主要按有关账户贷方发生额分析填列的是(　　)。

A. 财务费用　　B. 营业税金及附加

C. 销售费用　　D. 营业收入

18. 下列有关会计主体与法律主体之间关系正确的是(　　)。

A. 会计主体与法律主体是一回事

B. 会计主体与法律主体无任何关系

C. 会计主体可能不是法律主体,而法律主体一定是会计主体

D. 以上都不对

19. 按照(　　)原则,企业应计提固定资产减值准备。

A. 重要性原则　B. 可靠性原则　C. 谨慎性原则　D. 以上都不对

20. 在利润表中,营业利润的计算公式是(　　)。

A. 营业利润 = 营业收入 - 营业成本 + 其他业务利润

B. 营业利润 = 营业收入 - 营业成本 - 营业税金及附加

C. 营业利润 = 营业收入 - 营业成本 - 营业税金及附加 - 期间费用 - 资产减值损失 + 投资收益

D. 以上都不对

二、多项选择题(每小题 1 分,共 10 分,每题均有至少两个正确答案)

1. 会计核算方法包括(　　)。

A. 成本计算和财产清查　B. 设置会计科目和复式记账

C. 填制和审核会计凭证　D. 登记账簿和编制会计报表

E. 试算平衡

2. 下列经济业务中,只引起会计等式右边会计要素发生增减变动的业务有(　　)。

A. 以银行存款偿还前欠货款

B. 某企业将其企业所欠贷款转作投入资本

C. 将资本公积转增资本

D. 向银行借款,存入银行

E. 投资者追加对本企业的投资

3. 下列属于会计确认和计量方面的原则有(　　)。

A. 配比原则　B. 谨慎性原则

C. 可比性原则　D. 权责发生制原则

E. 历史成本计价原则

4. 账户一般的金额指标有(　　)。

A. 期初余额　B. 本期增加发生额

C. 期中余额　D. 本期减少发生额

E. 期末余额

5. 下列账户中,用贷方登记增加数的账户有(　　)。

A. 应付账款　B. 实收资本　C. 累计折旧　D. 盈余公积

E. 本年利润

6. 关于本年利润账户,下列说法正确的是(　　)。

A. 借方登记期末转入的各项支出数　B. 贷方登记期末转入的各项收入额

C. 贷方余额为实现的累计净利润额　D. 借方余额为发生的亏损额

E. 年末经结转后该账户无余额

7. 下列科目中可能成为付款凭证借方科目的有(　　)。

A. 库存现金　B. 银行存款　C. 应付账款　D. 应交税费

E. 销售费用

8. 红字更正法的要点是(　　)。

A. 用红字金额填写一张与错误记账凭证完全相同的记账凭证并用红字记账

B. 用红字金额填写一张与错误原始凭证完全相反的记账凭证并用红字记账

C. 用蓝字金额填写一张与错误记账凭证完全相同的记账凭证并用蓝字记账

D. 再用红字重填一张正确的记账凭证,登记入账

E. 再用蓝字重填一张正确的记账凭证,登记入账

9. 财产清查结果的处理步骤是(　　)。

A. 核准数字,查明原因　　B. 调整凭证,做到账实相符

C. 调整账簿,做到账实相符　　D. 进行批准后的账务处理

E. 销毁账簿资料

10. 常用的实物财产清查的方法包括(　　)。

A. 实地盘点法　　B. 技术推算法

C. 函证核对法　　D. 抽样盘点法

E. 永续盘存法

三、判断题(每小题 1 分,共 10 分,正确的打"✓",错误的打"×")

1. 与所有者相比,负债一般有规定的偿还期,而所有者权益没有。(　　)

2. 资产、负债与所有者权益的平衡关系是反映企业资金运动的静态,若考虑收入、费用等动态要素,则资产与权益总额的平衡关系必然被破坏。(　　)

3. 可比性原则是指会计处理方法在不同企业应当一致,不得随意变更。(　　)

4. 收入类账户与费用类账户一般没有期末余额,但有期初余额。(　　)

5. 从银行借入长期借款用于购建固定资产时,发生的借款利息应全部包括在固定资产取得的成本中。(　　)

6. 增值税是销售收入的一个抵减项目。(　　)

7. 企业向投资人分配股票股利不需要进行账务处理。(　　)

8. 在一项经济业务中,如果既涉及现金和银行存款的收付,又涉及转账业务,应同时填制收(或付)款凭证和转账凭证。(　　)

9. 为了加强对经营租入固定资产的管理,记录租入、使用、归还情况,企业需要开设分类账簿进行核算。(　　)

10. 对银行存款清查时出现的未达账项,可编制银行存款余额调节表来调整,该表是调节账面余额的原始凭证。(　　)

四、业务计算题(每步计算1分,共20分)

1. 资料:某企业2015年10月份发生与产品生产有关的经济业务如下:

(1)甲产品期初在产品成本5 000元,乙产品期初在产品成本10 000元。

(2)本月发生生产费用如下:甲产品直接材料费用20 000元,直接人工费用15 000元;乙产品直接材料费用10 000元,直接人工费用8 000元。制造费用总额30 000元(按生产工时分配)。

(3)本月甲产品的生产工时为8 000小时,乙产品的生产工时为7 000小时。

(4)甲产品100件全部完工。乙产品上月投产150件,本月投产50件,本期完工120件,期末在产品的单位定额成本为:材料100元,人工50元,制造费用50元。

要求:

(1)甲、乙产品按生产工时比例分配制造费用。

(2)计算甲、乙产品的总成本和单位成本,乙产品的在产品成本。

2. 资料:某企业对材料数量的核算采用永续盘存制,2015年度其材料的购入和领用情况如下(单位成本:元;数量:件):

2015年		摘要	购入		发出		结存	
月	日		单位成本	数量	单位成本	数量	单位成本	数量
1	1	期初结存					200	50
3	1	购入	180	200				
5	1	领用				50		
7	1	领用				100		
9	1	购入	150	80				
11	1	领用				80		
12	31	结存						100

要求:分别采用先进先出法、一次加权平均法、移动加权平均法计算确定该企业本年度发出材料的成本和期末结存材料的成本。

五、综合业务题(每个分录1分,每步计算1分,共40分)

资料:某制造企业生产的产品属于应税消费品。其2015年度发生的经济业务如下:

(1)接受甲企业投资,其中:货币资金200 000元,已存入银行;全新设备一台,原值100 000元。

(2)9月初从银行借入4个月期的借款50 000元,年利率12%,当即存入银行。

(3) 购进材料一批,货款 100 000 元,增值税进项税额 17 000 元,款项以银行存款支付。发生运费 200 元,以现金支付。

(4) 上述材料验收入库,结转入库材料的实际成本。

(5) 领用材料 63 200 元,其中: 生产产品耗用 40 000 元,车间一般消耗 19 200 元,行政管理部门消耗 4 000 元。

(6) 结算本年工资费用 160 000 元,其中: 生产工人 100 000 元,车间管理人员 20 000 元,行政管理人员 40 000 元。

(7) 计提固定资产折旧 50 400 元,其中: 车间 40 000 元,行政管理部门 10 400 元。

(8) 销售产品一批,货款 300 000 元,增值税销项税额 51 000 元,款项已收到并存入银行。

(9) 以银行存款支付广告费 20 000 元。

(10) 以银行存款支付污染罚款 10 000 元。

(11) 结转本年制造费用总额 79 200 到生产成本账户。

(12) 结转完工产品成本 219 200 元。

(13) 结转已销产品的生产成本 118 000 元。

(14) 9 月初借入的 4 个月期的银行借款的本利现以银行存款全部支付。

(15) 本期销售一部分材料,购入时的成本 36 000 元(不含税),销售时货款 40 000 元(不含税),收到货款后存入银行。

(16) 本年以银行存款 120 000 元对 A 公司进行短期投资,年底以 128 000 元的价款收回投资,并存入银行。作投资和收回投资的分录。

(17) 年末盘盈一台固定资产,重置价值为 100 000 元,根据成新度确定其已提折旧 20 000 元。以净利润的 10% 提取盈余公积金,所得税税率为 25% 。

(18) 本企业适用的税率分别是: 消费税 10%,城建税 7%,教育费附加 3%。计算并结转本年度应交消费税、城建税和教育费附加。

(19) 结转本年发生的各项收入、费用(除所得税外)到本年利润账户,计算利润总额。

(20) 计算本年的所得税费用(所得税税率 25%),并将其转入本年利润,计算净利润。

(21) 将本年利润余额转入利润分配——未分配利润账户。

(22) 本企业的利润分配包括: 以净利润的 10% 提取盈余公积金,以净利润的 20% 给投资者分配利润,作分配分录,并将分配结果结转入利润分配——未分配利润账户。

(23) 计算本年末未分配利润。

《会计学原理》模拟试题(十)

一、单项选择题(每小题1分,共20分)

1. 会计凭证分为原始凭证和记账凭证,是按其(　　)分类。

A. 记录经济业务的内容　　B. 填制程序和用途

C. 格式　　D. 填制方法

2. 下列经济业务中,影响会计等式总额发生变化的是(　　)。

A. 以银行存款50 000元购买材料　　B. 结转完工产品成本40 000元

C. 购买机器设备20 000元,货款未付　　D. 收回客户所欠的货款30 000元

3. 下列原始凭证中,属于累计凭证的是(　　)。

A. 增值税专用发票　　B. 发料汇总表

C. 限额领料单　　D. 差旅费报销单

4. 下列会计分录中,属于复合会计分录的是(　　)。

A. 借:生产成本——A产品　30 000

　　贷:材料——甲材料　10 000

　　　　　——乙材料　20 000

B. 借:制造费用——办公费　300

　　　　　　　——邮电费　600

　　贷:库存现金　900

C. 借:制造费用——折旧费　2 000

　　　管理费用——折旧费　1 000

　　贷:累计折旧　3 000

D. 借:银行存款　100 000

　　贷:应收账款——A公司　40 000

　　　　　　　——B公司　60 000

5. 登记明细账的依据是(　　)。

A. 汇总记账凭证　　B. 记账凭证或原始凭证

C. 原始凭证　　D. 汇总原始凭证

6. 某企业年初所有者权益总额为4 000万元,年内接受投资320万元。本年

实现利润总额1 000万元,所得税税率为30%,按净利润的10%提取盈余公积金,则年末所有者权益总额为(　　)。

A. 5 000万元　　B. 4 700万元　　C. 5 020万元　　D. 4 950万元

7. 记账以后,发现据以登账的记账凭证中将800元误写为8 000元,更正错误的方法是(　　)。

A. 红字更正法　　B. 补充登记法

C. 差额计算法　　D. 划线更正法

8. 某公司10月初账户余额:在产品4 000元,产成品38 000元。10月份发生的直接材料、直接人工、制造费用45 000元,完工入库的产成品42 000元,发出产成品40 000元,盘盈产成品2 000元。10月末产成品账户余额是(　　)。

A. 40 000元　　B. 42 000元　　C. 7 000元　　D. 38 000元

9. 往来款项的清查一般采用(　　)。

A. 实地盘点法　　B. 技术推算盘点法

C. 余额调节法　　D. 函证核对法

10. 在借贷记账法下,所有者权益账户的期末余额等于(　　)。

A. 期初贷方余额+本期贷方发生额-本期借方发生额

B. 期初借方余额+本期贷方发生额-本期借方发生额

C. 期初借方余额+本期借方发生额-本期贷方发生额

D. 期初贷方余额+本期借方发生额-本期贷方发生额

11. 界定会计主体的作用在于(　　)。

A. 明确法律主体　　B. 明确法人

C. 明确核算对象　　D. 明确会计所服务对象

12. 具有客观性及可验证性的成本是(　　)。

A. 历史成本　　B. 固定成本

C. 机会成本　　D. 重置成本

13. 上市公司不必对外披露的会计报表是(　　)。

A. 资产负债表　　B. 现金流量表

C. 利润表　　D. 管理会计报表

14. 企业会计机构的责任主体是(　　)。

A. 财务主管　　B. 总会计师

C. 主管财务的副总经理　　D. 单位负责人

15. 资产负债表表明(　　)。

A. 企业在某一特定日期所拥有或控制的资源

B. 企业在某一特定月份所拥有或控制的资源

C. 企业在某一特定年份所拥有或控制的资源

D. 以上内容都不对

16. 下列各项中不属于其他货币资金的是(　　)。

A. 银行存款　　B. 信用证存款

C. 银行汇票存款　　D. 银行本票存款

17. 下列各项中不属于未达账项的是(　　)。

A. 银行误将其他公司的款项记入本企业账户

B. 企业开出支票,对方未到银行兑现

C. 银行代扣水电费,企业尚未接到通知

D. 银行收到委托收款但企业尚未收到通知

18. 下列各项不属于我国企业会计准则体系的是(　　)。

A. 会计制度　　B. 会计准则解释

C. 会计准则应用指南　　D. 会计基本准则

19. 下列会计原则表述中,正确的是(　　)。

A. 客观性原则是指必须有合法凭证作为会计处理的依据

B. 可比性原则是指企业前后各期的会计信息必须口径一致,相互可比

C. 明晰性原则要求企业提供会计信息应当清晰明了,便于财务会计报告使用者理解使用

D. 谨慎性原则是指不得高估资产和收益,但要尽可能高估费用与损失

20. 下列资产中,不属于本企业范围的是(　　)。

A. 融资租入设备　　B. 经营租赁方式租入设备

C. 经营租赁方式租出设备　　D. 通过向银行借款购入的设备

二、多项选择题(每小题1分,共10分,每题均有至少两个正确答案)

1. 下列业务中,应确认为债权的是(　　)。

A. 预收销货款　　B. 预付购货款

C. 应收销货款　　D. 应付购货款

E. 预支差旅费

2. 编制银行存款余额调节表时,计算调节后的余额应以企业银行存款日记账余额(　　)。

A. 加企业未入账的收入款项　　B. 加银行未入账的收入款项

C. 加双方未入账的收入款项　　D. 加企业未入账的支出款项

E. 减企业未入账的支出款项

3. 关于“利润分配”账户,下列表述中正确的是(　　)。

A. 平时,贷方一般不作登记

B. 借方登记实际分配的利润数额
C. 年末结转后,本账户应无余额
D. 年末结转后,借方余额表示未弥补亏损
E. 年末结转后,贷方余额表示未分配利润

4. 下列经济业务中,应记入“待处理财产损溢”账户借方的是(　　)。
A. 盘盈固定资产
B. 盘亏固定资产
C. 发生坏账损失
D. 结转已批准处理的固定资产盘盈数额
E. 结转已批准处理的固定资产盘亏数额

5. 我国会计工作中采用的核算形式有(　　)。
A. 记账凭证核算形式　　B. 科目汇总表核算形式
C. 汇总记账凭证核算形式　　D. 日记总账核算形式
E. 通用日记账核算形式

6. 下列属于保证会计信息质量要求的原则有(　　)。
A. 可靠性原则　　B. 可比性原则
C. 可理解性原则　　D. 谨慎性原则
E. 及时性原则

7. 采用划线更正法的要点是(　　)。
A. 在错误的文字或数字(单个数字)上划一条红线注销
B. 在错误的文字或数字(整个数字)上划一条红线注销
C. 在错误的文字或数字上划一条蓝线注销
D. 将正确的数字或文字用蓝字写在划线上方
E. 更正人在划线处盖章

8. 下列支出属于收益性支出的有(　　)。
A. 当月的办公费　　B. 当月流动资金的借款利息
C. 购置设备的支出　　D. 行政管理人员的工资
E. 销售产品的运费支出

9. 成本计算的主要程序包括(　　)。
A. 确定成本计算期　　B. 确定成本计算对象
C. 确定成本项目　　D. 归集和分配有关费用
E. 设置并登记有关账簿

10. 涉及库存现金和银行存款相互划转的业务应编制的记账凭证有(　　)。
A. 现金收款凭证　　B. 现金付款凭证

C. 银行存款收款凭证　　　　D. 银行存款付款凭证

E. 转账凭证

三、判断题(每小题1分,共10分,正确的打"✓",错误的打"×")

1. 会计可反映过去已经发生的经济活动,也可反映未来可能发生的经济活动。 (　　)

2. 静态会计等式体现了同一资金的两个不同侧面,即资金存在形态和资金来源渠道。 (　　)

3. 负债一般有规定的偿还期,而所有者权益没有。 (　　)

4. 采用复式记账方法,一定会计期间的所有账户会出现"资产类账户期末余额合计=权益类账户期末余额合计"的结果。 (　　)

5. 企业用支票支付购货款时,应通过"应付票据"账户进行核算。 (　　)

6. 企业向投资人分配股票股利不需要进行账务处理。 (　　)

7. 科目汇总表是一种具有汇总性质的记账凭证。 (　　)

8. 结账之前,发现账簿中所记文字或数字有过账笔误或计算错误,而记账凭证并没有错,可用划线更正法更正。 (　　)

9. 为了反映和监督各单位在财产清查过程中查明的各种资产的盈亏及报经批准后的转销数额,应设置"待处理财产损溢"账户,该账户属于负债类账户。 (　　)

10. 将记账凭证分为原始凭证、付款凭证、转账凭证的依据是凭证填制的手续和凭证的来源。 (　　)

四、计算题(每步计算1分,共20分)

1. 资料:某企业2015年10月份发生与产品生产有关的经济业务如下:

(1) 甲产品期初在产品成本5 000元,乙产品期初无在产品。

(2) 本月发生生产费用如下:甲产品直接材料费用20 000元,直接人工费用13 000元;乙产品直接材料费用10 000元,直接人工费用6 500元。制造费用总额12 000元(按生产工时分配)。

(3) 本月甲产品的生产工时为8 000小时,乙产品的生产工时为4 000小时。

(4) 甲产品100件全部完工。乙产品投产50件,本期完工20件,在产品的单位定额成本为:材料100元,人工50元,制造费用50元。

要求:(1) 甲、乙产品按生产工时比例分配制造费用。

(2) 计算甲、乙产品的总成本和单位成本,乙产品的在产品成本。

2. 资料:某企业对材料数量的核算采用实地盘存制,2015年1月其材料的购入和领用情况如下(单位成本:元;数量:件):

日期	摘要	购入		发出		结存	
		单位成本	数量	单位成本	数量	单位成本	数量
1月1日	期初结存					100	100
1月5日	购入	150	200				
1月10日	领用				80		
1月20日	领用				100		
1月25日	购入	120	100				
1月27日	领用				20		
1月31日	结存						200

要求：分别采用先进先出法、一次加权平均法、移动加权平均法计算确定该企业本年度发出材料的成本和期末结存材料的成本。

五、业务题(每个分录1分,每步计算1分,共40分)

资料：某制造企业生产的产品属于应税消费品。其2015年度发生的经济业务如下：

(1) 接受甲企业投资,其中：货币资金100 000元,已存入银行;全新设备一台,原值50 000元。

(2) 9月初从银行借入4个月期的借款25 000元,年利率12%,当即存入银行。

(3) 购进材料一批,货款50 000元,增值税进项税额8 500元,款项以银行存款支付。发生运费100元,以现金支付。

(4) 上述材料验收入库,结转入库材料的实际成本。

(5) 领用材料31 600元,其中：生产产品耗用20 000元,车间一般消耗9 600元,行政管理部门消耗2 000元。

(6) 结算本年工资费用80 000元,其中：生产工人50 000元,车间管理人员10 000元,行政管理人员20 000元。

(7) 计提固定资产折旧25 200元,其中：车间20 000元,行政管理部门5 200元。

(8) 销售产品一批,货款150 000元,增值税销项税额17 000元,款项已收到并存入银行。

(9) 以银行存款支付广告费10 000元。

(10) 以银行存款支付污染罚款5 000元。

(11) 结转本年制造费用总额39 600到生产成本账户。

(12) 结转完工产品成本109 600元。

（13）结转已销产品的生产成本 59 000 元。

（14）9 月初借入的 4 个月期的银行借款的本利现以银行存款全部支付。

（15）本期销售一部分材料，购入时的成本 18 000 元（不含税），销售时货款 20 000 元（不含税），收到货款后存入银行。

（16）本年以银行存款 60 000 元对 A 公司进行短期投资，年底以 64 000 元的价款收回投资，并存入银行。作投资和收回投资的分录。

（17）年末盘盈一台固定资产，重置价值为 50 000 元，根据成新度确定其已提折旧 10 000 元。作批准前后的会计分录。

（18）本企业适用的税率分别是：消费税 10%，城建税 7%，教育费附加 3%。计算并结转本年度应交消费税、城建税和教育费附加。

（19）结转本年发生的各项收入、费用（除所得税外）到本年利润账户，计算利润总额。

（20）计算本年的所得税费用（所得税率 25%），并将其转入本年利润，计算净利润。

（21）将本年利润余额转入利润分配——未分配利润账户。

（22）本企业的利润分配包括：以净利润的 10% 提取盈余公积金，以净利润的 20% 给投资者分配利润，作分配分录，并将分配结果结转入利润分配——未分配利润账户。

（23）本年末未分配利润。

参 考 答 案

《会计学原理》模拟试题(一)

一、判断题(每小题1分,共15分。正确的打"✓",错误的打"×")

1. × 2. × 3. ✓ 4. × 5. ✓ 6. × 7. × 8. ✓ 9. ✓ 10. × 11. ✓ 12. × 13. ✓ 14. × 15 ×

二、单项选择题(每小题1分,共15分)

1. A 2. A 3. B 4. B 5. D 6. A 7. D 8. B 9. B 10. C 11. D 12. C 13. D 14. B 15. D

三、名词解释(每小题4分,共16分)

1. 会计要素

会计要素是指对会计对象按经济性质所作的基本分类,是会计核算和监督的具体对象和内容,是构成会计对象具体内容的主要因素,也是构成会计报表的基本要素。会计要素分为反映企业财务状况的会计要素和反映企业经营成果的会计要素,前者包括资产、负债、所有者权益,后者包括收入、费用和利润。

2. 所有者权益

所有者权益是指企业资产扣除负债后由所有者享有的剩余权益。包括实收资本(或股本)、资本公积、盈余公积和未分配利润。在股份制企业又称为股东权益。所有者权益是企业投资人对企业净资产的所有权。

3. 复式记账法

复式记账法是单式记账法的对称。复式记账法是对每项经济业务按相等的金额在两个或两个以上有关账户中同时进行登记的方法。

4. 财产清查

财产清查是指通过对货币资金、实物资产和往来款项的盘点或核对,确定其实存数,查明账存数与实存数是否相符的一种专门方法。

四、简答题(每小题7分,共14分)

1. 借贷记账法的主要特点是:

（1）用"借"和"贷"作为记账符号。

（2）以"有借必有贷，借贷必相等"作为记账规则。

（3）以借贷平衡的记账规则进行试算平衡。

（4）可设置和运用双重性质的账户。

2. 支出——企业日常发生的全部支出，不论与产品的生产经营是否有关都作为支出。

生产成本——与企业产品生产有关并应从产品销售中得到补偿的费用。它是以产品为对象进行归集的资金耗费。

生产费用——是指与生产有关的费用。但不等于生产成本，生产费用是按一定会计期间汇集的资金耗费。

五、核算题（第1、2题每题10分、第3题20分，共40分）

1.

银行存款余额调节表

2015年5月31日　　金额单位：（元）

项　目	金　额	项　目	金　额
企业银行存款日记账余额	324 000	银行对账单余额	316 000
加：银行已收，企业未收	32 000	加：企业已收，银行未收	12 800
减：银行已付，企业未付	98 000	减：企业已付，银行未付	70 800
调节后余额	258 000	调节后余额	258 000

2.（1）制造费用分配率 = 16 000 ÷（16 000 + 12 000）= 0.57

A产品应负担制造费用 = 16 000 × 0.57 = 9 142.86（元）

B产品应负担制造费用 = 12 000 × 0.57 = 6 857.14（元）

（2）A产品本月生产费用 = 20 000 + 16 000 + 9 142.86 = 45 142.86（元）

B产品本月生产费用 = 18 000 + 12 000 + 6 857.14 = 36 857.14（元）

（3）A产品月末在产品成本 = 115 × 50 = 5 750（元）

B产品月末在产品成本 = 300 × 40 = 12 000（元）

（4）A产品完工产品成本 = 期初在产品成本 + 本月生产费用 − 月末在产品成本

= 23 000 + 45 142.86 − 5 750 = 62 392.86（元）

B产品完工产品成本 = 18 000 + 36 857.14 − 12 000 = 42 857.14（元）

（5）A完工产品单位成本 = 62 392.86 ÷ 250 = 249.571 4（元）

B完工产品单位成本 = 42 857.14 ÷ 50 = 857.142 8（元）

3.（1）借：应收账款——A公司　　70 000

　　贷：坏账准备　　70 000

借：银行存款　　70 000

　　贷：应收账款——A公司　　70 000

（2）借：原材料　200 000
　　应交税费——应交税费(进项税额)　34 000
　贷：预付账款　234 000

（3）借：在建工程　120 000
　　累计折旧　150 000
　　固定资产减值准备　30 000
　贷：固定资产　300 000

借：在建工程　200 000
　贷：银行存款　200 000

借：固定资产　320 000
　贷：在建工程　320 000

（4）借：银行存款　300 000
　贷：长期借款　300 000

月底计提利息时：

借：财务费用　2 500
　贷：银行存款　2 500

（5）借：原材料　600 000
　　库存商品　200 000
　贷：其他货币资金　800 000

借：原材料　500 000
　贷：应付票据　500 000

（6）借：生产成本　500 000
　　制造费用　200 000
　　管理费用　300 000
　贷：应付职工薪酬　1 000 000

（7）借：生产成本　240 000
　贷：制造费用　240 000

借：库存商品　840 000
　贷：生产成本　840 000

借：银行存款　3 510 000
　贷：主营业务收入　3 000 000
　　应交税费——应交税费(增值税额)　510 000

借：主营业务成本　840 000
　贷：库存商品　840 000

《会计学原理》模拟试题(二)

一、名词解释(每小题3分,共15分)

1. 收入

收入是指企业在日常活动中所形成的、会导致所有者权益增加的、非所有者投入资本的经济利益的总流入,包括销售商品收入、劳务收入、让渡资产使用权收入、利息收入、租金收入、股利收入等,但不包括为第三方或客户代收的款项。

2. 会计分录

会计分录是指根据经济业务的内容指明应借、应贷账户的方向、账户名称及其金额的一种会计分录。

3. 对账

对账,就是核对账目,是指在会计核算中,为保证账簿记录正确可靠,对账簿中的有关数据进行检查和核对的工作。应当定期将会计账簿记录的有关数字与库存实物、货币资金、有价证券往来单位或个人等进行相互核对,保证账证相符、账账相符、账实相符。

4. 红字冲销法

红字冲销法是错账更正中的一种方法,适用于两种情况:① 记账凭证中的应借,应贷会计科目或记账方向有错误,更正时,先用红字金额填制一张与原内容一致的记账凭证,据以用红字金额登记入账,在摘要栏注明"冲减×月×日×号凭证错误",冲销原错误记录,然后用蓝字填写一张正确的凭证,重新登记入账。② 科目正确,实记金额大于应记金额进行更正时,将多记金额填制记账凭证,据以红字金额入账,冲销其大于应记金额 的差额改正错账。

5. 财务会计报告

财务会计报告是指单位会计部门根据经过审核的会计账簿记录和有关资料,编制并对外提供的反映单位某一特定日期财务状况和某一会计期间经营成果、现金流量及所有者权益变动情况等会计信息的总结性书面文件。

二、判断题(每小题1分,共15分。正确的打"✓",错误的打"×")

1. ✓ 2. × 3. × 4. ✓ 5. × 6. × 7. ✓ 8. × 9. ✓ 10. × 11. × 12. × 13. × 14. ✓ 15. ✓

三、单项选择题(每小题2分,共20分)

1. A 2. D 3. A 4. D 5. C 6. A 7. D 8. C 9. A 10. A

四、多项选择题(每小题 3 分,共 30 分。每题至少有两个正确答案)

1. ABDE 2. ACD 3. ABCD 4. AB 5. ABCD 6. ABC 7. ABCD 8. AB 9. ABCD 10. ABCD

五、业务题(本题共 20 分)

1. 借:银行存款 200 000
   贷:实收资本 200 000
2. 借:固定资产 100 000
   贷:银行存款 100 000
3. 借:在途物资 50 000
   贷:银行存款 50 000
4. 借:管理费用 1 800
   库存现金 200
   贷:其他应收款 2 000
5. 借:管理费用 300
   贷:其他应收款 300
6. 借:管理费用 1 000
   贷:其他应付款 1 000
7. 借:应付职工薪酬 2 000
   贷:银行存款 2 000

该企业 8 月 31 日资产负债表中的资产和负债及所有者权益的合计数,应分别为 1 199 000 元,其算式如下:

资产类各账户期初借方余额合计数为 1 000 000 元,本期借方发生额为353 300 元,本期贷方发生额为 154 300 元,期末余额为 1 199 000 元。

负债及所有者权益各账户期初贷方余额合计为 1 000 000 元,本期贷方发生额为 201 000 元,借方发生额为 2 000 元,期末余额为 1 199 000 元。

$$1\ 000\ 000 + 353\ 300 - 154\ 300 = 1\ 000\ 000 + 201\ 000 - 2\ 000$$

$$1\ 199\ 000 = 1\ 199\ 000$$

因此,资产合计数等于负债及所有者权益合计数,均为 1 199 000 元。

《会计学原理》模拟试题(三)

一、单项选择题(每小题 1 分,共 25 分)

1. C 2. D 3. B 4. B 5. A 6. A 7. C 8. C 9. D 10. C 11. D 12. B

13. A 14. A 15. B 16. D 17. B 18. D 19. B 20. B 21. D 22. A 23. C 24. A 25. A

二、多项选择题(每小题1分,共15分。每题有至少两个以上正确答案)

1. ABCE 2. BCD 3. ABD 4. BCD 5. ABD 6. ABCD 7. BC 8. AE 9. ABCD 10. ABCDE 11. BCD 12. AD 13. AC 14. ABC 15. ABDE

三、名词解释(每小题2分,共10分)

1. 未达账项是指由于企业与银行之间对于同一项业务,由于取得凭证的时间不同,导致记账时间不一致,而发生的一方已取得结算凭证已登记入账,而另一方由于尚未取得结算凭证尚未入账的款项。

2. 记账凭证是会计人员根据审核无误的原始凭证或汇总原始凭证,用来确定经济业务应借、应贷的会计科目和金额而填制的,作为登记账簿直接依据的会计凭证。

3. 会计电算化是指为提高会计核算和会计业务处理水平,利用电子计算机代替手工而对会计信息进行加工处理,乃至对外报出会计报表的系列过程。

4. 会计核算形式就是指会计凭证、账簿、会计报表和账务处理程序相互结合的方式。

5. 配比原则是指对一个会计期间的收入和与其相关的成本、费用应配合起来进行比较,在同一会计期间登记入账,以便计算本期损益。

四、简答题(每小题5分,共10分)

1. 会计报表是以日常核算资料为主要依据编制的,用来集中、概括地反映企业和行政事业等单位的财务状况、经营成果以及成本费用情况的书面文件。编制会计报表是会计核算的一种专门方法,也是会计工作的一项重要内容。

为了保证会计报表的质量,企业编制会计报表必须符合以下要求:(1) 内容完整;(2) 数字真实;(3) 计算正确;(4) 编报及时。

2. 总分类账户与明细分类账户的平行登记是指,经济业务发生后,根据会计凭证,一方面要登记有关的总分类账户,另一方面要登记该总分类账户所属的各有关明细分类账户。平行登记的基本规则一般可以概括为:依据相同,方向一致,金额相等。

五、业务计算题(共40分)

1. 根据下列经济业务编制会计分录

(1) 借:在途物资	35 900
应交税金——应交增值税(进项税额)	6 050
贷:预付账款——华方公司	15 000
银行存款	26 950

(2) 借：应收账款——光华公司 22 060
　　贷：主营业务收入 18 000
　　　　应交税金——应交增值税(销项税额) 3 060
　　　　银行存款 1 000
(3) 借：主营业务成本 4 500
　　贷：产成品 4 500
(4) 借：管理费用 12 800
　　　库存现金 2 200
　　贷：其他应收款——刘军 15 000
(5) 借：管理费用 1 160
　　贷：库存现金 1 160
(6) 借：银行存款 13 500
　　　累计折旧 30 000
　　　营业外支出 6 500
　　贷：固定资产 50 000
(7) 借：其他应收款 1 500
　　　管理费用 5 500
　　　营业外支出 8 000
　　贷：待处理财产损溢 15 000
(8) 借：其他应收款 7 500
　　　管理费用 1 500
　　贷：银行存款 9 000
(9) 借：生产成本——A 产品 62 000
　　　　　　　　——B 产品 39 000
　　　制造费用 4 000
　　贷：原材料 105 000
(10) 借：生产成本 19 000
　　　制造费用 4 200
　　　管理费用 6 000
　　贷：应付职工薪酬 29 200
(11) 借：制造费用 8 000
　　　管理费用 4 000
　　贷：累计折旧 12 000

(12) 借：财务费用 900

贷：应付利息 990

(13) ① 借：主营业务收入 530 000

营业外收入 5 000

贷：本年利润 535 000

② 借：本年利润 417 000

贷：主营业务成本 310 000

营业税金及附加 2 000

销售费用 80 000

管理费用 10 000

财务费用 15 000

(14) 借：所得税费用 29 500

贷：应交税费——应交所得税 29 500

借：本年利润 29 500

贷：所得税费用 29 500

(15) 借：本年利润 88 500

贷：利润分配 88 500

借：利润分配 46 850

贷：盈余公积 8 850

应付利润 38 000

2. 根据下列资料作出相应计算

(1) 人工费用的分配：

人工费用分配率 = 117 306/(2 400 + 1 800) = 27.93(元/小时)

A 产品应分配的人工费用 = 2 400 × 27.93 = 67 032(元)

B 产品应分配的人工费用 = 1 800 × 27.93 = 50 274(元)

制造费用分配率 = 34 650/(2 400 + 1 800) = 8.25(元/小时)

A 产品应分配的制造费用 = 2 400 × 8.25 = 19 800(元)

B 产品应分配的制造费用 = 1 800 × 8.25 = 14 850(元)

(2) A 产品完工产品总成本 = 94 800 + 67 032 + 19 800 = 181 632(元)

A 产品单位成本 = 181 632 ÷ 60 = 3 027.20(元)

(3) A 产品生产成本明细账：

生产成本明细账

产品名称：A 产品　　　　投产数量：60 件　　　　金额单位：（元）

2015 年		凭证种类及号数	摘要	借方			
月	日			直接材料	直接人工	制造费用	合计
			期初余额	0	0	0	0
			领用原材料	94 800			94 800
			发生人工费用		67 032		67 032
			分配制造费用			19 800	19 800
			本月生产费用合计	94 800	67 032	19 800	181 632
			结转完工产品成本	94 800	67 032	19 800	181 632
			期末余额	0	0	0	0

《会计学原理》模拟试题(四)

一、单项选择题(每小题 1 分,共 20 分)

1. C　2. C　3. B　4. B　5. C　6. C　7. C　8. B　9. C　10. C　11. C　12. B　13. B　14. D　15. A　16. A　17. C　18. B　19. D　20. A

二、多项选择题(每小题 2 分,共 20 分)

1. ACDE　2. ABD　3. BCE　4. ABDE　5. ABDE　6. BD　7. BD　8. ABCDE　9. ABCDE　10. ABCE

三、名词解释(每小题 2 分,共 10 分)

1. 有用性原则,又称相关性原则,是指会计核算所提供的经济信息应当有助于信息使用者作出经济决策,会计提供的信息要同决策相关联。

2. 会计等式,又称会计核算的平衡公式,反映了基本会计要素(资产、负债和所有者权益)之间的数量关系,因而是设置会计科目、复式记账、编制会计报表等会计核算方法建立的理论依据。

3. 会计核算形式就是指会计凭证、账簿、会计报表和账务处理程序相互结合的方式。

4. 会计报表是以日常核算资料为主要依据编制的,用来集中、概括地反映企业和行政事业单位的财务状况、经营成果以及成本费用情况的书面文件。

5. 对账是指企业会计期末编制报表前进行的账证、账账、账实、账表等的核对。

四、简答题(本大题共 2 小题,每小题 5 分,共 10 分)

1. 原始凭证是在经济业务发生时取得或填制的,用以证明经济业务的发生或者完成情况，并作为记账原始依据的会计凭证。

审核原始凭证，主要是审查两方面的内容：

（1）审核原始凭证所记录的经济业务的合法性。就是审查发生的经济业务是否符合国家的政策、法令、制度和计划的规定，有无违反财政纪律等违法乱纪行为。

（2）审核原始凭证填写的内容是否符合规定的要求。

2. 企业会计报表所填列的数字必须真实可靠，能准确地反映企业的财务状况和经营成果。为了会计报表的数字真实准确，应做到以下几点：

（1）报告期内所有的经济业务必须全部登记入账，不得用估计数字编制会计报表，不得弄虚作假，不得篡改数字。

（2）在编制会计报表之前，应认真核对账簿记录，做到账证相符、账账相符。

（3）企业应定期进行财产清查，在账实相符的基础上编制会计报表。

（4）在编制会计报表时，报表之间的数字以及同一会计报表各项目之间的数字，要核对相符，衔接一致。

五、业务计算题（第1小题30分，每笔会计分录2分；第2小题10分，共40分）

1.（1）借：银行存款　60 000
　　贷：短期借款　60 000

（2）借：预付账款——甲公司　50 000
　　贷：银行存款　50 000

借：银行存款　34 812
　贷：预收账款——乙公司　34 812

（3）借：其他应收款　12 600
　　贷：银行存款　12 600

借：制造费用　1 575
　贷：其他应收款　1 575

（4）借：在途物资　45 350
　　　应交税金——应交增值税（进项税额）　7 650
　　贷：预付账款——甲公司　53 000

（5）借：预收账款——乙公司　34 812
　　贷：主营业务收入　29 600
　　　　应交税金——应交增值税（销项税额）　5 032
　　　　银行存款　180

（6）借：银行存款　560
　　贷：财务费用　560

借：财务费用 300

　贷：应付利息 300

（7）借：管理费用 1 800

　　贷：库存现金 1 800

借：应付职工薪酬 1 800

　贷：库存现金 1 800

（8）借：主营业务成本——A 产品 12 800

　　　　　　　　——B 产品 12 000

　　贷：产成品——A 产品 12 800

　　　　　　——B 产品 12 000

（9）借：应付账款——宏达公司 36 500

　　贷：营业外收入 36 500

借：资产减值损失 4 000

　贷：应收账款——海林公司 4 000

（10）借：其他应收款——李某某 1 290

　　　　管理费用 5 160

　　贷：待处理财产损溢 6 450

2.（1）

银行存款日记账

2000 年		凭证		摘要	对方科目	收入	支出	余额
月	日	种类	编号					
12	19			承前页				200 000
	20	银收	28	（略）	预收账款	25 000		225 000
	25	现付	29	（略）	库存现金	18 450		243 450
	27	银付	30	（略）	应付账款		35 100	208 350
	28	银收	31	（略）	主营业务收入	15 000		223 350
	28	银收	31	（略）	应交税金	2 550		225 900
	30	银付	32	（略）	库存现金		56 000	169 900
	30	银付	33	（略）	固定资产		42 000	127 900
	31			本月合计		61 000	133 100	127 900

（2）① AC

② 现金付款凭证

（3） 银行存款余额调节表

2015 年 12 月 31 日

单位：元

项　　目	金　　额	项　　目	金　　额
企业银行存款日记账余额	127 900	银行对账单余额	199 540
加：银行已收企业未收款	38 090	加：企业已收银行未收款	17 550
减：银行已付企业未付款	26 000	减：企业已付银行未付款	77 100
调节后的存款余额	139 990	调节后的存款余额	139 990

（4）① 有未达账项；某一方记账有错误

② A

③ （当时）可以动用的款项

④ 财产清查

《会计学原理》模拟试题（五）

一、单项选择题（每小题 1 分，共 20 分）

1. C　2. D　3. A　4. C　5. B　6. C　7. D　8. C　9. A　10. D　11. C　12. A　13. C　14. A　15. B　16. B　17. D　18. A　19. D　20. D

二、多项选择题（每小题 2 分，共 20 分）

1. ABC　2. CDE　3. ABDE　4. AD　5. ABCD　6. ACD　7. ABCE　8. ABCDE　9. ACE　10. ADE

三、名词解释（每小题 2 分，共 10 分）

1. 复式记账法是指对于每一笔经济业务，都要在两个或者两个以上相互关联的账户中进行登记，用以系统地反映资金运动变化结果的方法。其优点是比较复杂，但是账户设置完整，能够系统全面地反映账户间的关系，还可以根据会计恒等式的关系，对一定时期的经济业务进行综合核算，检查账户是否记录准确。

2. 财产清查是指通过对财产物资及现金的实地盘点和对银行存款、债权、债务的核对，来确定各项财产物资、货币资金和债权债务的实际结存数，并与账面结存数核对，以查明账面数字与实际现款是否相符的一种会计核算的专门方法。

3. 记账凭证是会计人员根据审核无误的原始凭证或原始凭证汇总表，按照经济业务的内容加以归类并填制的会计凭证，是确定会计分录、登记账簿的一种凭证。

4. 调整账户是指出于管理上的需要,既需要有关新的信息资料,又需要把一些账户记录的原始数据在账面上长期保留,因此,需要在保留资产或负债原始指标的账户的基础上,再设置调整这些原始指标的调整账户。将原始指标和调整指标相加或相减,就可以求得现在的实有指标,以满足管理上的特殊需要。

5. 权责发生制是按权利和义务来确定本期收入和费用,而不是按照款项的实际收支来确定。即当期已经实现的收入和已经发生或者负担的费用,无论款项是否收付,都应该作为当期的收入和费用;不属于当期的收入和费用,即使款项已在当期收付,也不应该作为当期的收入和费用。

四、简答题(每小题5分,共10分)

1. 经济业务又称交易事项,应该办理会计手续并且能用会计方法反映的经济活动称为经济业务。包括九类:① 资产项目内部相互增减,且增减金额相等;② 负债项目内部相互增减,且增减金额相等;③ 所有者权益项目内部相互增减,且增减金额相等;④ 负债项目增加,所有者权益项目减少,且增减金额相等;⑤ 资产项目增加,负债项目也增加,且增加的金额相等;⑥ 资产项目增加,所有者权益项目增加,且增加的金额相等;⑦ 所有者权益项目增加,负债项目减少,且增减金额相等;⑧ 资产项目减少,负债项目也减少,且减少的金额相等;⑨ 资产项目减少,所有者权益项目减少,且减少的金额相等。

2. 错账更正的方法有划线更正法、红字更正法、补充登记法三种。划线更正法的适用范围是结账之前发现账簿记录中数字或文字错误,而记账凭证无误时予以采用的更正方法。红字更正法的适用范围是当记账后发现账簿记录有错误,是由于记账凭证上会计科目错误、借贷方向错误和金额错误而造成,此时采用红字更正法。另外,当记账凭证中会计科目、借贷方向均未发生错误,但所记录金额大于应记金额,可以填制红字凭证冲销多记金额。补充登记法的适用范围是记账后,结账以前发现账簿记录错误,且记账凭证上的金额小于正确金额,但借贷方向和科目正确时采用这种更正方法。

五、业务计算题(共40分)

1. 根据以下经济业务编制会计分录(列出必要的明细科目。每小题2分,共30分)

(1) 借:在途物资——甲材料　　20 000
　　　　　　　——乙材料　　25 000
　　　应交税费——应交增值税(进项税额)　　7 650
　　贷:应付账款　　52 650

(2) 借: 在途物资——甲材料 400
——乙材料 500
贷: 银行存款 900
借: 原材料——甲材料 20 400
——乙材料 25 500
贷: 在途物资——甲材料 20 400
——乙材料 25 500
(3) 借: 生产成本——A 产品 15 000
——B 产品 20 000
制造费用 4 000
管理费用 1 000
贷: 原材料——甲材料 19 000
——乙材料 21 000
(4) 借: 生产成本——A 产品 16 000
——B 产品 30 000
制造费用 4 000
管理费用 8 000
贷: 应付职工薪酬 58 000
(5) 借: 制造费用 2 440
管理费用 2 560
贷: 累计折旧 5 000
(6) 借: 制造费用 1 000
贷: 其他应付款 1 000
(7) 本月制造费用总额 =4 000 +4 000 +2 440 +1 000
=11 440(元)
制造费用分配率 =11 440/(5 400 +6 040) =1(元/工时)
借: 生产成本——A 产品 54 000
——B 产品 6 040
贷: 制造费用 11 440
(8) 借: 产成品——A 产品 60 000
贷: 生产成本——A 产品 60 000
(9) 借: 其他应收款——保管员 100
贷: 待处理财产损溢——待处理流动资产损溢 100

（10）借：应收账款 58 500
　　贷：主营业务收入——A 产品 50 000
　　　　应交税费——应交增值税（销项税额） 8 500

（11）借：主营业务成本——A 产品 35 000
　　贷：产成品——A 产品 35 000

（12）借：其他应收款 2 400
　　贷：银行存款 2 400

（13）155 000 × 25% = 38 750（元）

借：所得税费用 38 750
　贷：应交税费——应交所得税 38 750

借：本年利润 38 750
　贷：所得税费用 38 750

（14）税后利润 = 155 000 - 38 750 = 116 250（元）
　　借：本年利润 116 250
　　贷：利润分配 116 250

　　提取法定盈余公积金 = 116 250 × 10% = 11 625（元）

借：利润分配——提取法定盈余公积金 11 625
　贷：盈余公积 11 625

2. 计算题（第 1 小题 3 分，第 2 小题 7 分，共 10 分）

（1）营业利润 = 1 200 000 + 30 000 - （700 000 + 15 000） - 25 000 - 20 000 - 95 000 - 10 000 + 15 000 = 380 000（元）

　利润总额 = 380 000 + 35 000 - 18 000 = 397 000（元）

　净利润 = 397 000 × （1 - 25%） = 297 750（元）

（2）

银行存款余额调节表

2015 年 4 月 30 日

单位：元

项　目	金　额	项　目	金　额
企业银行存款日记账余额	207 800	银行对账单余额	208 500
加：银行已收企业未收	5 000	加：企业已收银行未收	5 400
减：银行已付企业未付	2 500	减：企业已付银行未付	3 600
调节后的存款余额	210 300	调节后的存款余额	210 300

（2）调整后的余额 210 300 元是企业真正的、可动用的存款余额。说明企业确实存在未达账项。对未达账项不需要调账。因为此时企业或银行没有真实的原始凭证。

《会计学原理》模拟试题(六)

一、判断题(每小题1分,共15分)

1. ✓ 2. × 3. × 4. ✓ 5. × 6. × 7. ✓ 8. × 9. ✓ 10. ✓ 11. ✓ 12. × 13. ✓ 14. ✓ 15. ×

二、单项选择题(每小题1分,共10分)

1. B 2. B 3. C 4. D 5. D 6. A 7. C 8. B 9. D 10. A

三、多项选择题(每小题1分,共10分。每题均有至少两个正确答案)

1. ABCE 2. ACE 3. ACD 4. ABE 5. ABCDE 6. ABE 7. ABD 8. AB 9. ABCE 10. BE

四、名词解释(每小题2.5分,共10分)

1. 会计确认是指按照规定的标准和方法,辨认和确定经济信息是否作为会计信息进行正式记录并列入财务报表的过程。

2. 会计凭证是记录经济业务,明确经济责任的书面证明,是用来登记账簿的依据。

3. 对账是在有关经济业务入账以后,进行账簿记录的核对。

4. 永续盘存制是指根据会计凭证逐笔登记各种存货收入和发出的数量,并随时结出账面结存数量的方法。

五、综合题(本题55分)

(1) 借:在途物资 10 000
　　应交税费——应交增值税(进项税额) 1 700
　贷:银行存款 11 700

(2) 借:生产成本 28 000
　贷:原材料 28 000

(3) 借:银行存款 20 000
　贷:应收账款 20 000

(4) 借:银行存款 32 760
　贷:主营业务收入 28 000
　　应交税费——应交增值税(销项税额) 4 760

(5) 借:应付账款 30 000
　贷:银行存款 30 000

(6) 借:库存现金 1 000
　贷:银行存款 1 000

(7) 借：管理费用 620
贷：库存现金 620

(8) 借：管理费用 1 000
贷：银行存款 1 000

(9) 借：库存现金 10 000
贷：银行存款 10 000

(10) 借：应付职工薪酬——工资 10 000
贷：库存现金 10 000

(11) 借：应收账款 40 014
贷：主营业务收入 34 200
应交税费——应交增值税（销项税额） 5 814

(12) 借：管理费用 400
制造费用 2 000
贷：银行存款 2 400

(13) 借：销售费用 1 000
贷：库存现金 1 000

(14) 借：生产成本 8 000
管理费用 2 000
贷：应付职工薪酬——工资 10 000

(15) 借：制造费用 7 000
管理费用 1 600
贷：累计折旧 8 600

(16) 借：财务费用 348
贷：应付利息 348

(17) 借：管理费用 4 100
贷：其他应收款 4 100

(18) 借：生产成本 9 000
贷：制造费用 9 000

(19) 借：库存商品 45 000
贷：生产成本 45 000

(20) 借：主营业务成本 45 000
贷：库存商品 45 000

(21) 借：营业税金及附加 3 110
贷：应交税费 3 110

(22) 借：主营业务收入　62 200
　　贷：本年利润　62 200
借：本年利润　59 178
　贷：主营业务成本　45 000
　　管理费用　9 720
　　销售费用　1 000
　　财务费用　348
　　营业税金及附加　3 110
(23) 借：所得税费用　755.5
　　贷：应交税费——应交所得税　755.5
借：本年利润　755.5
　贷：所得税费用　755.5
(24) 借：本年利润　2 266.5
　　贷：利润分配　2 266.5
(25) 借：利润分配　679.95
　　贷：应付股利　453.3
　　　盈余公积　226.65

利润表

2015 年 1 月　　金额单位：元

项　　目	金　额
一、营业收入	62 200
减：营业成本	45 000
营业税金及附加	3 110
销售费用	1 000
管理费用	9 720
财务费用	348
资产减值损失	
加：公允价值变动净收益	
投资收益	
二、营业利润	3 022
加：营业外收入	
减：营业外支出	
三、利润总额	3 022
减：所得税费用	755.5
四、净利润	2 266.5

资产负债表

2015 年 1 月 31 日　　　　金额单位：元

项　　目	年初数	期末数	项　　目	年初数	期末数
流动资产			流动负债		
货币资金	11 200	7 240	短期借款	42 200	42 200
应收账款	86 000	106 014	应付账款	30 000	0
存　货	97 000	79 000	应交税费		12 739. 5
其他应收款	18 000	13 900	应付股利		453. 3
流动资产合计	212 200	206 154	应付利息		348
固定资产原价	460 000	460 000	流动负债合计	72 200	55 740. 8
减：累计折旧	100 000	108 600	负债合计	72 200	55 740. 8
固定资产净值	360 000	351 400	实收资本	500 000	500 000
非流动资产合计	360 000	351 400	盈余公积		226. 65
			未分配利润		1 586. 55
			所有者权益合计	500 000	501 813. 2
资产总计	572 200	557 554	负债及所有者权益总计	572 200	557 554

《会计学原理》模拟试题(七)

一、单项选择题(每小题 1 分,共 20 分)

1. B　2. C　3. A　4. B　5. D　6. C　7. D　8. B　9. A　10. A　11. B　12. A　13. B　14. A　15. D　16. D　17. C　18. B　19. A　20. C

二、多选题(每小题 1 分,共 10 分)

1. ABC　2. DE　3. BCE　4. BCE　5. BCDE　6. ABCD　7. DE　8. BC　9. AC　10. BCDE

三、判断题(每小题 1 分,共 10 分,正确的打“✓”,错误的打“×”)

1. ×　2. ×　3. ×　4. ✓　5. ✓　6. ✓　7. ×　8. ×　9. ×　10. ×

四、名词解释题(每小题 2 分,共 10 分)

1. 会计等式由会计要素组成,反映了会计要素之间的平衡关系。会计等式的经济内容和数量上的等量关系是资金平衡的理论依据。

2. 账务处理程序是指对会计数据的记录、归集、汇总、呈报的步骤和方法,即从原始凭证的整理、汇总、记账凭证的填制、汇总,日记账、明细分类账、总分类账的登记,到最后编制会计报表的步骤和方法。

3. 财产清查是指通过对实物、现金的实地盘点和对银行存款、往来款项的核对,查明各项财产物资、货币资金、往来款项的实有数和账面数是否相符的一种会计核算的专门方法。

4. 复式记账法是对每项交易或事项所引起的资金运动,都要用相等的金额,同时在两个或两个以上相互联系的账户中进行全面登记的一种记账方法。

5. 实地盘存制是平时根据有关会计凭证,只登记财产物资的增加数,不登记减少数,月末或一定时期可根据期末盘点资料,弄清各种财产的实有数额,然后再根据"期初结存数+本期增加数-期末盘点数"倒算出本期减少数,并记入有关明细账的一种物资盘存管理制度。

五、计算题(第1小题4分,第2小题8分)

1.

银行存款余额调节表

2015年7月31日

单位:元

项　　目	金　额	项　　目	金　额
企业银行存款日记账余额	701 600	银行对账单余额	691 600
加:银行已收企业未收	4 000	加:企业已收银行未收	15 000
减:银行已付企业未付	2 000	减:企业已付银行未付	3 000
调节后的存款余额	703 600	调节后的存款余额	703 600

2. 制造费用分摊率=300 000/(60 000+40 000)=3

甲产品分摊制造费用=3×60 000=180 000(元)

乙产品分摊制造费用=3×40 000=120 000(元)

甲产品本期总成本=70 000+100 000+60 000+180 000-20 000

=390 000(元)

乙产品本期总成本=80 000+40 000+120 000=240 000(元)

甲产品单位成本=390 000/200=1 950(元)

乙产品单位成本=240 000/500=480(元)

借:产成品——甲产品　390 000

——乙产品　240 000

贷:生产成本——甲产品　390 000

——乙产品　240 000

六、业务题(每个分录1.5分,小计33分,计算0.5分,小计5分,共计38分)

(1) 借:在途物资　20 200

应交税金——应交增值税进项税额.　3 400

贷:银行存款　23 600

(2) 借：原材料 20 200
　贷：在途物资 20 200
(3) 借：生产成本 2 500
　贷：原材料 2 500
(4) 借：银行存款 58 500
　贷：主营业务收入 50 000
　　应交税金——应交增值税(销项税额) 8 500
(5) 借：库存现金 10 000
　贷：银行存款 10 000
(6) 借：管理费用 300
　贷：库存现金 300
(7) 借：应付职工薪酬 10 000
　贷：库存现金 10 000
(8) 借：生产成本 5 000
　制造费用 2 500
　管理费用 2 500
　贷：应付职工薪酬 10 000
(9) 借：管理费用 500
　制造费用 1 000
　贷：银行存款 1 500
(10) 借：销售费用 500
　贷：库存现金 500
(11) 借：制造费用 1 500
　管理费用 1 000
　贷：累计折旧 2 500
(12) 借：财务费用 1 500
　贷：银行存款 1 500
(13) 制造费用总额 =2 500 +1 000 +1 500 =5 000(元)
借：生产成本 5 000
　贷：制造费用 5 000
(14) 产成品成本 =2 500 +5 000 +5 000 =12 500(元)
单位成本 =12 500/100 =125(元)
借：产成品 12 500
　贷：生产成本 12 500

(15) 借：主营业务成本 6 250

贷：产成品 6 250

(16) 本年消费税 = 50 000 × 10% = 5 000(元)

借：营业税金及附加 5 000

贷：应交税金——应交消费税 5 000

(17) 借：主营业务收入 50 000

贷：本年利润 50 000

借：本年利润 17 550

贷：主营业务成本 6 250

营业税金及附加 5 000

管理费用 4 300

销售费用 500

财务费用 1 500

(18) 利润总额 = 50 000 − 17 550 = 32 450(元)

所得税费用 = 32 450 × 25% = 8 112.5(元)

净利润 = 32 450 − 8 112.5 = 24 337.5(元)

分配给投资者的利润 = 24 337.5 × 20% = 4 867.5(元)

提取盈余公积金 = 24 337.5 × 10% = 2 433.75(元)

最后未分配的利润 = 24 337.5 − 4 867.5 − 2 433.75 = 17 036.25(元)

(19) 借：所得税费用 8 112.5

贷：应交税金——应交所得税 8 112.5

借：本年利润 8 112.5

贷：所得税费用 8 112.5

(20) 借：本年利润 24 337.5

贷：利润分配 24 337.5

(21) 借：利润分配 7 301.25

贷：盈余公积 4 867.5

应付股利 2 433.75

《会计学原理》模拟试题(八)

一、单项选择题(每小题1分，共20分)

1. C 2. A 3. C 4. C 5. A 6. B 7. B 8. A 9. C 10. C 11. D

12. C 13. D 14. D 15. C 16. D 17. D 18. C 19. C 20. B

二、多项选择题(每小题1分,共10分)

1. ACD 2. AB 3. ABCDE 4. ABC 5. ABC 6. ABCDE 7. BCDE 8. ABC 9. AB 10. ACD

三、判断题(每小题1分,共10分,正确的打"✓",错误的打"×")

1. ✓ 2. ✓ 3. × 4. × 5. ✓ 6. × 7. × 8. ✓ 9. ✓ 10. ✓

四、名词解释题(每小题4分,共20分)

1. 会计要素是对会计对象按其经济特征所作的进一步分类,是会计对象的基本组成部分。

2. 会计科目是对会计要素对象的具体内容进行分类核算的类目。

3. 财产清查是指通过对实物、现金的实地盘点和对银行存款、往来款项的核对,查明各项财产物资、货币资金、往来款项的实有数和账面数是否相符的一种会计核算的专门方法。

4. 会计凭证是记录经济业务、明确经济责任、作为记账依据的书面证明。为了保证会计记录能如实反映企业的经济活动情况,保证账户记录的真实性、准确性,记账必须严格以会计凭证为依据。

5. 永续盘存数是指平时对企业单位各项财产物资分别设立明细账,根据会计凭证连续记载其增减变化并随时结出余额的一种管理制度。

五、计算题(第1小题4分,第2小题8分)

1.

银行存款余额调节表

2015年7月31日　　单位:元

项　　目	金　　额	项　　目	金　　额
企业银行存款日记账余额	691 600	银行对账单余额	681 600
加:银行已收企业未收	4 000	加:企业已收银行未收	15 000
减:银行已付企业未付	2 000	减:企业已付银行未付	3 000
调节后的存款余额	693 600	调节后的存款余额	693 600

2. 制造费用分摊率 = 336 900/(67 500 + 44 800) = 3

甲产品分摊制造费用 = 3 × 67 500 = 202 500(元)

乙产品分摊制造费用 = 3 × 44 800 = 134 400(元)

甲产品本期总成本 = 72 550 + 146 000 + 67 500 + 202 500 − 25 000 = 463 550(元)

乙产品本期总成本 = 84 528 + 44 800 + 134 400 = 263 728(元)

甲产品单位成本 = 463 550/200 = 2 317.75(元)

乙产品单位成本 = 263 728/500 = 527.456(元)

借：产成品——甲产品　463 550
　　　　　——乙产品　263 728
　贷：生产成本——甲产品　463 550
　　　　　　——乙产品　263 728

六、业务题（第1小题4分，第2小题34分）

某企业本年发生以下业务，根据业务内容作会计分录。

（1）借：在途物资　10 200
　　　应交税金——应交增值税（进项税额）　1 700
　　贷：银行存款　11 900

（2）借：原材料　10 200
　　贷：在途物资　10 200

（3）借：生产成本　5 000
　　贷：原材料　5 000

（4）借：银行存款　117 000
　　贷：主营业务收入　100 000
　　　　应交税金——应交增值税（销项税额）　17 000

（5）借：库存现金　20 000
　　贷：银行存款　20 000

（6）借：管理费用　600
　　贷：库存现金　600

（7）借：应付职工薪酬　20 000
　　贷：库存现金　20 000

（8）借：生产成本　10 000
　　　制造费用　5 000
　　　管理费用　5 000
　　贷：应付职工薪酬　20 000

（9）借：管理费用　1 000
　　　制造费用　2 000
　　贷：银行存款　3 000

（10）借：销售费用　1 000
　　　贷：库存现金　1 000

（11）借：制造费用　3 000
　　　　管理费用　2 000
　　　贷：累计折旧　5 000

(12) 借: 财务费用 3 000

  贷: 银行存款 3 000

(13) 制造费用总额 = 5 000 + 2 000 + 3 000 = 10 000(元)

借: 生产成本 10 000

 贷: 制造费用 10 000

(14) 产成品成本 = 5 000 + 10 000 + 10 000 = 25 000(元)

单位成本 = 25 000/100 = 250(元)

借: 产成品 250 000

 贷: 生产成本 25 000

(15) 借: 主营业务成本 12 500

  贷: 产成品 12 500

(16) 本年消费税 = 100 000 × 10% = 10 000(元)

借: 营业税金及附加 10 000

 贷: 应交税金——应交消费税 10 000

(17) 借: 主营业务收入 100 000

  贷: 本年利润 100 000

借: 本年利润 35 100

 贷: 主营业务成本 12 500

  营业税金及附加 10 000

  管理费用 8 600

  销售费用 1 000

  财务费用 3 000

(18) 利润总额 = 100 000 − 35 100 = 64 900(元)

所得税 = 64 900 × 25% = 16 225(元)

净利润 = 64 900 − 16 225 = 48 675(元)

分配给投资者的利润 = 48 675 × 20% = 9 735(元)

提取盈余公积金 = 48 675 × 10% = 4 867.5(元)

最后未分配的利润 = 48 675 − 9 735 − 4 867.5 = 34 072.5(元)

(19) 借: 所得税费用 16 225

  贷: 应交税金——应交所得税 16 225

借: 本年利润 16 225

 贷: 所得税费用 16 225

(20) 借: 本年利润 48 675

  贷: 利润分配 48 675

（21）借：利润分配　　14 602. 5
　　贷：盈余公积　　4 867. 5
　　　　应付股利　　9 735

《会计学原理》模拟试题(九)

一、单项选择题(每小题 1 分,共 20 分)

1. A 2. B 3. D 4. D 5. B 6. D 7. C 8. B 9. C 10. B 11. A 12. B 13. D 14. D 15. A 16. A 17. D 18. C 19. C 20. C

二、多项选择题(每小题 1 分,共 10 分,每题均有至少两个正确答案)

1. ABCD 2. BC 3. ADE 4. ABDE 5. ABCDE 6. ABCDE 7. ABCDE 8. AE 9. ACD 10. ABCD

三、判断题(每小题 1 分,共 10 分,正确的打"✓",错误的打"×")

1. ✓ 2. × 3. × 4. × 5. × 6. × 7. × 8. ✓ 9. × 10. ×

四、业务计算题(每步计算 1 分,共 20 分)

1. (1)制造费用的分配率 = 30 000/(8 000 + 7 000) = 2(元/工时)

甲产品分配制造费用 = 8 000 × 2 = 16 000(元)

乙产品分配制造费用 = 7 000 × 2 = 14 000(元)

(2)完工的甲产品总成本 = 5 000 + 20 000 + 15 000 + 16 000 = 56 000(元)

甲产品单位成本 = 56 000/100 = 560(元/件)

完工的乙产品总成本 = 10 000 + 10 000 + 8 000 + 14 000 − 80 × (100 + 50 + 50)
= 26 000(元)

乙产品单位成本 = 26 000/120 = 216. 67(元)

2. 先进先出法:

发出材料成本 = 50 × 200 + 100 × 180 + 80 × 180 = 42 400(元)

期末结存材料的成本 = 20 × 180 + 80 × 150 = 15 600(元)

一次加权平均法:

加权平均单价 = (50 × 200 + 200 × 180 + 80 × 150)/(50 + 200 + 80)
= 175. 76(元)

发出材料成本 = 175. 76 × (50 + 100 + 80) = 40 424. 8(元)

期末结存材料成本 = 175. 76 × 100 = 17 576(元)

移动加权平均法:

第一次移动加权单价 = (200 × 50 + 180 × 200)/(50 + 200) = 184(元)

第一次和第二次共领用材料成本 = 184 × (50 + 100) = 27 600(元)

第二次移动加权平均单价 = (184 × 100 + 150 × 80)/(100 + 80)

= 168.89(元)

第三次领用材料成本 = 168.89 × 80 = 13 511.2(元)

发出材料成本 = 27 600 + 13 511.2 = 41 111.2(元)

期末结存材料的成本 = 168.89 × (50 + 200 − 50 − 100 + 80 − 80) = 16 889(元)

五、综合业务题(每个分录1分,每步计算1分,共40分)

(1) 借: 固定资产 100 000
　　银行存款 200 000
　贷: 实收资本 300 000

(2) 借: 银行存款 50 000
　贷: 短期借款 50 000

(3) 借: 在途物资 100 200
　　应交税金——应交增值税(进项税额) 17 000
　贷: 银行存款 117 000
　　现金 200

(4) 借: 原材料 100 200
　贷: 在途物资 100 200

(5) 借: 生产成本 40 000
　　制造费用 19 200
　　管理费用 4 000
　贷: 原材料 63 200

(6) 借: 生产成本 100 000
　　制造费用 20 000
　　管理费用 40 000
　贷: 应付职工薪酬 160 000

(7) 借: 制造费用 40 000
　　管理费用 10 400
　贷: 累计折旧 50 400

(8) 借: 银行存款 351 000
　贷: 主营业务收入 300 000
　　应交税金——应交增值税(销项税额) 51 000

(9) 借: 销售费用 20 000
　贷: 银行存款 20 000

(10) 借: 营业外支出 10 000
　　贷: 银行存款 10 000
(11) 借: 生产成本 79 200
　　贷: 制造费用 79 200
(12) 借: 产成品 219 200
　　贷: 生产成本 219 200
(13) 借: 主营业务成本 118 000
　　贷: 产成品 118 000
(14) 利息 = 50 000 × 12% / 12 × 4 = 2 000(元)
借: 短期借款 50 000
　财务费用 2 000
　贷: 银行存款 52 000
(15) 借: 银行存款 46 800
　　贷: 其他业务收入 40 000
　　　应交税金——应交增值税(销项税额) 6 800
借: 其他业务支出 36 000
　贷: 原材料 36 000
(16) 借: 交易性金融资产 120 000
　　贷: 银行存款 120 000
借: 银行存款 128 000
　贷: 交易性金融资产 120 000
　　投资收益 8 000
(17) 借: 固定资产 100 000
　　贷: 累计折旧 20 000
　　　以前年度损溢调整 80 000
借: 以前年度损溢调整 20 000
　贷: 应交税费——应交所得税 20 000
借: 以前年度损溢调整 6 000
　贷: 盈余公积 6 000
借: 以前年度损溢调整 54 000
　贷: 利润分配 54 000
(18) 本期应交纳消费税 = 200 000 × 10% = 20 000(元)
应交的城建税 = 20 000 × 7% = 1 400(元)
教育费附加 = 20 000 × 3% = 600(元)

借：营业税金及附加 22 000
　贷：应交税金——应交消费税 20 000
　　　　　　——应交城建税 1 400
　　其他应付款——应交教育费附加 600

(19) 借：主营业务收入 300 000
　　　其他业务收入 40 000
　　　投资收益 8 000
　　贷：本年利润 348 000

借：本年利润 262 400
　贷：管理费用 54 400
　　销售费用 20 000
　　营业外支出 10 000
　　主营业务成本 118 000
　　财务费用 2 000
　　其他业务支出 36 000
　　营业税金及附加 22 000

利润总额 = 348 000 - 262 400 = 85 600(元)

(20) 应交所得税 = 85 600 × 25% = 21 400(元)

借：所得税费用 21 400
　贷：应交税金——应交所得税 21 400

借：本年利润 21 400
　贷：所得税费用 21 400

本年净利润 = 85 600 - 21 500 = 64 200(元)

(21) 借：本年利润 64 200
　　贷：利润分配——未分配利润 64 200

(22) 提取盈余公积金 = 64 200 × 10% = 6 420(元)

分配给投资者利润 = 64 200 × 20% = 12 840(元)

借：利润分配——提取盈余公积金 6 420
　贷：盈余公积 6 420

借：利润分配——应付投资者利润 12 840
　贷：应付利润 12 840

借：利润分配——未分配利润 19 260
　贷：利润分配——提取盈余公积金 6 420
　　　　　　——应付投资者利润 12 840

(23) 64 200 - 19 260 = 44 940(元)

《会计学原理》模拟试题(十)

一、单项选择题(每小题1分,共20分)

1. B 2. C 3. C 4. C 5. B 6. C 7. A 8. B 9. D 10. A 11. D 12. A 13. D 14. D 15. A 16. A 17. A 18. A 19. C 20. B

二、多项选择题(每小题1分,共10分,每题均有至少两个正确答案)

1. BCE 2. AE 3. ABDE 4. BD 5. ABCDE 6. ABCDE 7. BDE 8. ABDE 9. ABCDE 10. BD

三、判断题(每小题1分,共10分,正确的打"√",错误的打"×")

1. × 2. √ 3. √ 4. √ 5. × 6. × 7. √ 8. √ 9. × 10. ×

四、业务计算题(每步计算1分,共20分)

1. (1) 制造费用的分配率 = 12 000/(8 000 + 4 000) = 1(元/工时)

甲产品分配制造费用 = 8 000 × 1 = 8 000(元)

乙产品分配制造费用 = 4 000 × 1 = 4 000(元)

(2) 甲产品总成本 = 5 000 + 20 000 + 13 000 + 8 000 = 46 000(元)

甲产品单位成本 = 46 000/100 = 460(元/件)

乙产品总生产费用 = 10 000 + 6 500 + 4 000 = 20 500(元)

乙产品在产品成本 = 30 × (100 + 50 + 50) = 6 000(元)

完工的乙产品总成本 = 20 500 − 6 000 = 14 500(元)

乙产品单位成本 = 14 500/20 = 725(元)

2. 先进先出法:

发出材料成本 = 80 × 100 + (20 × 100 + 80 × 150) + 20 × 150 = 25 000(元)

期末结存材料的成本 = 100 × 150 + 120 × 100 = 27 000(元)

一次加权平均法:

加权平均单价 = (100 × 100 + 150 × 200 + 120 × 100)/(100 + 200 + 100) = 130(元)

发出材料成本 = 130 × (80 + 100 + 20) = 26 000(元)

期末结存材料成本 = 130 × (100 + 100) = 26 000(元)

移动加权平均法:

第一次移动加权单价 = (100 × 100 + 150 × 200)/(100 + 200) = 133.33(元)

第一次和第二次共领用材料成本 = 133.33 × (80 + 100) = 24 000(元)

第二次移动加权平均单价 = (133.33 × 120 + 120 × 100)/(120 + 100)
= 127.27(元)

第三次领用材料成本 = 127.27 × 20 = 2 545.42(元)

发出材料成本 = 24 000 + 2 545. 42 = 26 545. 42(元)

期末结存材料的成本 = 127. 27 × (100 + 200 − 180 + 100 − 20) = 25 454(元)

五、综合业务题(每个分录1分,每步计算1分,共40分)

(1) 借: 固定资产 50 000
　　银行存款 100 000
　贷: 实收资本 150 000

(2) 借: 银行存款 25 000
　贷: 短期借款 25 000

(3) 借: 在途物资 50 100
　　应交税金——应交增值税(进项税额) 8 500
　贷: 银行存款 58 500
　　库存现金 100

(4) 借: 原材料 50 100
　贷: 在途物资 50 100

(5) 借: 生产成本 20 000
　　制造费用 9 600
　　管理费用 2 000
　贷: 原材料 31 600

(6) 借: 生产成本 50 000
　　制造费用 10 000
　　管理费用 20 000
　贷: 应付职工薪酬 80 000

(7) 借: 制造费用 20 000
　　管理费用 5 200
　贷: 累计折旧 25 200

(8) 借: 银行存款 175 500
　贷: 主营业务收入 150 000
　　应交税金——应交增值税(销项税额) 25 500

(9) 借: 销售费用 10 000
　贷: 银行存款 10 000

(10) 借: 营业外支出 5 000
　贷: 银行存款 5 000

(11) 借: 生产成本 39 600
　贷: 制造费用 39 600

(12) 借: 产成品 109 600
贷: 生产成本 109 600
(13) 借: 主营业务成本 59 000
贷: 产成品 59 000
(14) 利息 = 25 000 × 12%/12 × 4 = 1 000(元)
借: 短期借款 25 000
财务费用 1 000
贷: 银行存款 26 000
(15) 借: 银行存款 23 400
贷: 其他业务收入 20 000
应交税金——应交增值税(销项税额) 3 400
借: 其他业务支出 18 000
贷: 原材料 18 000
(16) 借: 交易性金融资产 60 000
贷: 银行存款 60 000
借: 银行存款 64 000
贷: 交易性金融资产 60 000
投资收益 4 000
(17) 借: 固定资产 50 000
贷: 累计折旧 10 000
以前年度损溢调整 40 000
借: 以前年度损溢调整 10 000
贷: 应交税费——应交所得税 10 000
借: 以前年度损溢调整 3 000
贷: 盈余公积 3 000
借: 以前年度损溢调整 27 000
贷: 利润分配——未分配利润 27 000
(18) 本期应交纳消费税 = 100 000 × 10% = 10 000(元)
应交的城建税 = 10 000 × 7% = 700(元)
教育费附加 = 10 000 × 3% = 300(元)
借: 营业税金及附加 11 000
贷: 应交税金——应交消费税 10 000
——应交城建税 700
其他应付款——应交教育费附加 300

（19）借：主营业务收入　　150 000

　　　其他业务收入　　20 000

　　　投资收益　　4 000

　　贷：本年利润　　174 000

借：本年利润　　131 200

　贷：管理费用　　27 200

　　销售费用　　10 000

　　营业外支出　　5 000

　　主营业务成本　　59 000

　　财务费用　　1 000

　　其他业务支出　　18 000

　　营业税金及附加　　11 000

利润总额 = 174 000 − 131 200 = 42 800(元)

（20）应交所得税 = 42 800 × 25% = 10 700(元)

借：所得税费用　　10 700

　贷：应交税金——应交所得税　　10 700

借：本年利润　　10 700

　贷：所得税费用　　10 700

本年净利润 = 42 800 − 10 700 = 32 100(元)

（21）借：本年利润　　32 100

　　贷：利润分配——未分配利润　　32 100

（22）提取盈余公积金 = 32 100 × 10% = 3 210(元)

分配给投资者利润 = 32 100 × 20% = 6 420(元)

借：利润分配——提取盈余公积金　　3 210

　贷：盈余公积　　3 210

借：利润分配——应付投资者利润　　6 420

　贷：应付利润　　6 420

借：利润分配——未分配利润　　9 630

　贷：利润分配——提取盈余公积金　　3 210

　　　　　——应付投资者利润　　6 420

（23）32 100 − 9 630 = 22 470(元)

参考文献

1. 郭涛，何乃飞：《基础会计》，北京：机械工业出版社，2015。
2. 李视友：《基础会计学模拟实训教程》，北京：电子工业出版社，2014。
3. 朱振东等：《基础会计学》，北京：中国轻工业出版社，2014。
4. 杨明海，夏喆：《基础会计学》，南京：南京大学出版社，2014。
5. 曹俊，石瑾：《会计实训一本通——基础会计篇》，北京：北京交通大学出版社，2014。
6. 吕玉芹，王乐锦：《基础会计（第二版）习题与案例》，北京：经济科学出版社，2014。
7. 徐泓：《基础会计学》（第3版），北京：机械工业出版社，2014。
8. 于卫兵：《基础会计学》，上海：立信会计出版社，2014。
9. 曹雅姝：《基础会计》，上海：上海大学出版社，2014。
10. 孟翠湖，张旋，成骏：《基础会计》，北京：人民邮电出版社，2014。
11. 程红英，翟岁兵：《基础会计学》，北京：中国财政经济出版社，2014。
12. 彭卉：《基础会计学》（第2版），上海：华南理工大学出版社，2014。
13. 李志伟：《基础会计》，北京：经济科学出版社，2014。
14. 潘爱玲：《基础会计学》，北京：机械工业出版社，2014。
15. 陈红，姚荣辉：《基础会计》，北京：清华大学出版社，2014。
16. 孟铁，马丽莹：《基础会计》，北京：北京大学出版社，2014。
17. 王立新，王英兰：《基础会计》，上海：立信会计出版社，2014。
18. 刘毅等：《基础会计理论与实务》，武汉：华中科技大学出版社，2014。
19. 郭桂杭，黄伟新，刘丹：《Basic accounting in English for Chinese learners：teacher's book》（第2版），北京：对外经济贸易大学出版社，2013。
20. 艾哈迈德·里亚希－贝克奥伊著、钱逢胜等译：《会计理论》，上海：上海财经大学出版社，2004。
21. 陈国辉，迟旭升：《基础会计》，大连：东北财经大学出版社，2007。
22. 陈菊花，陈良华：《会计学》（第2版），北京：科学出版社，2008。
23. 陈良华，戚啸艳：《会计学》，北京：北京师范大学出版社，2008。
24. 陈少华：《会计学原理》，厦门：厦门大学出版社，2005。
25. 陈文铭：《基础会计》，大连：东北财经大学出版社，2007。
26. 陈信元：《会计学》，上海：上海财经大学出版社，2008。
27. 崔智敏，陈爱玲：《会计学基础》，北京：中国人民大学出版社，2008。

28. 杜兴强:《会计学》,北京:中国人民大学出版社,2008。
29. 付得一:《企业管理信息化的发展呼吁尽快完善电算化规范建设:会计信息化专题》,北京:中国财政经济出版社,2004。
30. 盖地:《会计学》,北京:中国金融出版社,2007。
31. 韩辉:《会计学基础》,北京:人民教育出版社,2006。
32. 郝宇欣,郭雪萌:《基础会计学》,北京:清华大学出版社,2007。
33. 贺志东:《企业会计准则操作实务》,北京:电子工业出版社,2007。
34. 黄越,申琳:《会计学》,西安:西北工业大学出版社,2008。
35. 卡尔·S.沃伦、詹姆斯·M.里夫、菲利普·E.费斯著:《会计学》,北京:中国人民大学出版社,2008。
36. 李端生:《基础会计学》,北京:中国人民大学出版社,2004。
37. 李宗民,张欣:《基础会计学》,北京:清华大学出版社,2008。
38. 林钟高,戴新民:《财务会计学》,大连:东北财经大学出版社,2008。
39. 刘桔,赵雪媛:《会计学》(新版),北京:经济科学出版社,2008。
40. 刘永泽:《会计学教程》,北京:清华大学出版社,2006。
41. 罗昌宏:《新编会计学原理》,北京:经济科学出版社,2008。
42. 马彦玲:《基础会计学》,北京:经济管理出版社,2008。
43. 牟小容,王玉蓉:《会计学原理》,广州:暨南大学出版社,2007。
44. 师萍:《新编基础会计学:2007·新准则》,广州:华南理工大学出版社,2007。
45. 石本仁,谭小平:《会计学原理》,北京:中国人民大学出版社,2008。
46. 孙琳,程立:《会计学》,上海:上海财经大学出版社,2007。
47. 孙铮:《基础会计》,上海:上海财经大学出版社,2007。
48. 唐国平:《会计学原理》,北京:中国财政经济出版社,2007。
49. 万宇洵,阳秋林:《基础会计学》,长沙:湖南人民出版社,2007。
50. 王虹:《会计学》,北京:经济管理出版社,2008。
51. 王建刚,周萍华:《会计学基础》,北京:经济管理出版社,2008。
52. 王建忠:《会计发展史》,大连:东北财经大学出版社,2007。
53. 王君彩:《会计学》,北京:高等教育出版社,2008。
54. 王宗台,苏强:《新编会计学原理》,北京:经济科学出版社,2007。
55. 吴国萍:《基础会计学》,上海:上海财经大学出版社,2006。
56. 谢获宝:《会计学原理》,武汉:湖北人民出版社,2006。
57. 谢琨:《变革与发展——从会计电算化到会计信息化,会计信息化专题》,北京:中国财政经济出版社,2004。
58. 徐泓:《基础会计学》,北京:机械工业出版社,2008。
59. 徐晔,张文贤:《会计学原理》,上海:复旦大学出版社,2005。
60. 杨淑媛,姜旭宏:《会计学》,北京:清华大学出版社,2008。
61. 于德惠,赵书和:《会计学》(第2版),北京:经济科学出版社,2008。

62. 袁建国:《会计学原理》,北京:清华大学出版社,2008。
63. 张捷:《基础会计》,北京:经济科学出版社,2007。
64. 张天西:《会计学概论》,北京:经济科学出版社,2008。
65. 中国注册会计师协会:《2008 年度注册会计师全国统一考试辅导教材——会计》,北京:中国财政经济出版社,2008。
66. 中华人民共和国财政部:《企业会计准则 2006》,北京:经济科学出版社,2006。
67. 中华人民共和国财政部:《企业会计准则——应用指南 2006》,北京:中国财政经济出版社,2006。

图书在版编目(CIP)数据

会计学原理学习指南及习题集/刘红梅,李雪莲,欧阳越秀主编. —上海:
复旦大学出版社,2015.9
(复旦卓越·会计学系列)
ISBN 978-7-309-11827-8

Ⅰ. 会… Ⅱ. ①刘…②李…③欧… Ⅲ. 会计学-高等学校-教学参考资料 Ⅳ. F230

中国版本图书馆 CIP 数据核字(2015)第 224496 号

会计学原理学习指南及习题集
刘红梅 李雪莲 欧阳越秀 主编
责任编辑/戚雅斯 王联合

复旦大学出版社有限公司出版发行
上海市国权路 579 号 邮编:200433
网址:fupnet@fudanpress.com http://www.fudanpress.com
门市零售:86-21-65642857 团体订购:86-21-65118853
外埠邮购:86-21-65109143
杭州钱江彩色印务有限公司

开本 787×960 1/16 印张 16.75 字数 303 千
2015 年 9 月第 1 版第 1 次印刷

ISBN 978-7-309-11827-8/F·2197
定价: 35.00 元